北方地区冬季清洁取暖可持续发展政策研究

何　军　宋玲玲　徐　伟　武娟妮　王兆苏　侯隆澍　等编著

中国环境出版集团・北京

图书在版编目（CIP）数据

北方地区冬季清洁取暖可持续发展政策研究/何军等编著. —北京：中国环境出版集团，2020.12
ISBN 978-7-5111-4555-0

Ⅰ. ①北… Ⅱ. ①何… Ⅲ. ①无污染能源—采暖—政策—研究—北方地区 Ⅳ. ①F426.2

中国版本图书馆 CIP 数据核字（2020）第 259280 号

出 版 人 武德凯
责任编辑 葛 莉
责任校对 任 丽
封面设计 宋 瑞

出版发行 中国环境出版集团
（100062 北京市东城区广渠门内大街 16 号）
网 址：http://www.cesp.com.cn
电子邮箱：bjgl@cesp.com.cn
联系电话：010-67112765（编辑管理部）
发行热线：010-67125803，010-67113405（传真）
印 刷 北京建宏印刷有限公司
经 销 各地新华书店
版 次 2020 年 12 月第 1 版
印 次 2020 年 12 月第 1 次印刷
开 本 787×1092 1/16
印 张 13.25
字 数 260 千字
定 价 80.00 元

《北方地区冬季清洁取暖可持续发展政策研究》

编写委员会

主　编　何　军　宋玲玲

副主编　徐　伟　武娟妮　王兆苏　侯隆澍

编　委　孙峙峰　袁闪闪　刘幼农　张宇峰　陈　鹏

赵云皓　高　军　王佳宁　卢　静

指　导　严　刚　程　亮

作者单位

生态环境部环境规划院

中国建筑科学研究院

住房和城乡建设部科技与产业化发展中心

前　言

推进北方地区冬季清洁取暖，是关系北方地区广大群众能否温暖过冬、雾霾天能不能减少的关键，是能源生产和消费革命、农村生活方式革命的重要内容。研究表明，1 t 散煤直接燃烧排放的大气污染物相当于 1 t 电煤的 5～15 倍，散煤的使用是当前我国大气污染治理的薄弱环节，是冬季大气污染严重、雾霾频发的重要原因之一。2017 年，为贯彻落实习近平总书记在中央财经领导小组第十四次会议上关于推进北方地区冬季清洁取暖重要讲话精神和 2017 年国务院政府工作报告提出的“坚决打好蓝天保卫战”重点工作任务，财政部会同环境保护部等部门联合启动中央财政支持北方地区冬季清洁取暖试点工作。截至 2019 年，共支持 3 批 43 个试点城市，除北京外，京津冀及周边地区大气污染防治传输通道“2+26”城市和汾渭平原地区均被纳入试点范围。中央财政通过补助方式支持试点城市实施清洁取暖改造，确保到 2020 年采暖季前，在保障能源供应的前提下，京津冀及周边地区、汾渭平原地区基本完成居民生活和冬季取暖散煤替代。在中央政策资金支持下，清洁取暖试点工作取得积极成效，大幅度降低了冬季散煤用量，提高了区域清洁取暖率，显著改善了区域空气质量和居民室内环境质量，带动了清洁取暖相关产业发展及能源基础设施建设，在组织实施、技术路径、政策制定、投融资等方面积累了有益经验。

在清洁取暖试点工作中，中央和地方全面加强财政补贴、价格、投融资、能源保障等方面的政策支持及组织实施管理，国务院及有关部门先后印发了《打赢蓝天保卫战三年行动计划》（国发〔2018〕22 号）、《北方地区冬季清洁取暖规划（2017—2021 年）》（发改能源〔2017〕2100 号）、《关于北方地区清洁供暖价格政策的意见》（发改价格〔2017〕1684 号）、《北方地区冬季清洁取暖试点城市绩效评价办法》（财建

〔2018〕253 号）、《关于进一步做好清洁取暖工作的通知》（发改能源〔2019〕1778 号）等政策文件，积极推进清洁取暖试点目标及任务的实现。生态环境部环境规划院作为主要技术支撑单位，参与编制《北方地区冬季清洁取暖试点城市绩效评价办法》，协助财政部、生态环境部开展清洁取暖试点城市竞争性评审与示范目标的审核，开展北方地区冬季清洁取暖试点城市绩效评价，参与《北方地区冬季清洁取暖规划（2017—2021 年）》中期评估等工作，并组织开展清洁取暖有关课题研究工作，主要涉及清洁取暖技术路线、价格政策、补贴政策、金融政策、商业模式、国际实践等方面。

在“十四五”来临之际，为总结清洁取暖试点经验及有关研究成果，为未来清洁取暖可持续发展寻求解决方案，我们组织了本书的编写工作。全书围绕清洁取暖试点进展与成效、财政补贴政策、价格政策、投融资模式、绿色金融支持、技术路径等与清洁取暖可持续发展密切相关的内容开展研究，分析各方面现状、经验，以及国外供热能源转型经验，提出促进我国清洁取暖可持续发展的政策建议。

全书共分为 8 章，第 1、2 章由武娟妮、宋玲玲执笔，第 3 章由王兆苏、王佳宁执笔，第 4 章由王兆苏、高军执笔，第 5 章由侯隆澍、刘幼农执笔，第 6 章由徐伟、孙峙峰、袁闪闪、张宇峰执笔，第 7、8 章由宋玲玲执笔。全书由严刚、程亮指导，何军、宋玲玲负责统稿。本书的出版得到生态环境部预算项目“北方地区冬季清洁取暖试点管理”的资助。研究过程中得到财政部自然资源和生态环境司、经济建设司，生态环境部科技与财务司、大气环境司等有关领导的大力支持，在此表示诚挚的感谢！

希望本书的出版为清洁取暖有关行政管理人员、研究人员提供有益参考。由于时间和认识水平有限，本书难免存在纰漏和不足之处，欢迎读者提出宝贵意见和建议。

本书编写委员会

2020 年 10 月

目 录

第 1 章　清洁取暖试点工作进展与成效

为贯彻落实习近平总书记关于推进北方地区冬季清洁取暖重要讲话精神和2017年国务院政府工作报告提出的“坚决打好蓝天保卫战”重点工作任务，财政部、住房和城乡建设部、环境保护部、国家能源局于 2017 年启动中央财政支持北方地区冬季清洁取暖试点工作，出台了一系列相关政策文件，涵盖工作目标、技术路线、财政政策、价格政策、能源保障、运营机制、工作管理等方面，有力推动了试点工作，在提升清洁取暖率、改善环境质量、保障人居环境健康、促进相关产业发展和能源基础设施建设、积累清洁取暖实施经验等方面取得了积极成效。

1.1　清洁取暖政策

1.1.1　政策背景

研究表明，1 t 散煤直接燃烧排放的大气污染物相当于 1 t 电煤的 5～15 倍，散煤的使用是我国大气污染治理的薄弱环节，是冬季大气污染严重、雾霾频发的重要原因之一。实施北方地区冬季清洁取暖，用清洁能源替代散煤，是改善环境空气质量的重要措施。在 2016 年 12 月召开的中央财经领导小组第十四次会议上，习近平总书记强调，推进北方地区冬季清洁取暖，关系广大人民群众生活，是重大的民生工程、民心工程。推进北方地区冬季清洁取暖，关系北方地区广大群众温暖过冬，关系雾霾天能不能减少，是能源生产和消费革命、农村生活方式革命的重要内容。要按照“企业为主、政府推动、居民可承受”的方针，宜气则气，宜电则电，尽可能利用清洁能源，加快提高清洁供暖比重。

2017 年国务院政府工作报告将清洁取暖作为“蓝天保卫战”的一项重点工作，提出具体目标：重点地区全面实施散煤综合治理，推进北方地区冬季清洁取暖，完成以电代煤、以气代煤300万户以上，全部淘汰地级以上城市建成区燃煤小锅炉。

2018年中共中央、国务院印发的《关于全面加强生态环境保护 坚决打好污染防治攻坚战的意见》（中发〔2018〕17号）和国务院印发的《打赢蓝天保卫战三年行动计划》（国发〔2018〕22号），进一步明确了北方地区清洁取暖的目标和要求，提出坚持从实际出发，宜电则电，宜气则气，宜煤则煤，宜热则热，确保北方地区群众安全取暖过冬；集中力量推进京津冀及周边地区、汾渭平原地区散煤治理，优先以乡镇或区县为单元整体推进；2020年采暖季前，在保障能源供应的前提下，京津冀及周边地区、汾渭平原地区基本完成居民生活和冬季取暖散煤替代。

1.1.2 清洁取暖政策梳理

2017年5月，财政部、住房和城乡建设部、环境保护部、国家能源局联合印发《关于开展中央财政支持北方地区冬季清洁取暖试点工作的通知》（财建〔2017〕238号），启动了中央财政支持北方地区冬季清洁取暖试点工作，明确了资金支持额度、支持对象和范围、申报流程、改造内容和组织实施要求。随后，通过竞争性评审确定了首批12个试点城市。

2017年6月，国家能源局综合司印发《关于开展北方地区可再生能源清洁取暖实施方案编制有关工作的通知》（国能综通新能〔2017〕36号），组织北方地区省（区、市）编制可再生能源清洁取暖实施方案，要求各省（区、市）在分析现状与问题的基础上，制定本省（区、市）在城市主城区、城镇地区（城中村、城乡接合部等）、农村地区开展可再生能源清洁取暖工作的整体规划，并提出2017—2021年可再生能源清洁取暖发展目标及重大工程计划。

2017年8月，国家能源局综合司印发《关于开展生物质热电联产县域清洁供热示范项目建设的通知》（国能综通新能〔2017〕65号），组织开展生物质热电联产示范项目建设，为治理县域散煤，特别是农村散煤开辟新路子，为探索生物质发电全面转向热电联产、完善生物质热电联产政策提供思路。

2017年9月，为加快推进北方采暖地区城镇清洁供暖，住房和城乡建设部、国家发展改革委、财政部、国家能源局联合印发《关于推进北方采暖地区城镇清洁供暖的指导意见》（建城〔2017〕196号），要求各地科学组织编制和修订供暖专项规划，重点推进京津冀及周边地区大气污染防治传输通道“2+26”城市（以下简称“2+26”城市）的“煤改气”“煤改电”及可再生能源供暖工作，加快推进“禁煤区”建设，全面取消散煤供暖，提高清洁供暖水平。

2017年9月，国家发展改革委印发的《关于北方地区清洁供暖价格政策的意见》（发改价格〔2017〕1684 号），要求按照“企业为主、政府推动、居民可承受”的方针，遵循因地制宜、突出重点、统筹协调的原则，宜气则气，宜电则电，建立有利于清洁供暖的价格机制，综合运用完善峰谷价格、阶梯价格政策，扩大市场化交易等价格支持政策，促进北方地区加快实现清洁供暖；同时，提出完善“煤改电”电价政策、完善“煤改气”气价政策、因地制宜健全供热价格机制、统筹协调相关支持政策等，指导各地出台清洁取暖优惠电价和气价政策。

2017 年 12 月，国家能源局综合司印发的《关于做好 2017—2018 年采暖季清洁供暖工作的通知》（国能综通电力〔2017〕116 号），要求各地发展改革委（能源局）加强清洁能源供应保障，加快清洁取暖项目审批，协调推进清洁取暖价格、财政等方面的政策落实。

2017 年 12 月，国家发展改革委、国家能源局、财政部、环境保护部、住房和城乡建设部等 10 部门联合印发《北方地区冬季清洁取暖规划（2017—2021 年）》（发改能源〔2017〕2100 号），作为清洁取暖的顶层规划，该规划首次明确了清洁取暖的定义和边界，提出了北方地区冬季清洁取暖发展目标（表 1-1），明确了清洁取暖的实施技术路径及适用条件。

表 1-1　北方地区冬季清洁取暖发展目标

年份	2019			2021		
总体目标	北方地区清洁取暖率达到 50%，替代散烧煤（含低效小锅炉用煤）7 400 万 t			北方地区清洁取暖率达到 70%，替代散烧煤（含低效小锅炉用煤）1.5 亿 t；供热系统平均综合能耗降低至 15 kg 标煤/m^2 以下；北方城镇地区既有节能居住建筑占比达到 80%；力争用 5 年左右时间，基本实现雾霾严重城市的散煤供暖清洁化		
区域	城区	县城和城乡接合部（含中心镇）	农村地区	城区	县城和城乡接合部（含中心镇）	农村地区
“2+26”城市	清洁取暖率达到 90%以上	清洁取暖率达到 70%以上	清洁取暖率达到 40%以上	全部实现清洁取暖，35 蒸吨以下燃煤锅炉全部拆除	清洁取暖率达到 80%以上，20 蒸吨以下燃煤锅炉全部拆除	清洁取暖率达到 60% 以上
其他地区	清洁取暖率达到 60%以上	清洁取暖率达到 50%以上	清洁取暖率达到 20%以上	清洁取暖率达到 80%以上，20 蒸吨以下燃煤锅炉全部拆除；新建建筑全部实现清洁取暖	清洁取暖率达到 70%以上，10 蒸吨以下燃煤锅炉全部拆除	清洁取暖率达到 40% 以上

2017 年 12 月，国家发展改革委、国家能源局印发的《关于促进生物质能供热发展的指导意见》（发改能源〔2017〕2123 号），明确提出了生物质能供热的发展目标。

2017 年 12 月，为因地制宜加快推进浅层地热能开发利用，推进北方采暖地区居民供热等领域燃煤减量替代，国家发展改革委、国土资源部、环境保护部、住房和城乡建设部、水利部、国家能源局 6 部门联合印发的《关于加快浅层地热能开发利用　促进北方采暖地区燃煤减量替代的通知》（发改环资〔2017〕2278 号），要求按照“企业为主、政府推动、居民可承受”方针，统筹运用相关政策，支持和规范浅层地热能开发利用，提升居民供暖清洁化水平，改善环境空气质量。

2018 年 1 月，国家能源局印发《关于开展“百个城镇”生物质热电联产县域清洁供热示范项目建设的通知》（国能发新能〔2018〕8 号），组织开展“百个城镇”生物质热电联产县域清洁供热示范项目建设，示范项目共计 136 个，总投资约 406 亿元，装机容量 380 万 kW。

2018 年 6 月，财政部、住房和城乡建设部、生态环境部、国家能源局联合印发的《北方地区冬季清洁取暖试点城市绩效评价办法》（财建〔2018〕253 号），明确了试点城市绩效评价内容、评价指标、评价依据、评价流程等，并将该绩效评价办法作为试点城市每年开展绩效评价的重要依据和标准。

2018 年 7 月，财政部、住房和城乡建设部、生态环境部、国家能源局联合印发的《关于扩大中央财政支持北方地区冬季清洁取暖城市试点的通知》（财建〔2018〕397 号），明确试点申报范围扩展至“2+26”城市、张家口市和汾渭平原城市。通过竞争性评审确定了第二批 23 个试点城市。

2018 年 11 月，为积极稳妥做好 2018—2019 年采暖季北方地区清洁供暖工作，国家能源局印发《关于做好 2018—2019 年采暖季清洁供暖工作的通知》（国能发电力〔2018〕77 号），对扎实抓好清洁取暖实施方案落实、稳妥推进“煤改气”“煤改电”、积极扩大可再生能源供暖规模、扎实推进清洁燃煤集中供暖、守住群众安全温暖过冬底线、探索创新清洁供暖模式、加强清洁取暖工作监管等方面提出工作要求。

2019 年 2 月，生态环境部印发的《2019 年全国大气污染防治工作要点》（环办大气〔2019〕16 号），提出稳步推进北方地区清洁取暖。按照“以气定改”“以供定需”“先立后破”的原则，加大京津冀及周边地区、汾渭平原地区散煤治理力度，统筹兼顾温暖过冬与清洁取暖，配合有关部门加强重点区域气源、电源的供应保障工作。

2019 年 4 月，为进一步完善风电供暖相关电力交易机制，扩大风电供暖应用范围和规模，国家能源局印发《关于完善风电供暖相关电力交易机制　扩大风电供暖应用的通知》（国能发新能〔2019〕35 号），要求各地做好风电清洁供暖试点工作总结和发展规划工作，做好风电清洁供暖技术论证，研究完善投资运营机制和风电供暖电力市场化交易机制。

2019 年 10 月，生态环境部、国家发展改革委等 10 部门联合北京、天津等六省（市）人民政府共同印发《京津冀及周边地区 2019—2020 年秋冬季大气污染综合治理攻坚行动方案》（环大气〔2019〕88 号），从清洁取暖改造任务、合理确定改造技术路线、加强散煤监管、加大政策支持力度、加强气源电源供应保障等方面，明确了 2019—2020 年秋冬季清洁取暖工作的推进要求。

2019 年 11 月，财政部印发的《关于提前下达 2020 年度大气污染防治资金预算的通知》（财资环〔2019〕57 号），公布了第三批 8 个试点城市名单，同时提出，有关省（市）应综合考虑本地区清洁取暖实际运行、农村居民实际收入水平、财政承受能力和可持续发展等情况，统筹安排中央和地方大气污染防治资金用于农村清洁取暖运行补贴，精准施策，重点向农村特困人群倾斜。

2019 年 11 月，国家发展改革委、财政部、生态环境部、住房和城乡建设部、国家能源局联合印发的《关于进一步做好清洁取暖工作的通知》（发改能源〔2019〕1778 号），进一步强调了京津冀及周边地区、汾渭平原地区在 2020 年采暖季前散煤基本清零的目标任务，明确了各地供暖方式选择的思路，提出了清洁能源供应保障措施要求及建筑节能改造要求。

2020 年 4 月，国家能源局综合司印发的《关于做好可再生能源发展“十四五”规划编制工作有关事项的通知》（国能综通新能〔2020〕29 号），提出认真研究“十四五”时期可再生能源发展的主要任务和重大项目布局，重视可再生能源供热等非电利用，因地制宜推动生物质、地热能、太阳能等非电利用方式，显著提升可再生能源在北方地区清洁取暖中的比重。

2020 年 6 月，财政部印发《关于下达 2020 年度大气污染防治资金（第二批）预算的通知》（财资环〔2020〕42 号），下达首批 12 个试点城市剩余尾款资金 22.3 亿元。

国家层面北方地区冬季清洁取暖政策清单见表 1-2。

表 1-2 国家层面北方地区冬季清洁取暖政策清单

序号	发布时间	名称	文号
1	2017 年 5 月	关于开展中央财政支持北方地区冬季清洁取暖试点工作的通知	财建〔2017〕238 号
2	2017 年 6 月	关于开展北方地区可再生能源清洁取暖实施方案编制有关工作的通知	国能综通新能〔2017〕36 号
3	2017 年 8 月	关于开展生物质热电联产县域清洁供热示范项目建设的通知	国能综通新能〔2017〕65 号
4	2017 年 9 月	关于推进北方采暖地区城镇清洁供暖的指导意见	建城〔2017〕196 号
5	2017 年 9 月	关于印发北方地区清洁供暖价格政策意见的通知	发改价格〔2017〕1684 号

序号	发布时间	名称	文号
6	2017 年 12 月	关于做好 2017—2018 年采暖季清洁供暖工作的通知	国能综通电力〔2017〕116 号
7	2017 年 12 月	关于印发《北方地区冬季清洁取暖规划（2017—2021 年）》的通知	发改能源〔2017〕2100 号
8	2017 年 12 月	关于促进生物质能供热发展的指导意见	发改能源〔2017〕2123 号
9	2017 年 12 月	关于加快浅层地热能开发利用　促进北方采暖地区燃煤减量替代的通知	发改环资〔2017〕2278 号
10	2018 年 1 月	关于开展“百个城镇”生物质热电联产县域清洁供热示范项目建设的通知	国能发新能〔2018〕8 号
11	2018 年 6 月	关于印发《北方地区冬季清洁取暖试点城市绩效评价办法》的通知	财建〔2018〕253 号
12	2018 年 7 月	关于扩大中央财政支持北方地区冬季清洁取暖城市试点的通知	财建〔2018〕397 号
13	2018 年 11 月	关于做好 2018—2019 年采暖季清洁供暖工作的通知	国能发电力〔2018〕77 号
14	2019 年 2 月	关于印发《2019 年全国大气污染防治工作要点》的通知	环办大气〔2019〕16 号
15	2019 年 4 月	关于完善风电供暖相关电力交易机制　扩大风电供暖应用的通知	国能发新能〔2019〕35 号
16	2019 年 10 月	京津冀及周边地区 2019—2020 年秋冬季大气污染综合治理攻坚行动方案	环大气〔2019〕88 号
17	2019 年 11 月	关于提前下达 2020 年度大气污染防治资金预算的通知	财资环〔2019〕57 号
18	2019 年 11 月	关于进一步做好清洁取暖工作的通知	发改能源〔2019〕1778 号
19	2020 年 4 月	关于做好可再生能源发展“十四五”规划编制工作有关事项的通知	国能综通新能〔2020〕29 号
20	2020 年 6 月	关于下达 2020 年度大气污染防治资金(第二批)预算的通知	财资环〔2020〕42 号

1.1.3　清洁取暖试点政策

1.1.3.1　试点范围

2017 年，清洁取暖试点范围为“2+26”城市，优先支持工作基础好、资金落实到位、计划目标明确、工作机制创新较为突出的城市，并通过竞争性评审确定了天津、石家庄、唐山、保定、廊坊、衡水、济南、太原、郑州、鹤壁、开封、新乡为首批 12 个试点城市。2018 年进一步扩大试点范围，将汾渭平原城市和张家口市纳入试点范围，优先支持工作基础好、能源保障到位、资金落实到位的城市，并通过竞争性评审方式新增邯郸、邢台、张家口、沧州、阳泉、长治、晋城、晋中、运城、临汾、吕梁、淄博、济宁、滨州、德州、聊城、菏泽、洛阳、安阳、焦作、濮阳、西安、咸阳为第二批 23 个试点城市。2019 年确定定州、辛集、三门峡、济源、铜川、渭南、宝鸡、杨凌示范区为第三批 8 个试点城市。三批合计 43 个试点城市，覆盖了“2+26”城市（不含北京）及汾渭平原地区的城市。

1.1.3.2　实施内容

试点工作重点针对城区及城郊，积极带动农村地区，从“热源侧”和“用户侧”两方面实施清洁取暖改造。一方面，加快热源端清洁化改造，重点解决散煤燃烧问题，实施农村电网改造，加强农村天然气输配体系建设，并鼓励各地因地制宜，积极探索推广地热、生物质等多种取暖方式。按照“宜气则气，宜电则电，宜煤则煤，宜油则油，宜热则热”“以气定改”“先立后破”原则，推进燃煤供暖设施清洁化改造，包括清洁燃煤集中供暖、煤改气、煤改电、热泵供暖、地热供暖、生物质供暖、太阳能供暖、工业余热供暖等清洁取暖方式。另一方面，推进用户端建筑能效提升，严格执行建筑节能标准，实施既有建筑节能改造，积极推动超低能耗建筑建设，推进供热计量收费工作。

1.1.3.3　实施目标

根据《打赢蓝天保卫战三年行动计划》（国发〔2018〕22 号）和《关于扩大中央财政支持北方地区冬季清洁取暖城市试点的通知》（财建〔2018〕397 号）的要求，到 2020 年，试点城市城区清洁取暖率达到 100%，平原地区基本实现取暖散煤替代。新建居住建筑执行节能标准水平较现行国家标准水平再提高 30%，城市城区具备改造价值的既有建筑全部完成节能改造，城乡接合部及所辖县要完成 80%以上。

根据各试点城市备案的清洁取暖实施方案，43 个试点城市清洁取暖改造总体目标为 37.52 亿 m^2、3 312 万户，其中，城区为 8.99 亿 m^2、805 万户，城乡接合部、所辖县及农村地区为 28.53 亿 m^2、2 507 万户。建筑节能改造总体目标为 3.49 亿 m^2、396 万户，其中，城区为 1.56 亿 m^2、162 万户，城乡接合部及所辖县为 0.79 亿 m^2、74 万户，农村地区为 1.15 亿 m^2、160 万户。

分类型、分批次的改造目标如图 1-1～图 1-4 所示。第一批 12 个试点城市清洁取暖改造三年总体目标为 16.60 亿 m^2、1 367 万户，其中，城区为 4.84 亿 m^2、412 万户，城乡接合部、所辖县及农村地区为 11.76 亿 m^2、955 万户。建筑节能改造三年总体目标为 1.59 亿 m^2、165 万户，其中，城区为 0.89 亿 m^2、100 万户，城乡接合部及所辖县为 0.38 亿 m^2、37 万户，农村地区为 0.32 亿 m^2、28 万户。

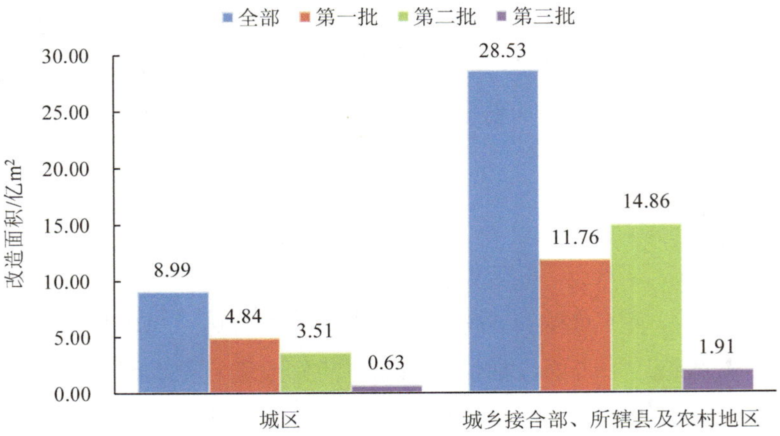

图 1-1　试点城市清洁取暖改造面积目标

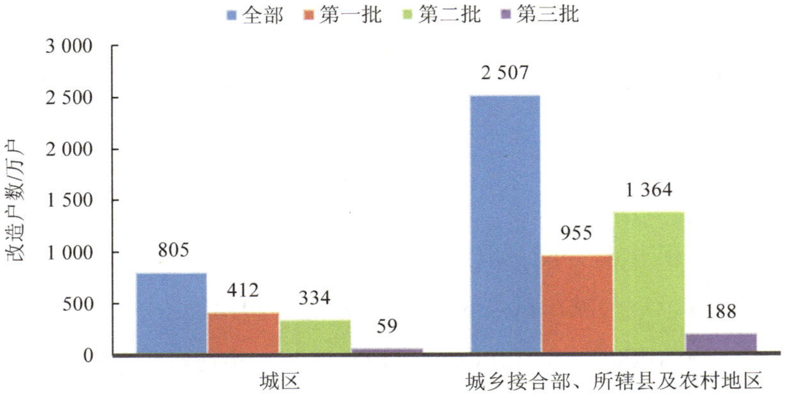

图 1-2　试点城市清洁取暖改造户数目标

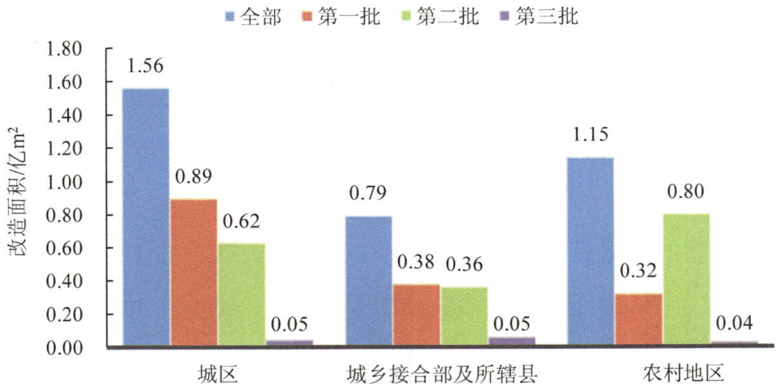

图 1-3　试点城市建筑节能改造面积目标

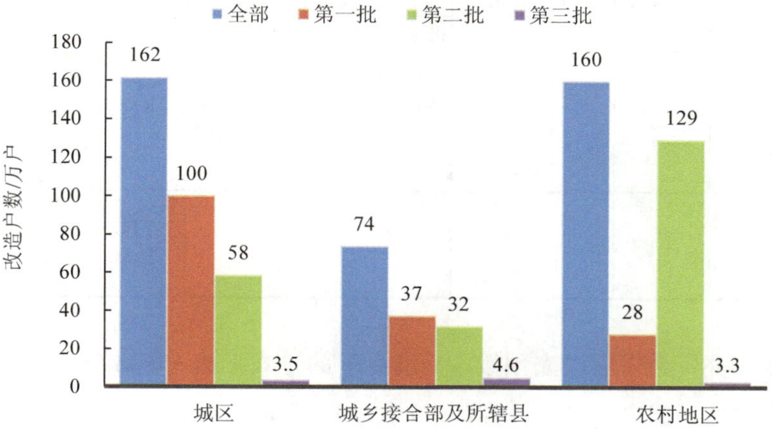

图 1-4　试点城市建筑节能改造户数目标

第二批 23 个试点城市清洁取暖改造三年总体目标为 18.37 亿 m^2、1 698 万户，其中，城区为 3.51 亿 m^2、334 万户，城乡接合部、所辖县及农村地区为 14.86 亿 m^2、1 364 万户。建筑节能改造三年总体目标为 1.78 亿 m^2、220 万户，其中，城区为 0.62 亿 m^2、58 万户，城乡接合部及所辖县为 0.36 亿 m^2、32 万户，农村地区为 0.80 亿 m^2、129 万户。

第三批 8 个试点城市清洁取暖改造三年总体目标为 2.55 亿 m^2、247 万户，其中，城区为 0.63 亿 m^2、59 万户，城乡接合部、所辖县及农村地区为 1.91 亿 m^2、188 万户。建筑节能改造三年总体目标为 0.13 亿 m^2、11.3 万户，其中，城区为 0.05 亿 m^2、3.5 万户，城乡接合部及所辖县为 0.05 亿 m^2、4.6 万户，农村地区为 0.04 亿 m^2、3.3 万户。

1.1.3.4　奖补标准与规模

根据《关于开展中央财政支持北方地区冬季清洁取暖试点工作的通知》（财建〔2017〕238 号）、《关于扩大中央财政支持北方地区冬季清洁取暖城市试点的通知》（财建〔2018〕397 号），对于纳入试点范围的城市，中央财政每年安排定额奖补资金，直辖市每年 10 亿元，省会城市每年 7 亿元，地级城市每年 5 亿元，汾渭平原地级城市每年 3 亿元，县级城市每年 1 亿元，连续支持 3 年（表 1-3）。

表 1-3　试点城市中央奖补标准

	直辖市	省会城市	地级市	汾渭平原地级城市	县级市
奖补标准/（亿元/年）	10	7	5	3	1
第一批	天津	石家庄、太原、济南、郑州	唐山、保定、廊坊、衡水、开封、鹤壁、新乡		

	直辖市	省会城市	地级市	汾渭平原地级城市	县级市
第二批			邯郸、邢台、张家口、沧州、阳泉、长治、晋城、淄博、济宁、德州、聊城、滨州、菏泽、安阳、焦作、濮阳	晋中、运城、临汾、吕梁、洛阳、西安、咸阳	
第三批				三门峡、铜川、渭南、宝鸡	定州、辛集、济源、杨凌示范区

中央财政奖补资金采取“先预拨，后清算”的方式下达，财政部会同住房和城乡建设部、生态环境部、国家能源局等部门对试点城市开展绩效评价，根据绩效评价结果清算奖励资金。根据《北方地区冬季清洁取暖试点城市绩效评价办法》，对年度绩效评价为合格以上的试点城市，拨付上年剩余及当年预拨资金；对年度绩效评价为不合格的试点城市，暂停拨付清洁取暖相关补贴资金，并限期整改，整改合格后再恢复拨付；示范期结束后，根据总体绩效评价结果清算奖励资金。

2017—2020 年，中央财政大气污染防治专项资金累计安排清洁取暖试点奖补资金 493 亿元（表 1-4）。2017 年，奖补资金按照直辖市 8 亿元、省会城市 6 亿元、地级市 4 亿元的额度进行预拨，下达奖补资金 60 亿元。2018 年按照奖补标准的 80%进行预拨，下达奖补资金 139.2 亿元。2019 年按照奖补标准的 80%预拨，下达奖补资金 152.0 亿元。2020 年，根据《关于提前下达 2020 年度大气污染防治资金预算的通知》（财资环〔2019〕57 号）和《关于下达 2020 年度大气污染防治资金（第二批）预算的通知》（财资环〔2020〕42 号），共下达清洁取暖补助资金 141.8 亿元，包括第二批和第三批清洁取暖试点城市预拨补助资金、首批 12 个试点城市清算资金，以及 2019 年新增的济南市莱芜区的清洁取暖奖补资金。

表 1-4　2017—2020 年清洁取暖试点奖补资金安排情况

单位：亿元

省（市）	2017 年	2018 年	2019 年	2020 年	合计
天津	8.0	8.0	8.0	6.0	30.0
河北	22.0	37.6	39.2	33.4	132.2
山西	6.0	27.2	27.2	25.4	85.8
山东	6.0	29.6	29.6	33.8	99.0
河南	18.0	32.0	35.2	30.4	115.6
陕西	0.0	4.8	12.8	12.8	30.4
合计	60.0	139.2	152.0	141.8	493.0

1.2　试点实施进展

试点城市示范期为三年，各地示范起始时间不同，截至 2020 年 4 月，首批 12 个试点城市示范期已结束，第二批试点城市和第三批试点城市的示范期分别于 2021 年 4 月和 2022 年 4 月结束。根据试点城市年度绩效评价结果，从清洁取暖改造与建筑节能改造两方面总结试点实施进展情况。

1.2.1　清洁取暖改造任务进展

在清洁取暖改造方面，截至 2020 年 4 月，43 个试点城市合计完成清洁取暖改造面积 29.77 亿 m^2、改造户数 2 677 万户。其中，城区完成清洁取暖改造 7.75 亿 m^2、706 万户，城乡接合部、所辖县及农村地区完成清洁取暖改造 22.01 亿 m^2、1 971 万户（图 1-5、图 1-6）。

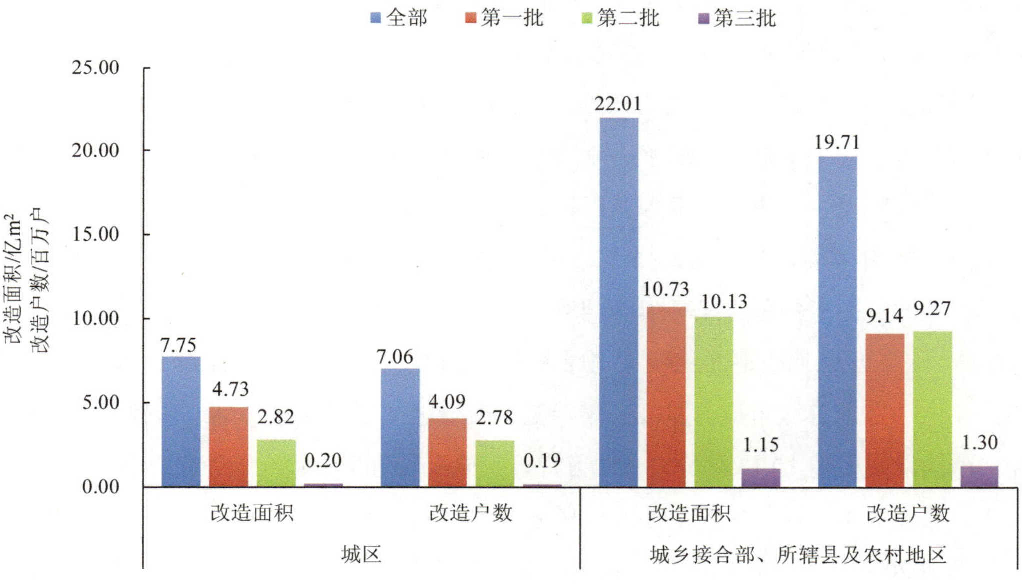

图 1-5　试点城市完成清洁取暖改造面积和户数情况

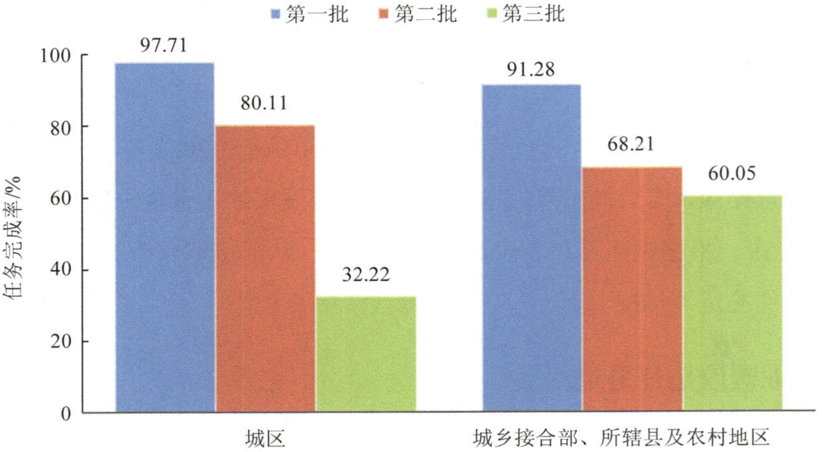

图 1-6 试点城市清洁取暖改造面积任务完成率

截至 2020 年 4 月，首批 12 个试点城市完成清洁取暖改造 15.46 亿 m^2、1 324 万户，三年示范期改造面积任务完成率为 93.16%。其中，城区完成清洁取暖改造 4.73 亿 m^2、409 万户，三年示范期改造面积任务完成率为 97.71%，天津、保定、廊坊、鹤壁、太原、唐山、石家庄等城市超额完成改造任务；城乡接合部、所辖县及农村地区完成清洁取暖改造 10.73 亿 m^2、914 万户，三年示范期改造面积任务完成率为 91.28%，开封、廊坊、太原、新乡、鹤壁、天津、济南等城市超额完成改造任务。

截至 2020 年 4 月，第二批 23 个试点城市完成清洁取暖改造 12.95 亿 m^2、1 204 万户，三年示范期改造面积任务完成率为 70.48%。其中，城区完成清洁取暖改造 2.82 亿 m^2、278 万户，三年示范期改造面积任务完成率为 80.11%，吕梁、阳泉、西安、晋中、运城、临汾、长治、邯郸等城市提前完成三年示范期改造任务；城乡接合部、所辖县及农村地区完成清洁取暖改造 10.13 亿 m^2、927 万户，三年示范期改造面积任务完成率为 68.21%，晋中市、张家口市完成三年示范期改造任务量的 90%以上。

截至 2020 年 4 月，第三批 8 个试点城市完成清洁取暖改造 1.35 亿 m^2、149 万户，三年示范期改造面积任务完成率为 53.15%。其中，城区完成清洁取暖改造 0.20 亿 m^2、19 万户，三年示范期改造面积任务完成率为 32.22%，定州市、辛集市完成三年示范期改造任务的 70%以上；城乡接合部、所辖县及农村地区完成清洁取暖改造 1.15 亿 m^2、130 万户，三年示范期改造面积任务完成率为 60.05%，济源市、宝鸡市提前完成三年示范期改造任务。

截至 2020 年 4 月，“2+26”城市（不含北京）合计完成清洁取暖改造 22.66 亿 m^2、1 942 万户。其中，城区完成 5.10 亿 m^2、440 万户，城乡接合部、所辖县及农村地区完成 17.56 亿 m^2、1 502 万户；汾渭平原城市合计完成清洁取暖改造 6.56 亿 m^2、655 万户，其中，城区完成 2.47 亿 m^2、248 万户，城乡接合部、所辖县及农村地区完成 4.09 亿 m^2、407 万户（图 1-7）。

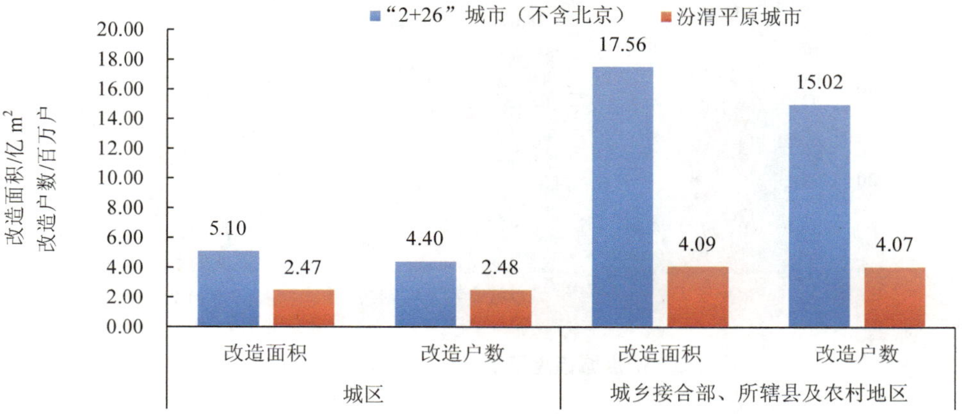

图 1-7　试点城市分区域完成清洁取暖改造面积和户数情况

1.2.2　建筑节能改造任务进展

在建筑节能改造方面，截至 2020 年 4 月，43 个试点城市合计完成建筑节能改造面积 1.57 亿 m^2、改造户数 174 万户。其中，城区完成建筑节能改造 0.78 亿 m^2、80 万户，城乡接合部及所辖县完成建筑节能改造 0.31 亿 m^2、27 万户，农村地区完成建筑节能改造 0.48 亿 m^2、67 万户（图 1-8 和图 1-9）。

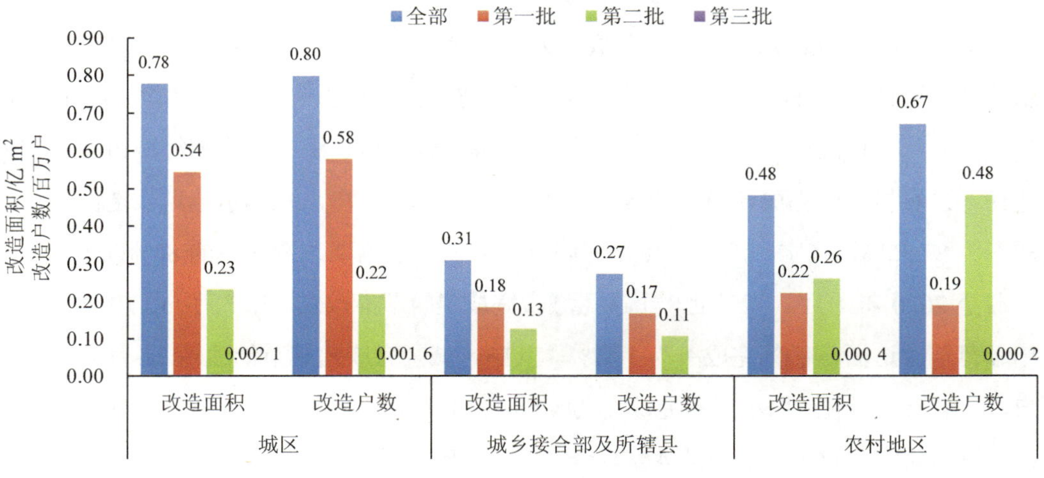

图 1-8　试点城市完成建筑节能改造面积和户数情况

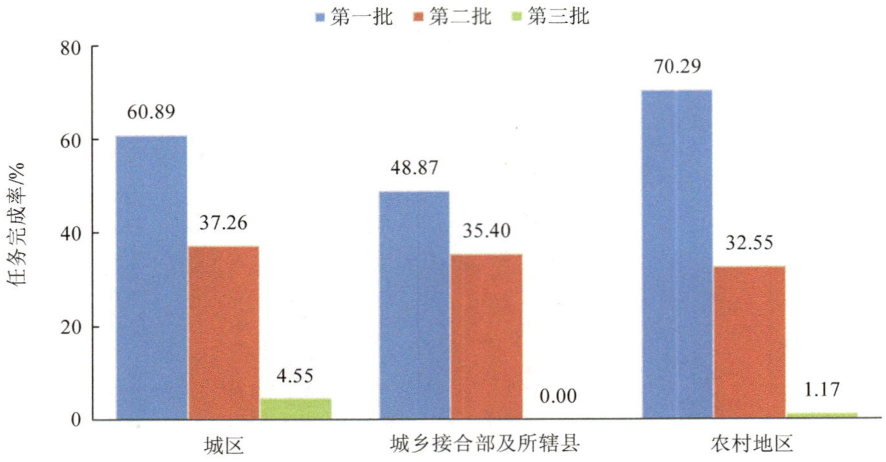

图 1-9 试点城市建筑节能改造面积任务完成率

截至 2020 年 4 月，首批 12 个试点城市完成建筑节能改造 0.95 亿 m^2、93 万户，三年示范期改造面积任务完成率为 59.92%。其中，城区完成建筑节能改造 0.54 亿 m^2、58 万户，三年示范期改造面积任务完成率为 60.89%，天津、廊坊、唐山、鹤壁、石家庄等城市超额完成改造任务；城乡接合部及所辖县完成建筑节能改造 0.18 亿 m^2、17 万户，三年示范期改造面积任务完成率为 48.87%，济南、唐山、开封、郑州、鹤壁等城市超额完成改造任务；农村地区完成建筑节能改造 0.22 亿 m^2、19 万户，三年示范期改造面积任务完成率为 70.29%，鹤壁、济南、天津、唐山、郑州等城市超额完成改造任务。

截至 2020 年 4 月，第二批 23 个试点城市完成建筑节能改造 0.62 亿 m^2、81 万户，三年示范期改造面积任务完成率为 34.77%。其中，城区完成建筑节能改造 0.23 亿 m^2、22 万户，三年示范期改造面积任务完成率为 37.26%，运城、焦作、张家口等城市完成三年示范期改造任务的 80%以上；城乡接合部及所辖县完成建筑节能改造 0.13 亿 m^2、11 万户，三年示范期改造面积任务完成率为 35.40%，张家口、济宁、沧州等城市超额完成改造任务；农村地区完成建筑节能改造 0.26 亿 m^2、48 万户，三年示范期改造面积任务完成率为 32.55%，济宁、沧州、焦作等城市完成三年示范期改造任务的 80%以上。

截至 2020 年 4 月，第三批 8 个试点城市完成建筑节能改造 25.27 万 m^2、0.18 万户，三年示范期改造面积任务完成率为 1.87%。其中，城区完成建筑节能改造 21 万 m^2、0.16 万户，三年示范期改造面积任务完成率为 4.55%；未开展城乡接合部及所辖县建筑节能改造；农村地区完成建筑节能改造 4.27 万 m^2、0.02 万户，三年示范期改造面积任务完成率为 1.17%，仅济源市开展了相关工作。

截至 2020 年 4 月，“2+26”城市（不含北京）合计完成建筑节能改造 1.42 亿 m^2、159 万户。其中，城区完成 0.70 亿 m^2、72 万户，城乡接合部及所辖县完成 0.28 亿 m^2、24 万户，农村地区完成 0.44 亿 m^2、63 万户。汾渭平原城市合计完成建筑节能改造 0.15 亿 m^2、15 万户。其中，城区完成 0.08 亿 m^2、8 万户，城乡接合部及所辖县完成 0.03 亿 m^2、3 万户，农村地区完成 0.04 亿 m^2、4 万户（图 1-10）。

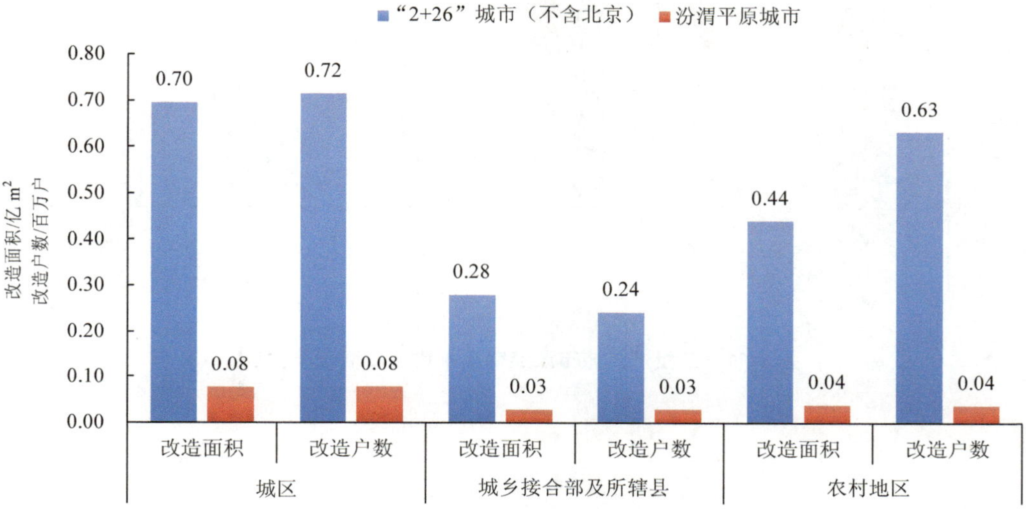

图 1-10　试点城市分区域完成建筑节能改造面积和户数情况

1.3　试点实施成效

1.3.1　显著提升各地清洁取暖率

经过清洁取暖改造，试点城市清洁取暖率得到显著提升（图 1-11）。第一批试点城市于 2017 年启动，在启动之前，即 2016 年年底的城区平均清洁取暖率为 83.7%；2020 年 4 月，城区平均清洁取暖率已达到 99.31%，除郑州市外，其余 11 个城市城区平均清洁取暖率均达到 100%，各试点城市改造前后城区平均清洁取暖率对比如图 1-12 所示。城乡接合部、所辖县及农村地区的平均清洁取暖率由启动时的 32.84%提升到 2020 年 4 月的 88.59%，其中，廊坊、济南、开封、鹤壁等城市的城乡接合部、所辖县及农村地区平均清洁取暖率已达到 100%；各城市改造前后城乡接合部、所辖县及农村地区平均清洁取暖率对比如图 1-13 所示。

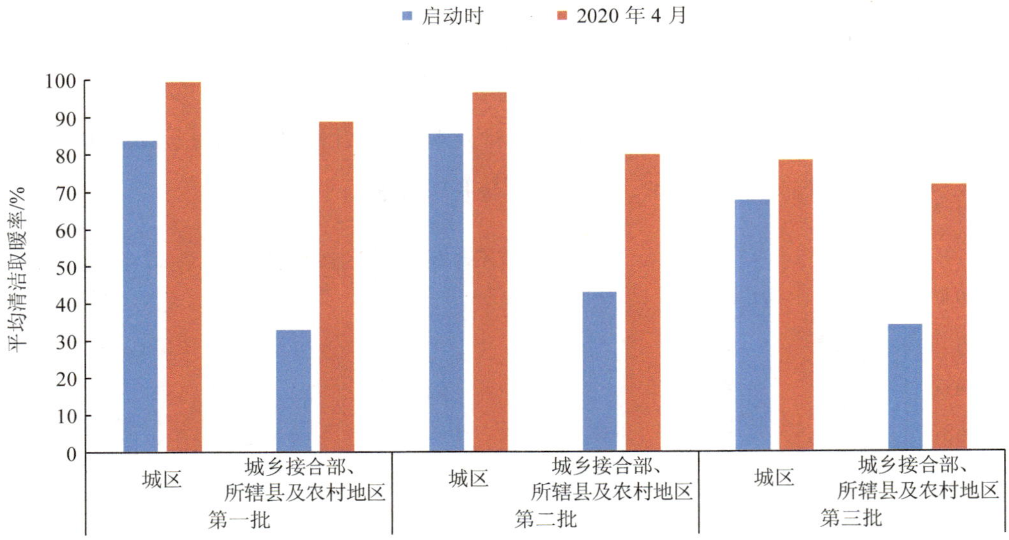

图 1-11　三批试点城市改造前后平均清洁取暖率比较

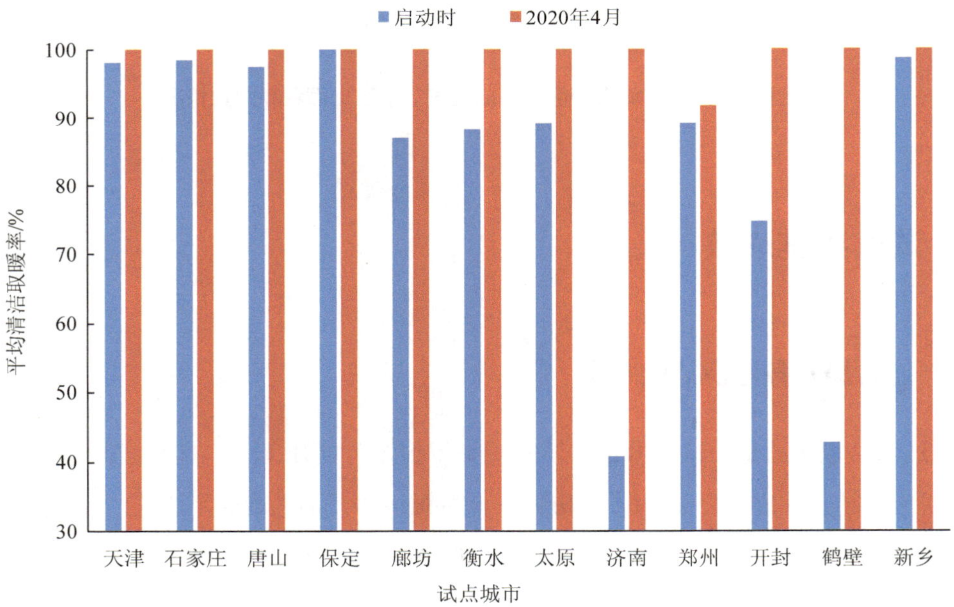

图 1-12　第一批试点城市改造前后城区平均清洁取暖率比较

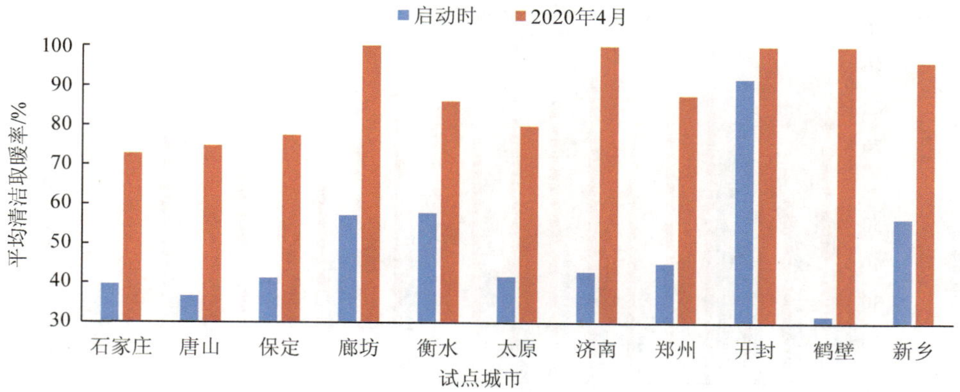

图 1-13 第一批试点城市改造前后城乡接合部、所辖县及农村地区平均清洁取暖率比较

注：未获得天津市 2020 年相关数据。

第二批试点城市于 2018 年启动，在启动之前，即 2017 年年底的城区平均清洁取暖率为 85.38%，2020 年 4 月，城区平均清洁取暖率达到 96.23%（除沧州市），邢台、邯郸、张家口、阳泉、长治、晋中、运城、临汾、吕梁、滨州、洛阳、濮阳、西安 13 个城市城区平均清洁取暖率已达到 100%，淄博、济宁、德州、安阳 4 个城市城区的平均清洁取暖率接近 100%，各城市城区平均清洁取暖率情况如图 1-14 所示；第二批试点城市城乡接合部、所辖县及农村地区平均清洁取暖率由启动时的 42.79%提升到 2020 年 4 月的 79.62%（除沧州市），菏泽市的城乡接合部、所辖县及农村地区平均清洁取暖率已达到 100%，长治市和安阳市的城乡接合部、所辖县及农村地区平均清洁取暖率接近 100%，各城市城乡接合部、所辖县及农村地区平均清洁取暖率情况如图 1-15 所示。

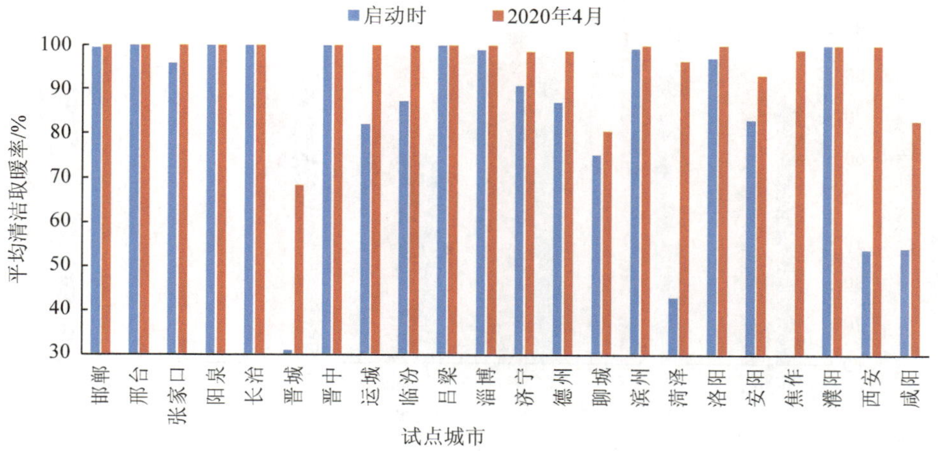

图 1-14 第二批试点城市改造前后城区平均清洁取暖率比较

注：未取得沧州市 2020 年数据。

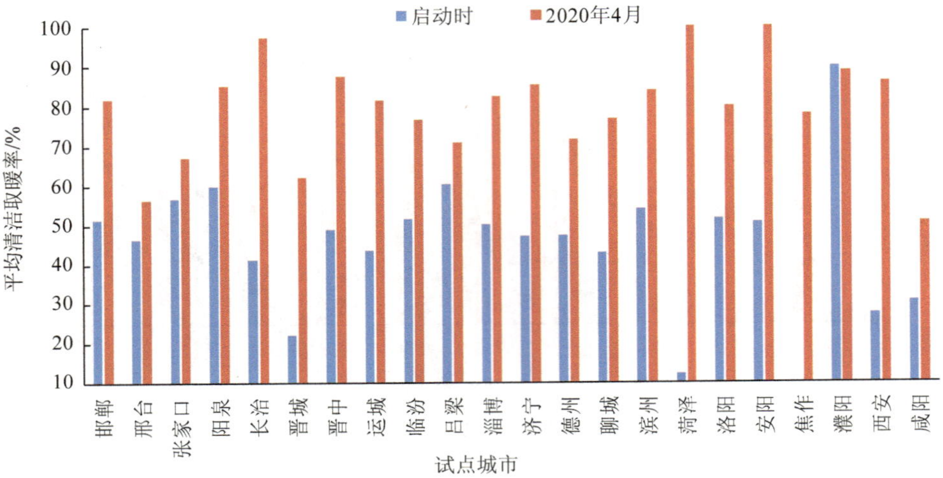

图 1-15　第二批试点城市改造前后城乡接合部、所辖县及农村地区平均清洁取暖率比较

注：未取得沧州市 2020 年数据。

第三批试点城市城区平均清洁取暖率由启动时的 67.46%提升到 2020 年 4 月的 77.92%（除杨凌示范区），辛集市的城区平均清洁取暖率已达到 100%，各城市城区平均清洁取暖率情况如图 1-16 所示；第三批试点城市城乡接合部、所辖县及农村地区平均清洁取暖率由启动时的 33.84%提升到 2020 年 4 月的 71.55%，济源市的城乡接合部、所辖县及农村地区平均清洁取暖率已达到 100%，杨凌示范区的平均清洁取暖率接近 100%，各城市城乡接合部、所辖县及农村地区平均清洁取暖率情况如图 1-17 所示。

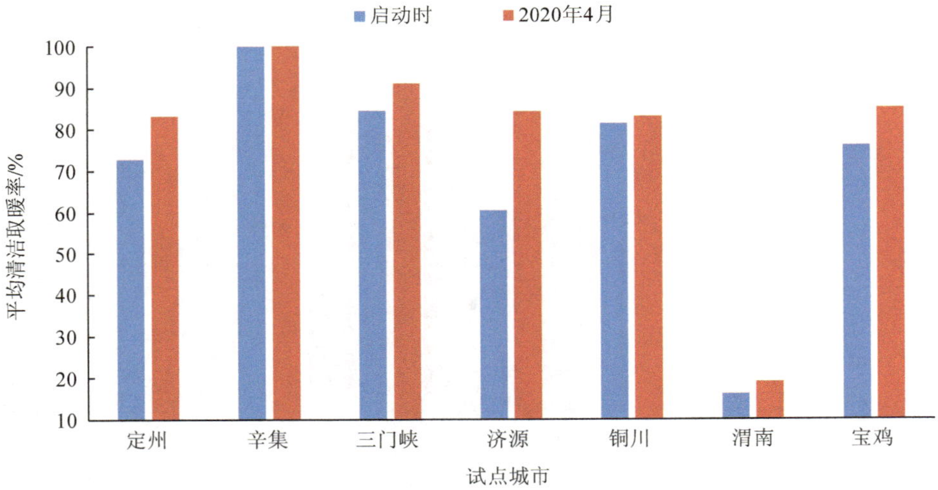

图 1-16　第三批试点城市改造前后城区平均清洁取暖率比较

注：未取得杨凌示范区 2020 年数据。

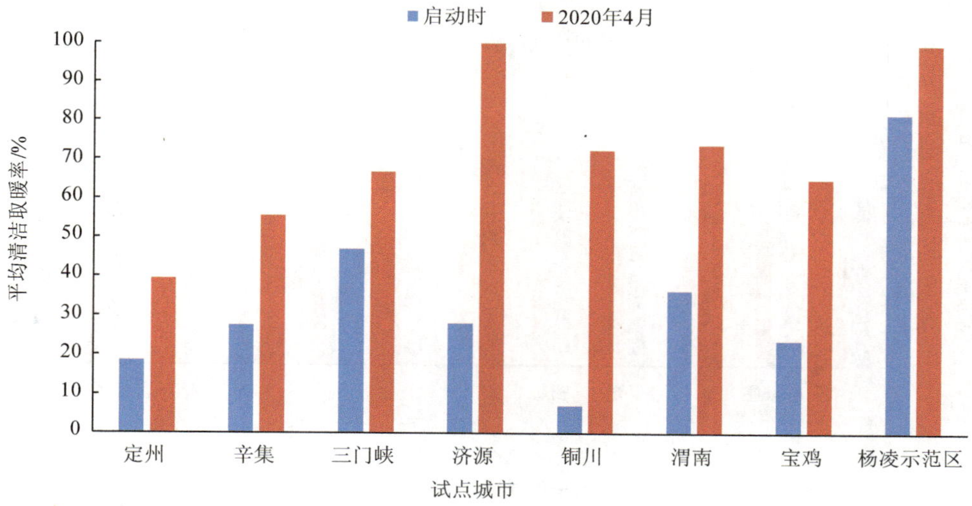

图 1-17　第三批试点城市改造前后城乡接合部、所辖县及农村地区平均清洁取暖率比较

1.3.2　有效促进环境空气质量改善

通过清洁取暖改造，原采用散煤取暖的居民改为采用天然气、电能、太阳能、地热能等清洁能源，替代了大量散煤。截至 2020 年 4 月，城乡接合部、所辖县及农村地区完成清洁取暖改造 22.01 亿 m^2、1 971 万户，按照每户平均 2 t 散煤测算，每年替代散煤约 3 940 万 t。

经过三年试点，第一批试点城市空气质量改善显著，$PM_{2.5}$ 平均质量浓度从 2016—2017 年秋冬季的 109.5 μg/m^3 下降到 2019—2020 年秋冬季的 69.7 μg/m^3，下降 36.3%，各城市 $PM_{2.5}$ 平均质量浓度下降情况如图 1-18 所示（数据来源于生态环境部公开数据，下同）。第二批试点城市经过两年试点，空气质量改善也较为明显，$PM_{2.5}$ 平均质量浓度从 2017—2018 年秋冬季的 80.6 μg/m^3 下降到 2019—2020 年秋冬季的 71.4 μg/m^3，下降 11.4%，各城市 $PM_{2.5}$ 平均质量浓度下降情况如图 1-19 所示。第三批试点城市经过 1 年试点，空气质量改善也较为明显，$PM_{2.5}$ 平均质量浓度从 2018—2019 年秋冬季的 85.0 μg/m^3 下降到 2019—2020 年秋冬季的 73.3 μg/m^3，下降 13.8%，各城市 $PM_{2.5}$ 平均质量浓度下降情况如图 1-20 所示。

根据《2019 中国生态环境状况公报》，2019 年，“2+26 城市”优良天数比例平均为 53.1%，比 2017 年上升 3.8 个百分点；$PM_{2.5}$ 全年平均质量浓度 57 μg/m^3，比 2017 年下降 16.2%。2019 年，汾渭平原城市优良天数比例平均为 61.7%，比 2017 年上升 9.6 个百分点；$PM_{2.5}$ 全年平均质量浓度 55 μg/m^3，比 2017 年下降 15.4%。

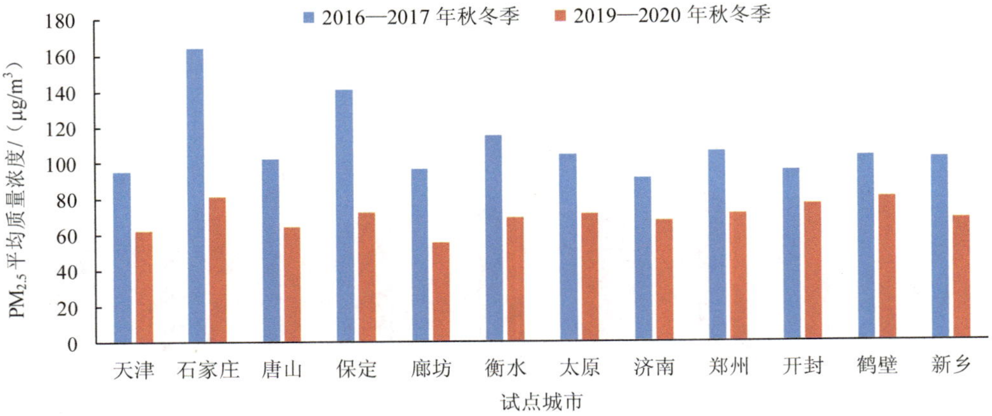

图 1-18 第一批试点城市 $PM_{2.5}$ 平均质量浓度下降情况

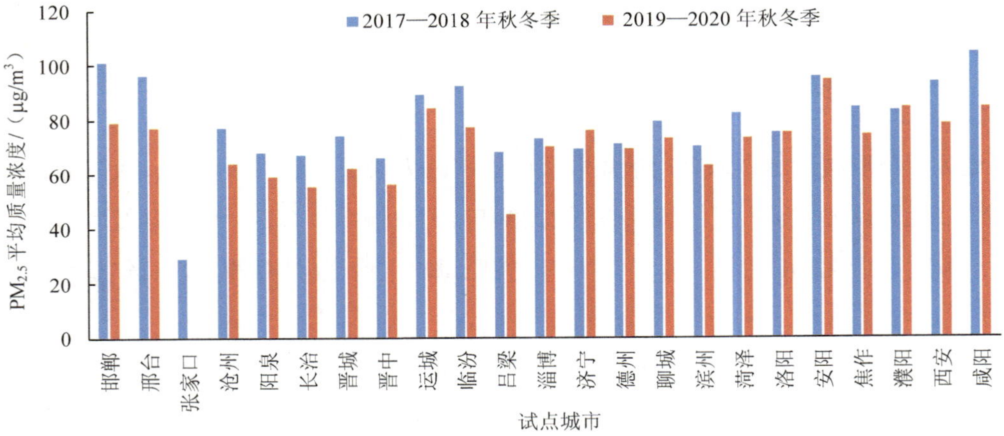

图 1-19 第二批试点城市 $PM_{2.5}$ 平均质量浓度下降情况

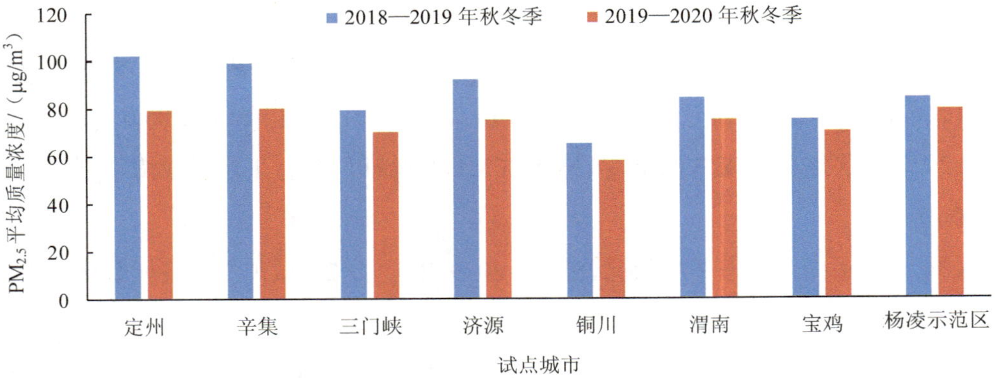

图 1-20 第三批试点城市 $PM_{2.5}$ 平均质量浓度下降情况

实施清洁取暖改造力度越大，环境空气质量改善越明显。生态环境部相关数据显示，2017 年 12 月 1 日—2018 年 1 月 31 日河北省全域完成散煤治理的 10 个区县和没有开展散煤治理的 10 个区县进行比较，完成治理的地区 $PM_{2.5}$ 平均质量浓度较未实施改造的地区低 30%左右，$PM_{2.5}$ 平均质量浓度下降幅度要高出 18 个百分点，空气质量明显优于未实施改造地区。散煤治理对地区 $PM_{2.5}$ 平均质量浓度下降贡献率达到 30%～40%。

1.3.3　提升农村居住环境和居民健康水平

农村地区切实改善了居住环境，这得益于清洁取暖试点工作。在实施清洁取暖改造之前，农村居民一般采用煤炭、木柴、秸秆等固体燃料作为取暖能源。为了实现农村与城市同样清洁便利的取暖，需要改变我国农村取暖以燃烧煤炭或薪柴为主的生活方式，补齐农村基础设施建设短板，同时优化农村地区的能源结构。清洁取暖改造后，老百姓家里不堆散煤，也不必再处理煤灰，彻底告别了过去的煤烟味和煤灰，无论是家庭生活小环境，还是村镇大环境都得到了根本改善，生活品质得到很大提升。

清洁取暖改造是提升居民健康水平的有效路径。采用煤炭等固体燃料供暖会造成严重的室内空气污染，产生的污染物会对呼吸系统、心血管系统和免疫系统造成损害，部分污染物具有致癌和致突变作用，对居民健康造成影响。Shupler 等的研究表明，煤炉取暖造成的室内 $PM_{2.5}$ 暴露量较天然气取暖或电取暖高 220 $\mu g/m^3$。随着北方地区冬季清洁取暖试点工作的推进，已有约 1 900 万户家庭免于室内散烧煤造成的空气污染及其暴露风险，产生了积极的健康效益。根据 Elizabeth 等的研究，在城市和农村地区，通过改用清洁燃料，儿童慢性呼吸道疾病发生率可分别降低约 9%和 80%，成人慢性呼吸道疾病发生率分别降低 6%和 45%。

实施清洁取暖不仅改善了居住环境，提高了人们生活品质和健康水平，同时促进了美丽乡村和生态文明建设，人民群众的获得感、幸福感、舒适感得到显著提升。

1.3.4　带动能源基础设施建设

为确保清洁取暖项目的能源稳定供应，在推进清洁取暖试点工作的同时，各地重视天然气、电力等能源基础设施建设。在天然气基础设施建设方面，中央和地方大力推进天然气产供储销体系建设。国家发展改革委等部门在印发《北方地区冬季清洁取暖规划（2017—2021 年）》（发改能源〔2017〕2100 号）的同时，印发了《北方重点地区冬季清洁取暖“煤改气”气源保障总体方案》，重点针对“2+26”城市所涉及的 6 省（市）制定了能源保障方案，在主干管道、支线、储气调峰设施等方面确定了多个重点项目。2017—

2018 年采暖季过后，国家能源主管部门及国内三大石油公司启动了天然气保障计划，主要包括加大勘探开发力度，夯实国内资源保障基础，加快构建多元化安全稳定的天然气进口供应体系；督促各省（市）与供气企业做好气源衔接工作和供用气合同签订工作；建立油气项目核准工作绿色通道，推动已纳入规划的长输管道和 LNG（液化天然气）接收站加快建设，推动陕京四线干线、西气东输三线中卫—靖边联络线、鄂尔多斯—安平—沧州管道（沧州—鹿泉段）等管道按计划投产，集中推进一批天然气基础设施互联互通重点工程，推动中国石化天津南港 LNG、新奥能源舟山 LNG 和中国海油迭福 LNG 等接收站新（扩）建工程投产，对已投产 LNG 接收站的接收能力进行核定；通过督查、中央财政支持等方式推动储气能力建设。在地方层面，各省（市）积极推进供暖季供用气合同签署，编制省级天然气储气设施建设规划，推进应急储气调峰建设，组织落实可中断供用气合同的签署工作，建立天然气保供应应急预案等。

在电力基础设施建设方面，为了满足“煤改电”项目高负荷电力要求，试点城市通常是确定好农村电网改造计划之后，再安排“煤改电”项目，此举直接带动了电网基础设施建设投入，提升了户均电网容量。2017—2019 年，国家电网“煤改电”配套电网累计投入超过 700 亿元，其中配套电网方面新（扩）建 220 kV 及以上变电站 27 座，新增变电容量 1 370 万 kV·A；新（扩）建 35～110 kV 变电站 304 座，新增变电容量 1 614 万 kV·A；新增 10 kV 配变容量 2 276 万 kV·A，新增 10 kV 及以下线路 14.5 万 km。以鹤壁市为例，通过城区、浚县、淇县农村电网升级改造，户均容量由 1.5 kV·A 提升到了 7 kV·A，满足了“煤改电”项目需求。

1.3.5 带动清洁取暖相关产业发展

实施清洁取暖改造带动大规模能源基础设施建设投入，有效拉动经济增长，带动天然气上下游产业及燃气炉具、取暖设备等相关制造业发展。经测算，2017 年实施的“煤改气”“煤改电”工程拉动全社会 GDP 增加 1 200 亿元，增加就业岗位 80 万个。

实施清洁取暖以来，我国清洁取暖市场迎来快速发展，天然气供暖、电供暖设备生产企业规模明显扩大。根据中国土木工程学会 2019 年调查数据，截至 2019 年 8 月底，有 314 家企业获得了燃气采暖热水炉生产许可证，较 2018 年年底增加了 16 家，其中广东省 142 家，较 2017 年增加了 40 家；河北省和山东省分别为 47 家和 43 家。2019 年燃气采暖热水炉市场总销量达到了 402 万台，较 2018 年增幅为 25.6%（图 1-21），其中“煤改气”市场销量为 230 万台，较 2018 年增幅为 58.6%。

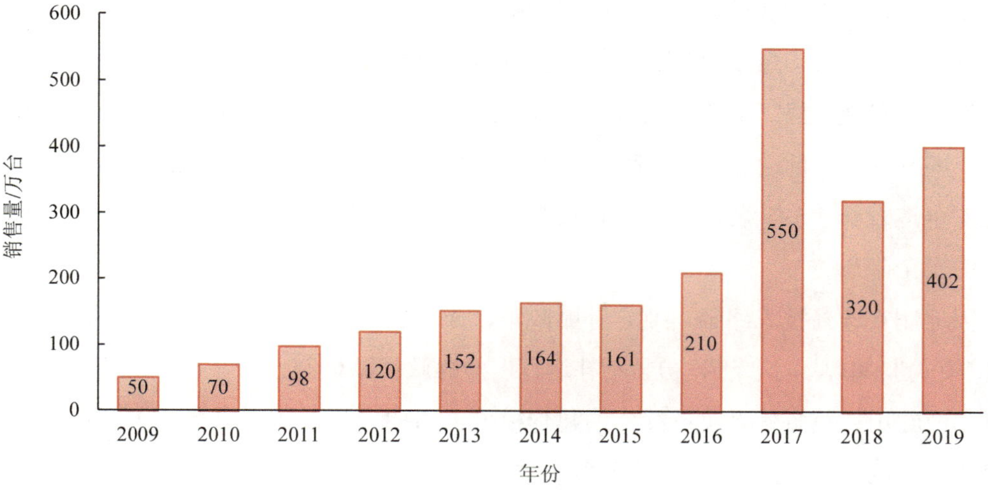

图 1-21　2009—2019 年燃气采暖热水炉国内市场销售量变化趋势

受政策驱动，清洁取暖相关的节能环保产业（燃煤锅炉节能环保改造、智慧供热系统建设、绿色建筑）、输变电行业、热泵产业等配套产业得到发展，天然气应用和勘探开采装备产业也直接受益。地热开发、生物质能等清洁利用技术得到快速发展。

1.3.6　积累清洁取暖实施经验

有效地建立实施机制及管理制度是清洁取暖试点工作顺利推进的重要保障。部分试点城市成立清洁取暖领导小组，由市政府领导担任组长，住建、发改、生态环境、财政、自然资源、农业农村、质监、安监等部门及各县（区）政府主要领导为领导小组成员，牵头部门负责整体协调、统筹安排和督导调度，各职能部门各司其职，分别负责推进清洁取暖相关领域的具体工作，有力地推进了试点任务的实施。部分试点城市建立了各项工作机制和管理制度，推进清洁取暖试点工作。在资金管理方面，全面规范清洁取暖财政补贴资金使用管理，《廊坊市气代煤、电代煤财政补贴资金管理办法》（廊政办字〔2017〕126 号）《唐山市北方地区冬季清洁取暖试点城市财政补助资金管理办法》（唐财建〔2017〕132 号）《晋中市城中村接入集中供热工程补贴资金管理办法》（晋市财城〔2017〕139 号）《晋中市城区热源替代补贴资金管理办法》（晋市财城〔2017〕140 号）等，对补贴标准、资金管理、职责分工、监督检查等内容提出了明确要求，确保资金使用安全有效、管理规范。在项目实施质量方面，完善项目招投标、工程验收等制度，鹤壁市印发了《鹤壁市冬季清洁取暖试点城市项目招投标工作指导意见（试行）》，规范清洁取暖项目招投标程序，提出工作纪律及资料管理等要求；廊坊、石家庄、鹤壁、济南等多个城市提出了清洁取暖项目竣工验收办法，规范竣工验收条件、验收内容、验收程序等。在完善安全监管方面，廊坊市印发了《“电代煤”工程运行维护和安全管理指导意见》《廊坊市“气代煤”工程安全运营二十条强化措施》《农村“气代煤”后期运行管理指导意见》等，为确保“煤改气”项目运行安全，廊坊市建立了“两员”制度，全市共配备农村“煤改气”企业安全巡查员 1 391 名、村街协管员 3 978 名，负责日常巡查和入户解决项目运行中存在的安全隐患。

因地制宜选择技术路径，制定补贴政策，成功创建可推广模式。鹤壁市成功探索了“鹤壁模式”，主要包括 “补初装不补运行”的财政补贴机制，“六个一”建设标准，“清洁供、节约用、投资优、可持续”的建管模式，“3+3+3”的清洁取暖工作机制，达到了“电采暖，气做饭，房保温，煤清零”的实施效果。

创新投融资模式，确保资金投入。河南、河北、山东、山西等省的部分试点城市创新投融资模式，积极吸引社会资本，减轻政府投资压力。长治、济南等试点城市积极利用政策性贷款，降低融资成本。

强化信息监管平台建设，提升清洁取暖工作管理水平。咸阳市建立“咸阳市清洁取暖大数据在线平台”，配套开发手机应用程序（App）。长治市搭建包括互联网平台+手机用户服务终端和工程运维终端的综合监测平台，实现全过程、多环节、网格化、精细化的闭环管理。商河县引入现代化信息管理手段，建立“商河县清洁能源监控系统”，将多种清洁能源纳入统一平台管理。河北省建立了城市智慧供热模式，目前河北省 70%以上市、县已不同程度地开展了供热监管信息平台建设工作。

第 2 章　清洁取暖补贴与价格政策

为推进清洁取暖试点工作顺利开展，保障清洁取暖工作可持续运行，试点城市出台建设补贴和运行补贴政策，地方政府在国家政策指导下制定的“煤改气”“煤改电”居民气（电）价政策，在降低居民的清洁取暖改造投入和运行成本上发挥了关键作用。

2.1　清洁取暖建设补贴政策

2.1.1　取暖设备购置补贴政策

清洁取暖设备购置一次性投入较高，对于普通农民来说负担较重。试点城市出台清洁取暖设备购置补贴政策，对分散式清洁取暖用户的设备购置进行补贴，主要包括对“煤改气”“煤改电”“煤改其他方式”等取暖设备购置的补贴。

制定“煤改电”设备购置补贴政策。“煤改电”设备技术类型较多，包括直热式电暖器、蓄热式电暖器、空气源热泵、地源热泵等，热泵类设备成本较高，补贴金额也相应较高。试点城市“煤改电”设备购置补贴差异较大，补贴比例为 33%～94%，补贴金额为 600～27 400 元/户。天津、太原、新乡、焦作等城市对不同“煤改电”技术设备制定了差异化的购置补贴政策，长治、运城、临汾等城市对不同地区制定了差异化的设备购置补贴政策。根据《三门峡市 2019 年清洁取暖“双替代”财政补贴暂行办法》，三门峡市在地市层面只制定了补贴原则，即取暖设备购置安装的补贴费用原则上不得低于 3 000 元/户，具体补贴范围及补贴标准由各县（市、区）结合实际情况自行确定。

制定“煤改气”设备购置补贴政策，补贴比例为 50%～75%，补贴金额为 600～8 000 元/户。长治、运城、临汾等城市对不同地区制定了差异化的设备购置补贴政策。太原市为每户补贴购置 1 台 24 kW 及以下的燃气锅炉或 26 kW 及以下的燃气壁挂炉。同“煤改电”设备购置补贴相同，三门峡市“煤改气”设备购置补贴也由各县（市、区）结合实际情况自行确定，原则上不得低于 3 000 元/户。2019 年试点城市“煤改电”“煤改气”设备购置补贴政策见表 2-1。

表 2-1　2019 年试点城市“煤改电”“煤改气”设备购置补贴政策[1]

批次	城市及技术类型		“煤改电”		“煤改气”	
			补贴比例/%	补贴金额/（元/户）	补贴比例/%	补贴金额/（元/户）
第一批	天津	蓄热式电暖器		中心城区、环城四区补贴 1 200 元/台，其他地区补贴 4 400 元/户		6 200
		空气源热泵		25 000		
		直热式电暖器		1 200 元/台		
	石家庄		85	7 400		1 000
	唐山			5 550		2 025
	保定			3 700		1 350
	廊坊	蓄热式电暖器、蓄热式电锅炉、空气源热泵和地源热泵		7 400		2 700
	衡水		85	7 400	70	2 700
	太原	空气源热泵、低温空气源热泵热风机、浅层地热能热泵和双源热泵	94	27 400	补贴 1 台 24 kW 及以下的燃气锅炉或 26 kW 及以下的燃气壁挂炉	
		高效电锅炉、蓄热式电暖器和热库供暖	89	14 400		
	济南	碳晶板、空气源热泵、家用电锅炉、发热电缆		2 000		2 000
	郑州			3 500		3 500
	开封		70	3 500		
	鹤壁		75		75	
	新乡	空气源热泵热风机		4 500		4 500
		碳晶电暖器、对流电暖器、电暖桌、家用空调		3 500		
第二批	邯郸			7 400		2 700
	邢台			7 400		2 700
	张家口			7 400		2 700
	沧州			7 400		2 700
	阳泉			2 500		2 000
	长治[2]			3 500～4 000		3 500～4 000
	晋中		33.3	20 000		
	运城			4 000～4 600		5 500～6 300
	吕梁			24 000		8 000
	晋城			6 500		6 500

批次	城市及技术类型	“煤改电”		“煤改气”	
		补贴比例/%	补贴金额/（元/户）	补贴比例/%	补贴金额/（元/户）
第二批	临汾		深度贫困县 1 750、国家贫困县 1 600、省级贫困县 1 650、其他 1 600		深度贫困县 1 750、国家贫困县 1 600、省级贫困县 1 650、其他 1 600
	淄博	85	5 700	75	2 700
	济宁		4 000		4 000
	滨州		4 600		2 000
	德州		4 000		4 000
	聊城		5 000		5 000
	菏泽		4 000		4 000
	洛阳		4 000		4 600
	安阳	60	3 500	60	3 500
	焦作：空气源热泵热风机		4 500		4 500
	焦作：碳晶电暖器、对流电暖器、电暖桌、家用空调		3 500		
	濮阳	70	3 500	70	3 500
	西安	60	3 000	60	3 000
	咸阳		5 000		5 000
第三批	定州	85	7 400	70	2 700
	辛集	85	10 000	70	2 700
	三门峡		不得低于 3 000		不得低于 3 000
	济源	50	600	50	600
	渭南		2 000		2 000
	铜川		2 500		2 500
	宝鸡		1 000		1 300
	杨凌示范区		1 000		1 000

注：①根据各城市购置补贴政策文件、网上公开数据整理得到。

②长治市将区、县分成两档，执行不同的补贴标准；不同区域按照城区及县城、平原地区农村执行不同的补贴标准。

在“煤改其他方式”取暖方面，部分试点城市也制定了明确的设备补贴政策。石家庄市、廊坊市对利用生物质天然气、沼气等取暖的，参照“煤改气”补贴政策执行；运城市对平原地区农村可再生能源取暖项目，财政给予一次性改造补助 2 600 元/户；淄博市对生物质炉具购置按照炉具购置价格的 85%、最高 3 500 元/户的标准进行补贴，对分户式太阳能+取暖项目，按照设备价格的 85%、最高 5 700 元/户的标准进行补贴；太原市对深层地热源热泵利用项目给予建设补助，补助标准为 120 元/m^2，对“太阳能+热泵”供暖试点一次性建设投资给予全额补贴；郑州市对实施区域集中供热的可再生能源采暖、多能互补采暖等清洁能源采暖工程项目给予直接建设补助，依据可供热面积按 40 元/m^2 给予奖补，且单个项目奖补资金不超过 5 000 万元和项目总投资的 30%；西安市为鼓励秸秆综合利用，省级财政承担 40%资金补贴。

2.1.2 既有建筑节能改造补贴政策

在清洁取暖改造过程中，部分试点城市重视同步推进既有建筑节能改造，制定了既有建筑节能改造补贴政策。各城市的补贴标准有一定的差异，部分试点城市按照建筑面积给予补贴，居民建筑节能改造补贴标准为 70～140 元/m^2；部分试点城市按户给予补贴，补贴标准为 3 330～10 000 元/户。部分城市的补贴政策如下：

- 郑州市：居住建筑节能改造项目按照 120 元/m^2 进行奖补，公共建筑节能改造项目按照 40 元/m^2 进行奖补，农村既有建筑节能改造项目按照 10 000 元/户进行奖补。
- 开封市：对新建农房节能项目实施财政补贴，按照建筑面积给予 140 元/m^2 的补助。
- 鹤壁市：农村既有居住建筑节能改造工程，按照建筑面积，村民缴费 10 元/m^2，中央财政补贴 70 元/m^2，市级财政补贴 10 元/m^2，建设资金不足部分由县（区）财政承担，进行围护结构节能改造的农民实际承担费用基本不超过 1 500 元/户。农村既有公共建筑节能改造工程，按照建筑面积财政补助 95 元/m^2，剩余费用由改造单位承担。
- 焦作市：城镇既有建筑节能改造项目补助标准不超过 110 元/m^2；农村既有建筑节能改造项目补助标准不超过 90 元/m^2。
- 濮阳市：农村建筑节能改造按照 10 000 元/户给予建设补贴。
- 西安市：居住建筑节能改造按照 70 元/m^2 给予建设补贴。
- 保定市：根据《保定市清洁取暖试点城市既有建筑节能改造示范项目暂行管理办法》，对示范项目按项目建筑面积给予补助，居住建筑补助标准为 120 元/m^2；公共建筑进行围护结构节能改造时，补助标准为 50 元/m^2；公共建筑进行采暖通风空调及供电照明系统等节能改造且能效提升后的节能率高于 20%时，补助标准为 30 元/m^2，能效提升后的节能率高于 15%时，补贴标准为 20 元/m^2。
- 长治市：各县（区）建筑节能改造项目，公共建筑按照 50 元/m^2 进行补贴，居住建筑按照 135 元/m^2 进行补贴，农村建筑按照 3 330 元/户进行补贴。
- 淄博市：农房节能改造项目按照不超过 8 500 元/户的标准进行补贴，超出部分由用户承担；城区建筑节能改造项目按照 100 元/m^2（建筑面积）的标准进行补贴，超出部分由用户承担。

2.2 清洁取暖运行补贴政策

2.2.1 补贴标准

实施清洁取暖改造后，农户的取暖支出普遍上升，为此，多数试点城市制定了运行补贴政策，对清洁取暖改造后的取暖费用进行补贴。在清洁取暖改造后的运行初期，为使居民逐渐适应和接受清洁取暖、杜绝散煤复燃现象，实施运行补贴政策非常关键。

2.2.1.1 煤改气

2019 年，43 个试点城市中 37 个城市制定了“煤改气”运行补贴政策，气价补贴 0.5～1.2 元/m^3，最高补贴 200～2 865 元，各城市运行补贴政策标准见表 2-2。其中，太原市对“煤改气”运行实施阶梯式补贴政策，对每个采暖季使用的前 1 500 m^3 天然气给予 1.36 元/m^3 的气价补贴，对 1 500～2 250 m^3 的天然气给予 1.1 元/m^3 的气价补贴。不同于其他城市补贴政策，洛阳市实施定额补贴，第一个采暖季补贴 300 元/户，第二个采暖季补贴 200 元/户，第三个采暖季补贴 100 元/户，三年共计 600 元/户。晋城、运城、济宁、焦作、濮阳、三门峡 6 个城市在市级层面无运行补贴政策，这些城市的部分区（县）制定了明确的运行补贴政策。

表 2-2 2019 年试点城市“煤改气”运行补贴政策标准①

批次	试点城市	气价补贴/（元/m^3）	最高补贴量/m^3	最高补贴额/（元/户）
第一批	天津	1.2	1 000	1 200
	石家庄	0.8	1 200	960
	唐山	0.8	1 200	960
	保定	0.8	1 200	960
	廊坊	0.8	1 200	960
	衡水	0.8	1 200	960
	太原	1.36/1.1	2 250	2 865
	济南	1	1 200	1 200
	郑州	1	600	600
	开封	1	900	900
	鹤壁	1	600	600
	新乡	1	600	600
第二批	邯郸	0.8	1 200	960
	邢台	1.2	800	960
	张家口	0.8	1 200	960
	沧州	0.8	1 200	960

批次	试点城市	气价补贴/（元/m³）	最高补贴量/m³	最高补贴额/（元/户）
第二批	阳泉	—	—	2 500
	长治	—	—	2 400
	晋城	—	—	—
	晋中	1	1 120	1 120
	运城	—	—	—
	临汾	1	900	900
	吕梁	1	2 400	2 400
	淄博	1	1 200	1 200
	济宁	—	—	—
	滨州	1	1 200	1 200
	德州	—	—	1 000
	聊城	—	—	1 000
	菏泽	1	1 000	1 000
	洛阳	第一年 300 元/户，第二年 200 元/户，第三年 100 元/户		
	安阳	1	600	600
	焦作	—	—	—
	濮阳	—	—	—
	西安	1	1 000	1 000
	咸阳	0.5	1 000	500
第三批	定州	1	1 200	1 200
	辛集	0.8	1 200	960
	三门峡	—	—	—
	济源	1	600	600
	铜川	0.5	1 000	500
	渭南	—	—	800
	宝鸡	—	—	300
	杨凌示范区	—	—	500

注：①数据是根据各城市运行补贴政策文件、网上公开数据整理得出。

2019 年，部分城市调整了运行补贴标准。与 2018 年相比，河北省石家庄、唐山、保定、廊坊和衡水 5 个首批试点城市下调了补贴标准。其中，石家庄市气价补贴由 1.4 元/m³ 下调为 0.8 元/m³，最高补贴额由 1 680 元/户下调为 960 元/户；其他 4 个城市气价补贴由 1 元/m³ 下调为 0.8 元/m³，最高补贴额由 1 200 元/户下调为 960 元/户。第二批试点城市中个别城市加大了补贴力度，如阳泉市气价最高补贴额由 450 元/户增加到 2 500 元/户；咸阳市 2018 年无运行补贴政策，2019 年新出台了运行补贴政策。

2.2.1.2 煤改电

2019 年，43 个试点城市中有 36 个城市制定了“煤改电”运行补贴政策，单位电量补贴 0.1～0.25 元/（kW·h），最高补贴 200～2 400 元，各城市运行补贴政策标准见表 2-3。

不同于其他城市补贴政策，洛阳市实施定额补贴，第一个采暖季补贴 300 元/户，第二个采暖季补贴 200 元/户，第三个采暖季补贴 100 元/户，三年共计 600 元/户。鹤壁、晋城、运城、济宁、焦作、濮阳、三门峡 7 个城市在市级层面无运行补贴，这些城市的部分区（县）根据实际情况自行制定了运行补贴标准。其中，鹤壁市基于空气源热风机和生物质供暖的技术路线，科学确立了“补初装不补运行”的财政补贴原则，详细情况见 2.4 节政策分析。

表 2-3　2019 年试点城市“煤改电”运行补贴政策标准[①]

批次	试点城市	电价补贴/［元/（kW·h）］	最高补贴电量/（kW·h）	最高补贴额/（元/户）
第一批	天津	0.2	8 000	1 600
	石家庄	0.12	10 000	1 200
	唐山	0.12	10 000	1 200
	保定	0.2	10 000	2 000
	廊坊	0.12	10 000	1 200
	衡水	0.174	10 000	1 740
	太原	0.2	12 000	2 400
	济南	0.2	6 000	1 200
	郑州	0.2	3 000	600
	开封	0.15	3 000	450
	鹤壁	—	—	—
	新乡	0.2	2 100	420
第二批	邯郸	0.12	10 000	1 200
	邢台	0.2	6 000	1 200
	张家口	0.12	10 000	1 200
	沧州	0.2	10 000	2 000
	阳泉	0.2	10 000	2 000
	长治	0.2	12 000	2 400
	晋城	—	—	—
	晋中	0.2	10 000	2 000
	运城	—	—	—
	临汾	0.18	—	1 000
	吕梁	—	—	2 000
	淄博	0.2	6 000	1 200
	济宁	—	—	—
	滨州	0.2	6 000	1 200
	德州	—	—	1 000
	聊城	—	—	1 000
	菏泽	0.2	5 000	1 000
	洛阳	第一年 300 元/户，第二年 200 元/户，第三年 100 元/户		
	安阳	0.2	3 000	600
	焦作	—	—	—

批次	试点城市	电价补贴/[元/（kW·h）]	最高补贴电量/（kW·h）	最高补贴额/（元/户）
第二批	濮阳	—	—	—
	西安	0.25	4 000	1 000
	咸阳	0.2	2 500	500
第三批	定州	0.12	10 000	1 200
	辛集	0.12	10 000	1 200
	三门峡	—	—	—
	济源	0.2	3 000	600
	铜川	0.2	2 500	500
	渭南	—	—	800
	宝鸡	—	—	300
	杨凌示范区	—	—	500

注：①数据是根据各城市运行补贴政策文件、网上公开数据整理得出。

2019 年，部分城市调整了运行补贴标准。与 2018 年相比，首批试点城市中的石家庄、唐山、廊坊、衡水、开封等 5 个城市下调了补贴标准，其中，石家庄市、唐山市、廊坊市电价补贴均由 0.2 元/（kW·h）下调为 0.12 元/（kW·h），最高补贴额由 2 000 元/户下调为 1 200 元/户；衡水市电价补贴由 0.2 元/（kW·h）下调到 0.174 元/（kW·h），最高补贴额由 2 000 元/户下调到 1 740 元/户；开封市电价补贴由 0.3 元/（kW·h）下调为 0.15 元/（kW·h），最高补贴额由 900 元/户下调为 450 元/户。第二批试点城市中个别城市加大了补贴力度，如沧州市电价补贴由 0.12 元/（kW·h）增加到 0.2 元/（kW·h），最高补贴额由 1 200 元/户增加到 2 000 元/户；阳泉市电价补贴由 0.1 元/（kW·h）增加到 0.2 元/（kW·h），最高补贴额由 1 000 元/户增加到 2 000 元/户；咸阳市 2018 年无运行补贴政策，2019 年新出台了运行补贴政策。

2.2.1.3 煤改其他方式

煤改其他方式的运行补贴主要为可再生能源供热补贴。试点城市中，天津、邯郸和沧州等城市的可再生能源供热补贴主要参考“煤改气”或“煤改电”补贴政策。石家庄、淄博、滨州、衡水、太原、郑州、鹤壁、菏泽、洛阳、焦作、濮阳、西安、咸阳等部分试点城市制定了明确的可再生能源供热补贴政策。石家庄市对本辖区内使用生物质成型燃料替代散煤的农户或单位，每吨燃料给予 600 元补贴；淄博市、滨州市对生物质取暖给予补贴，每吨燃料补贴 600 元，每户每年最高补贴 2 t 燃料的费用。另外，部分省份出台省级补助政策，河北省对太阳能取暖试点的补助标准暂按现行的“电代煤”“气代煤”的补助标准执行。非可再生能源方面，阳泉市对“煤改甲醇”项目进行补贴，每户最多补贴 1.5 t 燃料的费用，最高补贴 2 400 元。

2.2.1.4　低收入家庭补贴

多数试点城市针对低收入家庭给予了额外补助。鹤壁市针对“低保户”和“五保户”实施电费减免，多人口家庭每月每档电量在上述电价政策基础上可以继续增加电量 100 kW·h；对于城镇低收入群体和农村建档立卡的贫困户，减免居民付费，相关费用由县（区）财政承担。长治市规定，低保、特困人员的清洁取暖改造费由市、县两级财政按 1∶1 的比例补贴，个人不出资。洛阳市对“特困户”和“五保户”居民，在“煤改电”“煤改气”中应自行承担的费用由各县（市、区）统筹解决。太原市对低保户等特殊困难群体，在享受市、县两级财政补贴的基础上，按照一次性投资全部免费、取暖运行补贴适当增加的原则，由县（市、区）民政部门根据具体情况，另行制定补贴办法。

2.2.2　补贴发放方式

根据运行补贴发放时间节点的不同，“煤改气”“煤改电”运行补贴发放方式可分为事后补贴、事前补贴和混合补贴。

（1）事后补贴，是指居民先交电、气费，待采暖季结束后，根据采暖用电量、用气量据实补贴。事后补贴是应用最广泛的方式，天津、石家庄、廊坊、衡水、邯郸、沧州、晋中、西安、辛集、渭南等试点城市均采用此法。事后补贴便于清算补贴资金，不需要企业垫支，但也存在明显的不足，居民在未能确定是否能获得补贴或补贴金额不明确的情况下，会存在舍不得用的心理。

（2）事前补贴，是指在居民购买电量或气量之前发放补贴，如济南市和开封市。其中，济南市的发放办法为采暖季采购气量、电量，并充入用户天然气卡、用户电卡内，补贴的气量、电量在当季采暖季未使用完的，结余部分可转入下一个采暖季，抵扣下一个采暖季的补贴气量、电量。开封市各县（区）财政部门每月底前预拨下月预算补贴至供电公司和燃气公司指定账户，供电公司和燃气公司在收缴电费和气费时按扣减政府补贴后的标准与居民按月结算，采暖季结束后一个月内各县（区）财政部门与供电公司、燃气公司据实结算政府补贴。

（3）混合补贴，是指将事前补贴和事后补贴结合起来的一种补贴发放方式。太原市将 2 250 m^3 的天然气补贴量分为两部分，前 1 500 m^3 天然气的气价补贴为 1.36 元/m^3，在采暖季开始前一次性补贴到位，后 750 m^3 天然气的气价补贴为 1.10 元/m^3，在采暖季结束后根据实际用气情况补贴到位。对于生物质燃料、洁净型煤等，通常政府补贴到企业，农户在购买生物质燃料和洁净型煤时，直接按照补贴后的价格购买。

2.2.3 补贴分担政策

试点城市结合各级财政的财力情况，制定清洁取暖运行补贴分担政策。部分试点城市运行补贴分担情况见表 2-4。天津市以区财政为主，市、区财政按 4∶6 比例分担，滨海新区自行负担。河北省采用省、市、县平均承担的政策，即石家庄、唐山、廊坊、邯郸、张家口等城市的“煤改气”“煤改电”运行补贴均按照省、市、县各承担 1/3 执行。宝鸡市以省级财政为主，300 元的运行补贴中，省级财政承担 120 元，市、县两级财政各承担 90 元。临汾、淄博、滨州、安阳等市的政策中没有省级财政的承担比例，其中临汾市由市、区（县）各承担 50%；淄博市和滨州市均以区（县）级财政为主，市、区（县）两级财政按照 3∶7 比例分担；安阳市市级层面的补贴政策只涉及市辖区，由市、区财政按照 7∶3 比例分担，县级层面自行制定补贴政策，自行承担补贴费用。

表 2-4 2019 年部分试点城市“煤改气”“煤改电”运行补贴分担情况

试点城市	“煤改气”	“煤改电”
天津	市、区按 4∶6 比例分担（滨海新区自行负担）	市、区按 4∶6 比例分担（滨海新区自行负担）
石家庄	省、市、县各承担 1/3	省、市、县各承担 1/3
唐山	省、市、县各承担 1/3	省、市、县各承担 1/3
廊坊	省、市、县各承担 1/3	省、市、县各承担 1/3
邯郸	省、市、县各承担 1/3	省、市、县各承担 1/3
张家口	省、市、县各承担 1/3	省、市、县各承担 1/3
临汾	市、区（县）各承担 50%	市、区（县）各承担 50%
淄博	市、区（县）按照 3∶7 比例分担	市、区（县）按照 3∶7 比例分担
滨州	市、区（县）按照 3∶7 比例分担	市、区（县）按照 3∶7 比例分担
安阳	市级统一补贴政策主要针对市辖各区，补贴资金按照市、区 7∶3 比例分担，各县（市）自行承担	市级统一补贴政策主要针对市辖各区，补贴资金按照市、区 7∶3 比例承担，各县（市）自行承担
宝鸡	省级财政承担 120 元、市级财政承担 90 元、县级财政承担 90 元	省级财政承担 120 元、市级财政承担 90 元、县级财政承担 90 元

2.3 清洁取暖价格政策

2017 年 9 月，国家发展改革委印发的《关于北方地区清洁供暖价格政策的意见》（发改价格〔2017〕1684 号），提出按照“企业为主、政府推动、居民可承受”的方针，遵循因地制宜、突出重点、统筹协调的原则，宜气则气，宜电则电，建立有利于清洁供暖价格机制，综合运用完善峰谷价格、阶梯价格政策，扩大市场化交易等价格支持政策，促进北方地区加快实现清洁供暖。为完善“煤改电”电价政策、“煤改气”气价政策，因地制宜健全供热价格机制，统筹协调相关支持政策，各省、市均出台了相应的政策。

2.3.1　“煤改电”居民电价政策

2.3.1.1　国家层面政策

目前，国家发展改革委负责制定电价的宏观指导政策，地方发展改革部门具体负责政策的细化落实。居民电价政策由国家发展改革委制定定价原则，省级发展改革委制定具体价格水平，省内各城市间电价一致。《关于北方地区清洁供暖价格政策的意见》（发改价格〔2017〕1684 号）对清洁取暖居民用电从峰谷电价、阶梯电价和市场化交易机制等方面提出了指导意见。在销售侧电价方面，鼓励对采暖用电部分，适当延长谷段时间（原则上不超过 2 h），优化峰、平、谷时段价格，并适当扩大销售侧峰谷电价差，在销售侧平均水平不变的情况下，进一步提高采暖季谷段用电电价下浮比例。在居民用电阶梯价格方面，鼓励在居民合理取暖电量内，按居民第一档电价执行，超出部分计入居民生活用电，执行居民阶梯电价；鼓励省级价格主管部门在现行居民阶梯价格政策基础上，叠加峰谷分时电价政策，并在采暖季适当延长谷段时间。在市场化交易机制方面，鼓励清洁供暖用电电量积极参与电力市场交易，在缓解弃风弃光扩大用电的同时，降低电采暖用电成本。

2.3.1.2　地方层面政策

2017 年 11 月，天津市人民政府印发了《天津市居民冬季清洁取暖工作方案》（津政发〔2017〕38 号），明确采暖季不再执行阶梯电价，享受每日 21 时至次日 6 时 0.3 元/（kW·h）的低谷电价。2019 年 11 月，天津市发展改革委印发的《关于延长煤改电居民采暖用电谷段时长有关问题的通知》（津发改价综〔2019〕666 号），明确对按照散煤污染综合治理工作要求实施“煤改电”工程涉及的居民家庭，冬季采暖用电谷段电价时长延长 3 h，达到 12 h。“煤改电”居民冬季（每年 11 月 1 日至次年 3 月 31 日）采暖用电峰段调整为当日 8 时至 20 时，电价标准为 0.49 元/（kW·h），谷段调整为当日 20 时至次日 8 时，电价标准为 0.30 元/（kW·h）。

根据《河北省发展和改革委员会关于清洁供暖有关价格政策的通知》（冀发改价格

〔2017〕1376 号），居民可选择峰谷电价或阶梯电价。峰谷电价方面，采暖季居民采暖用电谷段时间延长 2 h，即谷段为当日 20 时至次日 8 时，峰段为当日 8 时至 20 时。采暖电价政策方面，采暖季居民采暖用电价格执行阶梯电价一档标准，非采暖季用电按现行居民阶梯电价政策执行。

根据《关于清洁采暖用电价格及有关事项的通知》（晋发改商品发〔2017〕900 号），山西省对居民“煤改电”用户试行以下多种计价方式，由用户自主选择。

- 峰谷分时计价方式。“煤改电”居民用户执行独立的电采暖峰谷分时电价政策，谷段由现行 10 h 延长至 12 h，峰段由现行 14 h 缩短为 12 h。电采暖用电与生活用电未实行分表计量的，扣除谷段实际用电量后（每月扣除上限 2 600 kW·h），剩余电量继续执行现行居民阶梯电价。
- 用电量计价方式。电采暖用电实行单表计量，对由供电部门抄表到户的“煤改电”居民用户，采暖季内电采暖用电不区分峰谷时段，按月抄表计量，单独计价，月用电量在 2 600 kW·h 以内的，用电价格为 0.286 2 元/（kW·h），超出部分用电价格按 0.507 元/（kW·h）执行。
- 平段电价计价方式。“煤改电”居民用户采暖季选择执行平段电价后，不再执行峰谷电价和阶梯电价，电采暖用电量不受限制，用电价格按 0.477 元/（kW·h）执行。

山东省先后印发了《关于贯彻发改价格〔2017〕1684 号文件落实清洁供暖价格政策有关事项的通知》（鲁价格一发〔2017〕106 号）、《关于居民峰谷分时电价政策有关事项的通知》（鲁价格一发〔2017〕107 号）、《关于完善清洁取暖价格政策的通知》（鲁发改价格〔2018〕1269 号），明确了山东省清洁取暖价格政策，并将价格政策实施范围由 7 个大气污染防治传输通道城市扩大至全省 17 个城市。在峰谷分时电价方面，一是延长采暖季谷段时间，采暖季峰段由 14 h 减少至 12 h，谷段由 10 h 增加至 12 h，即峰段为当日 8 时至 20 时，谷段为当日 20 时至次日 8 时；二是扩大采暖季峰谷电价价差，非采暖季时间段内的峰谷电价标准为在现行阶梯电价标准基础上，峰段电价每千瓦时提高 0.03 元，谷段电价每千瓦时降低 0.17 元，采暖季谷段电价由每千瓦时降低 0.17 元调整至降低 0.2 元。在采暖季电价方面，调整了“煤改电”电价政策，由原来的“增加 6 000 kW·h 一档采暖电量”调整为“采暖季（11 月至次年 3 月）用电按居民阶梯电价第一档电价标准执行”。

河南省发展改革委印发了《关于转发〈国家发展改革委关于印发北方地区清洁供暖价格政策意见的通知〉的通知》（豫发改价管〔2017〕1089 号），对峰谷分时电价和居民阶梯电价做出了规定。在峰谷分时电价方面，自 2017 年 11 月 1 日起，在全省范围内全面推行居民峰谷分时电价政策，鼓励利用谷段低价进行电采暖。“一户一表”城乡居民用户可自愿选择执行峰谷分时电价。峰谷分时电价是在原居民阶梯电价基础上进行叠加，不仅适用于采暖季，也适用于非采暖季。电价标准为当日 22 时至次日 8 时在分档电价的基础上每千瓦时降低 0.12 元，当日 8 时至 22 时在分档电价的基础上每千瓦时提高 0.03 元。在清洁取暖阶梯电价方面，对于非集中供热区域的“一户一表”城乡居民用户，在每年 11 月 15 日至次年 3 月 15 日，按两档执行，累计用电不高于 1 120 kW·h 部分按 0.56 元/（kW·h）执行，高于 1 120 kW·h 部分按 0.61 元/（kW·h）执行。非采暖季内按三档阶梯电价执行，在 3 月 16 日至 11 月 14 日，累计用电量不高于 1 440 kW·h 部分按 0.56 元/（kW·h）执行；高于 1 440 kW·h、不高于 2 080 kW·h 部分按 0.61 元/（kW·h）执行；高于 2 080 kW·h 部分按 0.86 元/（kW·h）执行。

陕西省物价局印发《陕西省清洁供暖价格政策实施意见》（陕价商发〔2017〕111 号）、《关于调整我省居民生活用电峰谷时段划分的通知》（陕价商发〔2018〕83 号），明确居民可自主选择峰谷分时电价或采暖电价。在峰谷分时电价方面，“一户一表”居民用户用电峰段为每日 8 时至 20 时，用电价格在现行对应标准基础上每千瓦时加价 0.05 元，居民生活用电谷段为每日 20 时至次日 8 时，用电价格在现行对应标准基础上每千瓦时降低 0.2 元。城乡居民用户选择执行峰谷分时电价后，每年 11 月 1 日至次年 3 月 31 日用电量不再执行居民阶梯电价政策，年内其他月份执行相对应的居民阶梯电价。在采暖电价方面，对省内不具备集中供暖条件，采用电锅炉、电地热、电热膜等方式取暖的“一户一表”居民用户，每年 11 月 1 日至次年 3 月 31 日用电量全部执行居民阶梯第一档电价政策，即 0.498 3 元/（kW·h），年内其他月份执行相对应的居民阶梯电价（表 2-5）。

表 2-5　2019 年各省（市）“煤改电”采暖电价[①]

省（市）	阶梯电价		峰谷分时电价/[元/（kW·h）]			采暖电价/[元/（kW·h）]
	分档电量/（kW·h）	分档价格/[元/（kW·h）]	分档电量	时段	电价	
天津	—	—	—	8:00—20:00	0.49	0.49
				20:00—8:00	0.30	
河北	—	—	—	8:00—20:00	0.57	0.536 2
				20:00—8:00	0.31	
山西	0～2 600（每月）	0.286 2	—	8:00—20:00	0.51	0.477
	＞2 600（每月）	0.507		20:00—8:00	0.29	

省（市）	阶梯电价		峰谷分时电价/[元/（kW·h）]			采暖电价/[元/（kW·h）]
	分档电量/（kW·h）	分档价格/[元/（kW·h）]	分档电量	时段	电价	
山东	—	—	0～2 520	8:00—20:00	0.576 9	0.546 9
				20:00—8:00	0.346 9	
			2 520～4 800	8:00—20:00	0.626 9	
				20:00—8:00	0.396 9	
			>4 800	8:00—20:00	0.876 9	
				20:00—8:00	0.646 9	
河南	0～1 120	0.56	0～2 160	8:00—22:00	0.59	—
				22:00—8:00	0.44	
			2 160～3 120	8:00—22:00	0.64	
	>1 120	0.61		22:00—8:00	0.49	
			>3 120	8:00—22:00	0.89	
				22:00—8:00	0.74	
陕西	—	—	—	8:00—20:00	0.548 3	0.498 3
				20:00—8:00	0.298 3	

注：①数据是根据各省电价文件、网上公开数据整理得出。
“—”表示不执行相应政策。

2.3.2 “煤改气”居民气价政策

2.3.2.1 国家层面政策

居民气价由天然气基准门站价格和城市配气费构成，天然气基准门站价格由国家发展改革委制定，城市配气费由各城市价格部门制定，因此，各试点城市居民取暖用气终端价格有所不同。根据《关于北方地区清洁供暖价格政策的意见》（发改价格〔2017〕1684号），实行政府指导价的陆上管道天然气供应农村“煤改气”采暖用气门站价格，按居民用气价格执行；供应城镇“煤改气”采暖用气门站价格，按现行价格政策执行。居民“煤改气”采暖用气销售价格，按居民用气价格执行。进一步完善居民阶梯气价制度，可对采暖用气单独制定阶梯价格。

根据 2018 年国家发展改革委出台的《关于理顺居民用气门站价格的通知》（发改价格规〔2018〕794 号），从 2018 年 6 月 10 日起，将居民用气由最高门站价格管理改为基准门站价格管理，价格水平按非居民用气基准门站价格水平安排。调整后，基准门站价格提高，提高幅度最大的地区恰好在“煤改气”重点区域。另外，消费旺季（主要指采暖季）可在基准门站价格的基础上上浮，最高上浮 20%。该通知出台后，多数试点城市均调高了居民气价。以河北省为例，基准门站价格上涨 0.36 元/m^3，省内各级燃气公司承担一部分后，最终居民用气销售价格平均上涨 0.28 元/m³。

2.3.2.2　地方层面政策

多数试点城市对“煤改气”制定了优惠气价政策，主要通过不执行居民阶梯气价，或增加一档气量来降低用气成本，具体如下：

- 天津市对于居民散煤取暖实施“煤改气”的，采暖季不再执行阶梯气价，按城市燃气管网居民独立采暖一档用气销售价格安排，价格为 2.4 元/m³，比一档居民阶梯气价下降 0.23 元/m³。
- 河北省石家庄、唐山、保定、廊坊、衡水、邯郸、邢台、张家口等试点城市均出台政策，明确居民“煤改气”采暖用气价格执行居民用气阶梯气价一档标准；沧州市“煤改气”用户采暖季不执行阶梯气价，气价按 2.4 元/m³ 执行，比一档居民阶梯气价下降 0.23 元/m³。
- 山西省太原、临汾、吕梁等市“煤改气”采暖气价执行居民用气阶梯气价一档价格；阳泉、长治、晋中、运城等市仍采用阶梯气价，但增加了一档气量。
- 山东省济南、淄博、济宁、聊城等市“煤改气”采暖气价执行居民用气阶梯气价一档价格；滨州市“煤改气”用户采暖季不执行阶梯气价，气价按 2.3 元/m³ 执行，比生活用气一档价格降低 0.35 元/m³；德州、菏泽等市仍采用阶梯气价，但增加了一档气量。
- 河南省郑州、新乡、洛阳、焦作、濮阳等市仍采用阶梯气价，但增加了一档气量；开封、鹤壁、安阳等市未明确“煤改气”优惠气价。
- 陕西省西安、咸阳等市仍采用阶梯气价，但增加了一档气量和二档气量。

各试点城市 2019 年“煤改气”用户采暖气价见表 2-6。

表 2-6　2019 年试点城市“煤改气”用户采暖气价①

省（市）	试点城市	采暖用气		备注
		分档气量	分档价格/元	
天津		—	2.40	执行城市燃气管网居民独立采暖一档用气销售价格，比一档居民阶梯气价下降 0.23 元/m³
河北	石家庄	—	2.40	执行居民用气阶梯气价一档标准
	唐山	—	2.40	
	保定	—	2.68	
	廊坊	—	2.47	
	衡水	—	2.50	
	邯郸	—	2.68	

省（市）	试点城市	采暖用气		备注
		分档气量	分档价格/元	
河北	邢台	—	2.68	执行居民用气阶梯气价一档标准
	张家口	—	2.75	
	沧州	—	2.40	比一档居民阶梯气价下降 0.23 元/m^3
山西	太原	—	2.26	执行居民用气阶梯气价一档标准
	临汾	—	2.70	
	吕梁	—	2.26	
	阳泉	0～1 900 m^3/采暖季	2.75	相比居民生活用气，一档气量增加 1 770 m^3/采暖季
		＞1 900 m^3/采暖季	2.88	
	长治	0～2 400 m^3/采暖季	2.26	相比居民生活用气，一档气量增加 2 265 m^3/采暖季
		＞2 400 m^3/采暖季	2.71	
	晋城	—	1.15	管道煤层气
	晋中	0～390 m^3/月	2.61	相比居民生活用气，一档气量增加 310 m^3/月
		＞390 m^3/月	3.13	
	运城	0～300 m^3/月	2.65	相比居民生活用气，一档气量增加 272 m^3/月
		＞300 m^3/月	3.11	
山东	济南	—	3.30	执行居民用气阶梯气价一档标准
	淄博	—	2.70	
	济宁	—	2.55	
	聊城	—	2.43	
	滨州	—	2.30	比居民生活用气阶梯气价一档标准降低 0.35 元/m^3
	德州	0～1 200 m^3/a	2.45	相比居民生活用气，一档气量增加 984 m^3/a
		＞1 200 m^3/a	2.89	
	菏泽	0～500 m^3/a	2.52	相比居民生活用气，一档气量增加 150 m^3/a，二档气量增加 550 m^3/a
		500～1 200 m^3/a	2.71	
		＞1 200 m^3/a	3.39	
河南	郑州	0～150 m^3/月	2.56	相比居民生活用气，一档气量增加 100 m^3/月
		＞150 m^3/月	3.33	
	洛阳	0～150 m^3/月	2.55	
		＞150 m^3/月	3.32	
	焦作	0～150 m^3/月	2.37	
		＞150 m^3/月	3.08	
	濮阳	0～150 m^3/月	2.44	
		＞150 m^3/月	3.17	
	新乡	0～1 000 m^3/a	2.55	相比居民生活用气，一档气量增加 400 m^3/a
		＞1 000 m^3/a	3.32	
	开封	0～50 m^3/月	2.60	同居民生活用气阶梯气价
		＞50 m^3/月	3.38	
	鹤壁	0～600 m^3/a	2.42	
		＞600 m^3/a	3.15	
	安阳	0～600 m^3/a	2.55	
		＞600 m^3/a	3.32	

省（市）	试点城市	采暖用气		备注
		分档气量	分档价格/元	
陕西	西安	0～2 000 m^3/a	2.07	相比居民生活用气，一档气量增加 1 520 m^3/a，二档气量增加 820 m^3/a
		2 000～3 000 m^3/a	2.48	
		>3 000 m^3/a	3.11	
	咸阳	0～2 000 m^3/a	2.05	
		2 000～3 000 m^3/a	2.46	
		>3 000 m^3/a	3.08	

①数据来源：根据各城市气价文件、网上公开数据整理得出。

2.4　政策分析

2.4.1　运行补贴和价格政策对清洁取暖支出影响分析

2.4.1.1　取暖能源需求

取暖能源消耗量根据式（2-1）计算：

$$L = 0.003\,6QTc/(A\eta) \qquad (2\text{-}1)$$

式中：L——能源消耗量，煤炭单位为 kg，天然气单位为 m^3，电力单位为 kW·h；

Q——建筑取暖耗热量，W，各城市的建筑取暖耗热量采用稳态传热法进行计算；

T——采暖天数，d，各城市取值参考《民用建筑热工设计规范》（GB 50176—2016）；

c——日采暖小时数，取 10 h/d；

A——能源热值，煤炭取 23.02 MJ/kg，天然气取 35.54 MJ/m^3，电力取 3.6 MJ/kW·h；

η——取暖设备热效率（表 2-7），散煤热效率参考《民用水暖煤炉通用技术条件》（GB 16154—2018）炉具热性能数据，其他取暖设备热效率参考叶建东和徐钢等学术文章。

表 2-7　各类取暖设备热效率

设备	散煤	燃气壁挂炉	直热式电暖器	蓄热式电暖器	直热式电锅炉	蓄热式电锅炉	空气源热泵热水机	空气源热泵热风机
热效率/%	65	90	98	93	95	90	220	250

由于试点城市的地理位置、自然条件、农宅结构等的不同，在取暖温度、取暖面积和取暖时间相同的情况下，各试点城市对能源的需求量也不同；同时，不同清洁取暖技术的能源效率也不同，导致对能源需求量的不同。对前两批35个试点城市，采用直热式电暖器、蓄热式电暖器、直热式电锅炉、蓄热式电锅炉、空气源热泵热水机、空气源热泵热风机6种技术，在取暖面积80 m^2、取暖时长10 h、室内温度14℃的条件下的清洁取暖费用支出进行研究。结果表明，河南、陕西等省试点城市的能源需求相对较低，山东、河北、天津、山西等省（市）试点城市相对较高（图2-1）；在多种电采暖技术中，空气源热泵热风机的电力需求最低，蓄热式电锅炉能源需求最高（图2-2）。

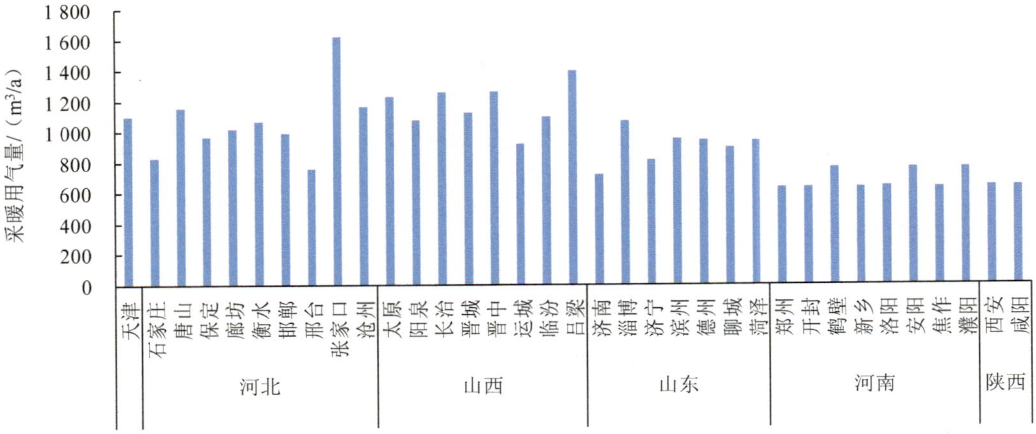

图2-1 试点城市天然气采暖用气量

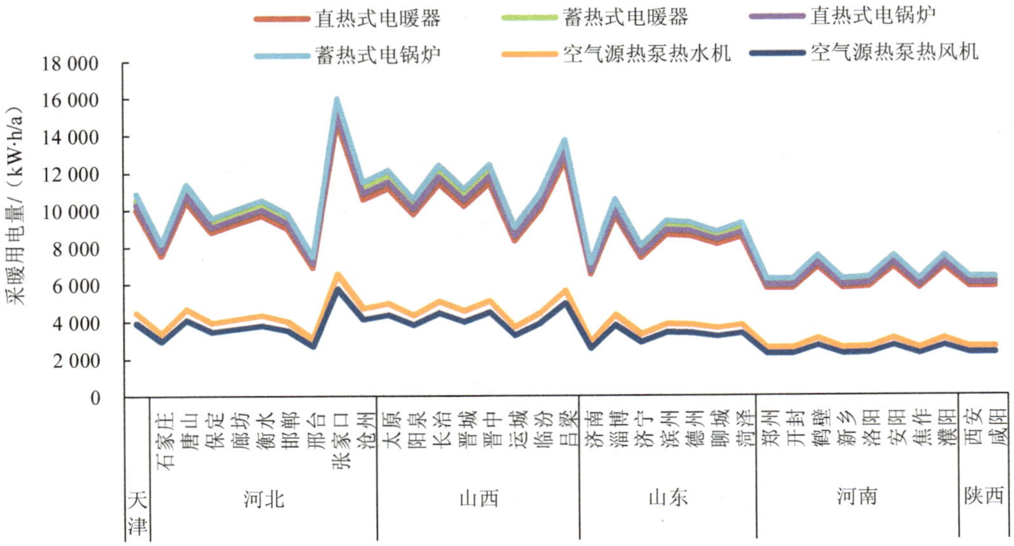

图2-2 试点城市电采暖用电量

2.4.1.2　无清洁取暖价格政策和补贴政策下的清洁取暖费用

在无补贴政策和价格优惠政策情景下，前两批 35 个城市清洁取暖费用普遍增加。按照费用增加程度，7 种技术基本可分为 3 档。第 1 档为蓄热式电锅炉、蓄热式电暖器、直热式电锅炉和直热式电暖器，费用增加最多，为 2 158～9 457 元；第 2 档为燃气壁挂炉，费用增加 458～2 710 元；第 3 档为空气源热泵热水机和空气源热泵热风机，费用增加 133～1 699 元（图 2-3）。从各省（市）清洁取暖费用平均增长比例来看，蓄热式电采暖费用增长 258.3%～414.9%，直热式电采暖费用增长 239.1%～385.2%，气采暖费用增长 50.3%～128.9%，热泵式电采暖费用增长 14.9%～66.5%。地域之间费用增加幅度差异较大，山西省由于能源消费量大、煤炭价格低，清洁取暖费用增加相对较多。

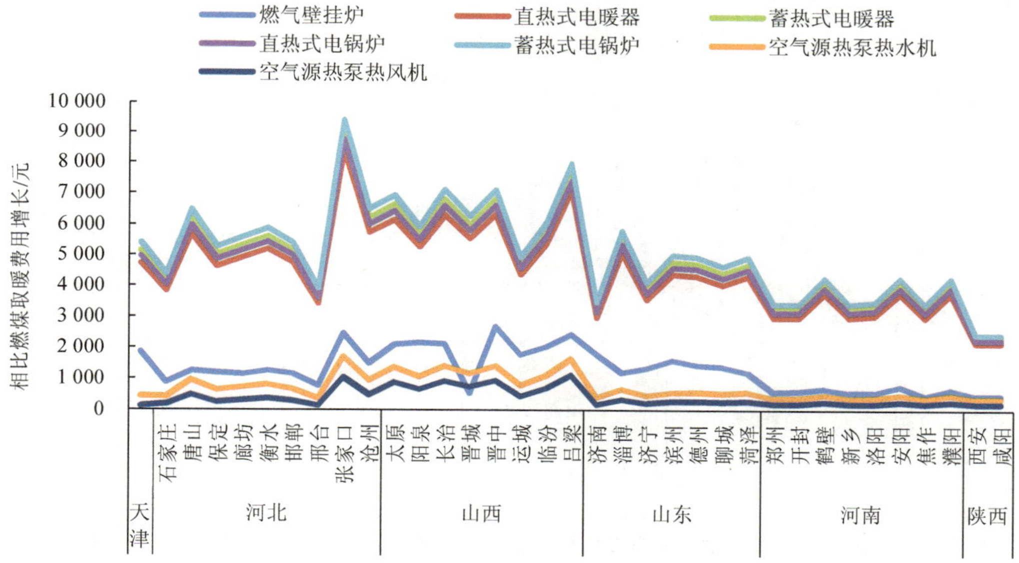

图 2-3　35 个试点城市无补贴政策和价格优惠政策下的清洁取暖费用增长情况

2.4.1.3　仅价格优惠政策下的清洁取暖费用

在价格优惠政策情景下，前两批 35 个城市清洁取暖费用明显下降，平均下降幅度为 27.6%，其中电采暖平均下降 30%，气采暖平均下降 12.7%，天然气价格优惠政策效果较小。除空气源热泵技术外，大部分清洁取暖技术运行费用相比燃煤取暖仍有所增长。直热式电暖器、蓄热式电暖器、直热式电锅炉和蓄热式电锅炉费用增长 905～4 412 元，增长幅度仍较大；燃气壁挂炉取暖费用增长 392～1 736 元。空气源热泵热水机和空气源热泵热风机费用增长 –338～396 元，基本与燃煤费用相当（图 2-4）。从各省（市）清洁取暖费用平均增长比例来看，直热式电采暖费用增长 127.0%～277.6%，蓄热式电采暖费用增长 73.5%～250.4%，气采暖费用增长 42.9%～83.1%，热泵式电采暖费用增长 –6.4%～21.7%。可见，热泵式电采暖技术在无运行补贴政策的情况下仅依靠电价优惠政策，取暖成本基本可接受，其他技术对运行补贴政策的依赖程度从大到小依次为直热式电采暖、蓄热式电采暖、气采暖。此外，天津、河北、山西等省（市）在峰谷分时电价政策下，蓄热式设备体现出一定的经济优势。山东、河南等省由于峰谷分时电价与阶梯电价叠加，且河南省未延长谷段时间，峰谷分时电价的作用不明显。

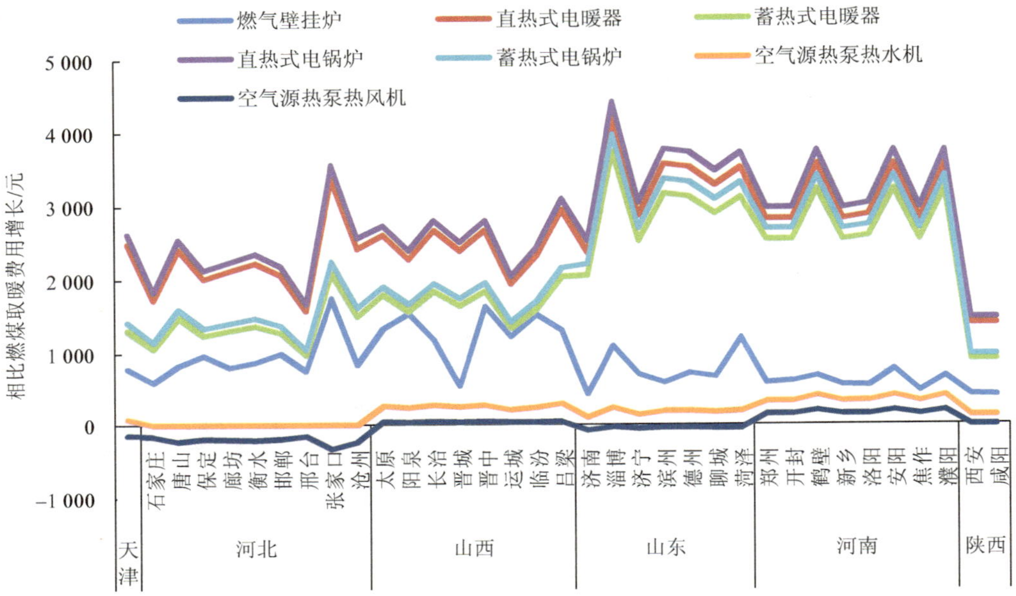

图 2-4　35 个试点城市仅价格优惠政策下的清洁取暖费用增长情况

2.4.1.4　价格优惠政策叠加补贴政策下的清洁取暖费用

价格优惠政策叠加补贴政策情景下，相比仅价格优惠政策情景 35 个试点城市清洁取暖费用平均下降 30.3%，其中电采暖费用平均下降 30%，气采暖费用平均下降 32%。山西省运城、晋城，山东省济宁和河南省大部分城市由于无补贴政策或补贴力度低，取暖费用没有明显变化。相比散煤取暖支出，直热式技术费用增长 253～3 739 元，蓄热式技术费用增长 –610～3 391 元，燃气壁挂炉取暖费用增长 –1 663～776 元，空气源热泵技术费用增长 –1 841～396 元（图 2-5）。从各省（市）清洁取暖费用平均增长比例来看，直热式电采暖费用增长 51.1%～255%，蓄热式电采暖费用增长 –12.8%～227.8%，气采暖费用

增长 –21.8%～20.0%，热泵式电采暖费用增长 –53.8%～1.7%。在补贴政策下，各地的直热式电采暖及山东省、河南省的蓄热式电采暖费用增长仍较高，其他省（市）采用清洁取暖技术类型组合的方式费用平均增长低于 27%。

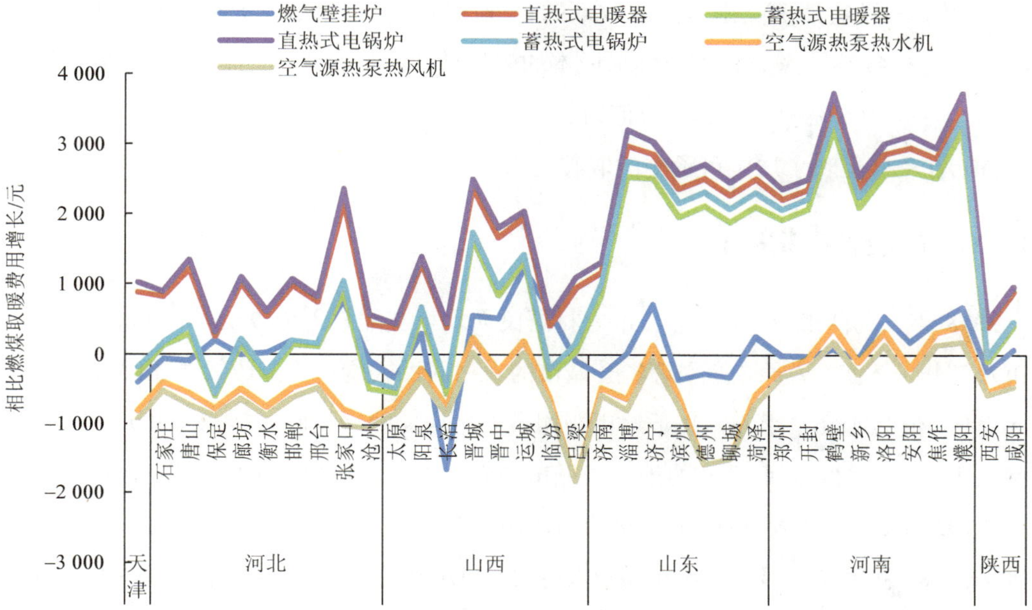

图 2-5 35 个试点城市价格优惠政策叠加补贴政策下的清洁取暖费用增长情况

2.4.2 清洁取暖支出压力分析

2.4.2.1 分析方法与参数

居民对清洁取暖费用的支付压力用式（2-2）计算：

$$PS = P / (DI \times AP \times 5\%) \tag{2-2}$$

式中：P——取暖支出需求；

PS——支付压力，量纲一，PS＞1 表示取暖支出超出居民的承受能力，支付压力大，数值越大表示支付压力越大；PS≤1 表示取暖支出未超出居民的承受能力，支付压力小，数值越小表示支付压力越小；

DI——居民可支配收入，元/（人·a），数据来自各城市国民经济和社会发展统计公报；

AP——户均人数，人/户，按照《2010 年第六次全国人口普查主要数据公报》

中各省（市）乡村的平均家庭规模计算，天津、河北、河南、山东、山西、陕西的乡村户均人数分别为 3.21 人/户、3.50 人/户、3.58 人/户、3.07 人/户、3.44 人/户、3.54 人/户；

5%——燃料消费支出占家庭收入的合理比例，根据樊金璐研究，按 2012—2016 年英国家庭收入及燃料成本的中位数计算，合理的燃料消费占收入中位数为 5%～6%，这里取值为 5%。

DI×AP×5%反映了居民可承受的取暖支出。

2.4.2.2 可承受的取暖支出

2018 年，前两批 35 个试点城市农村居民人均可支配收入为 9 034～23 065 元/a。天津市及郑州、济南、太原、西安等省会城市的农村居民人均可支配收入为 14 518～23 065 元/a，平均值为 18 671 元/a，高于地市级城市农村居民的平均收入（13 469 元/a）。河北、河南、山东、山西、陕西等省的地市级城市的农村居民人均可支配收入分别为 14 095 元/a、14 792 元/a、15 216 元/a、12 348 元/a、10 893 元/a，其中，山西省和陕西省的相对收入水平较低。测算结果显示，35 个城市农村居民可承受的取暖支出为 1 554～3 876 元/a，平均为 2 515 元/a。天津市和 5 个省会城市可承受的取暖支出为 2 541～3 876 元/a，平均为 3 160 元/a；29 个地市级城市可承受的取暖支出为 1 554～3 156 元/a，平均为 2 382 元/a。

2.4.2.3 天然气采暖支付压力

在未考虑补贴，仅考虑价格优惠情况下，张家口、吕梁等 16 个城市的支付压力大于 1，居民难以承受取暖支出压力。其中，张家口市的支付压力最大，因为取暖支出需求为 4 459 元/a，相对最高；而张家口市 2018 年人均可支配收入为 11 531 元/a，在河北省 9 个城市中处于最低水平。郑州、西安等其他 19 个城市的支付压力小于 1，居民取暖支出在可承受范围内，其中，郑州市的支付压力最低，未考虑补贴情况下的取暖总支出需求为 1 620 元/a，相对较低，而 2018 年郑州市人均可支配收入为 21 652 元/a，仅次于天津市，因此居民的支付压力较小（图 2-6）。

考虑运行补贴政策后，31 个城市的支付压力小于 1，其中，保定、衡水、太原、邯郸、沧州、阳泉、长治、晋中、淄博、德州、聊城、菏泽 12 个城市的支付压力由大于 1 变为小于 1，居民的支付压力得到了有效缓解；张家口、运城、临汾、吕梁 4 个城市的支付压力仍大于 1，运城市和临汾市支付压力大是运行补贴较低或缺少补贴所致，张家口市和吕梁市支付压力大主要是支出需求过高所致。

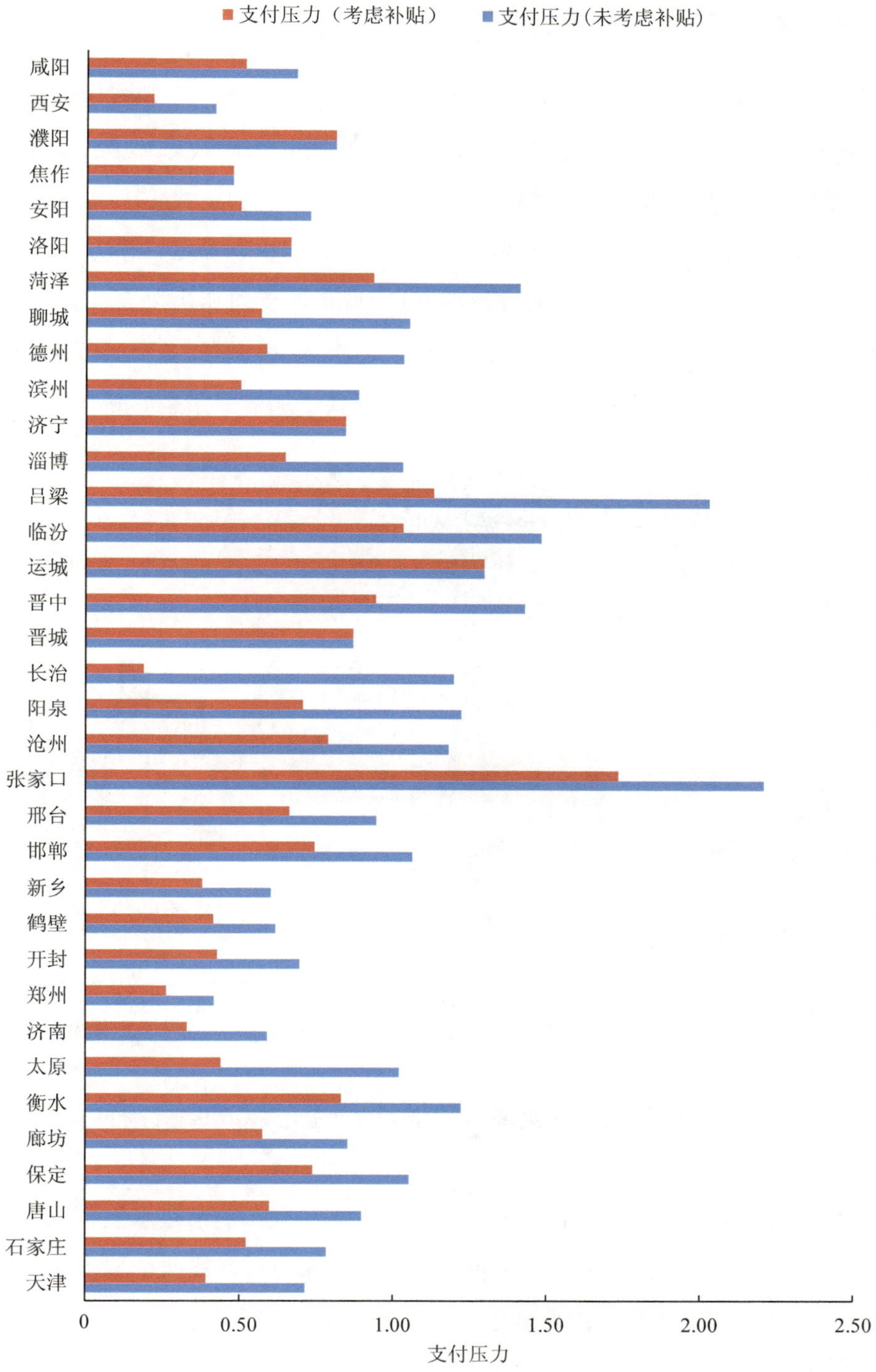

图 2-6　35 个试点城市天然气采暖农村居民的支付压力

2.4.2.4 电采暖支付压力

在不考虑运行补贴，仅仅考虑价格优惠时，直热式电暖器、蓄热式电暖器、直热式电锅炉、蓄热式电锅炉等非热泵型取暖方式的支付压力较大，只有天津、郑州、西安和咸阳 4 个城市的支付压力小于 1，其他 31 个城市的支付压力均大于 1。在考虑运行补贴后，非热泵型取暖方式的支付压力下降较大，石家庄、唐山、保定、廊坊、衡水、太原、济南、邯郸、邢台、沧州、阳泉、长治、临汾等城市的支付压力降至 1 以下，表明在现有补贴政策下，居民的清洁取暖支出在可承受范围内，但仍有 18 个城市的支付压力大于 1，说明现行运行补贴力度不足，后续这些城市需要增加非热泵型取暖方式的补贴力度（图 2-7）。

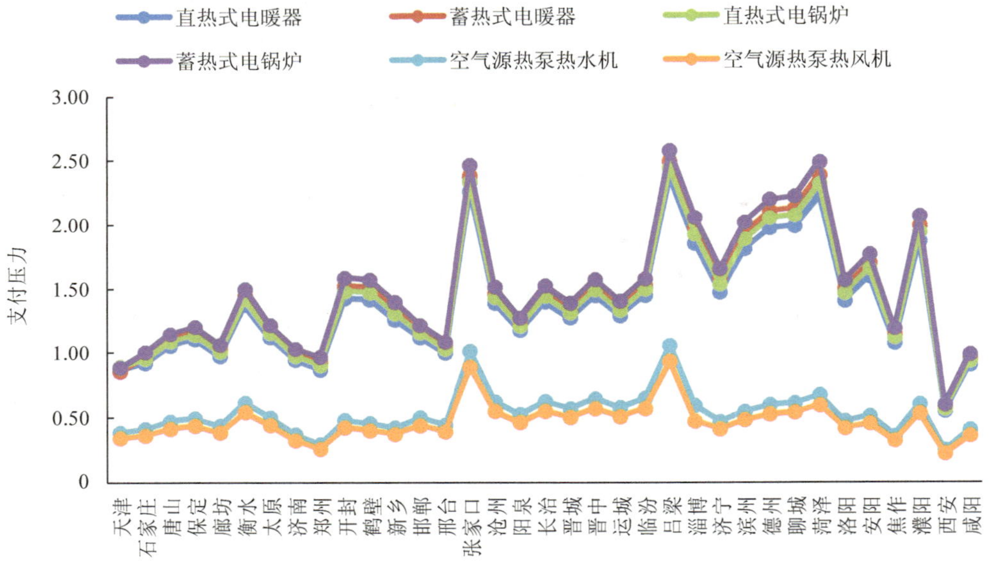

图 2-7　35 个试点城市电采暖农村居民的支付压力（不考虑运行补贴）

在不考虑运行补贴时，相比非热泵型取暖方式，空气源热泵热水机、空气源热泵热风机等热泵型取暖方式的支付压力相对较低，只有张家口和吕梁两个城市的支付压力大于 1，其他 33 个城市的支付压力均低于 1，表明即使无运行补贴，居民的取暖支出也在可承受范围内。在考虑运行补贴后，空气源热泵热水机、空气源热泵热风机等取暖方式的支付压力均小于 1（图 2-8）。

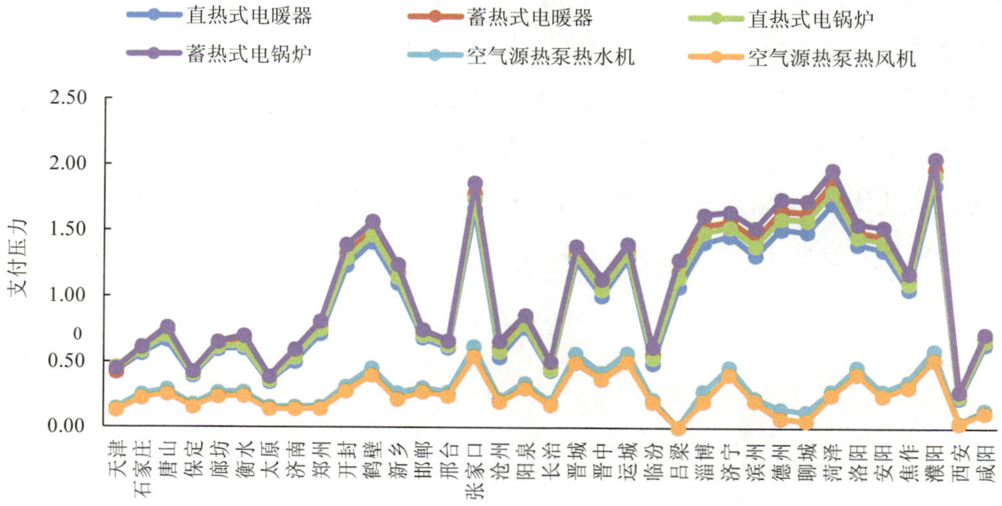

图 2-8　35 个试点城市电采暖农村居民的支付压力（考虑运行补贴）

2.4.3　鹤壁市“补初装不补运行”案例分析

鹤壁市位于河南省北部，总人口 165 万，总面积 2 182 km^2，城市规模较小。2019 年，鹤壁市生产总值为 988.69 亿元，全年全市居民人均可支配收入为 26 105.1 元。其中，城镇居民人均可支配收入为 32 835.6 元，农村居民人均可支配收入为 18 275.3 元。根据《民用建筑热工设计规范》（GB 50176—2016），采暖季室外平均温度约为 1.3℃，采暖设计室外温度为 −4.9℃，计算采暖天数为 93 d，采暖能源需求量在前两批 35 个试点城市中居第 23 位，整体采暖需求偏低。

基于空气源热泵热风机和生物质供暖的技术路线，鹤壁市规定财政资金仅补贴清洁取暖改造初期投资，对运行不再进行补贴。在热源侧方面，农村清洁取暖改造补助标准为 3 000～6 000 元/户，居民承担 1 000～2 500 元/户（低温空气源热泵热风机补助标准为 3 000～6 000 元/户，居民承担 1 100 元/户或 2 500 元/户；生物质清洁取暖炉具取暖补助 4 700 元/户以上，居民承担 1 000 元/户）。在用户侧方面，按照建筑面积，居民缴费 10 元/m^2，剩余由财政资金补贴，在维护结构改造上，农民实际承担费用基本不超过 1 500 元/户。根据既定技术路线，农村热源侧及用户侧同步进行改造建设，户均成本控制在 1.45 万元左右（热源侧平均为 8 500 元左右，用户侧平均为 6 000 元左右），其中，居民初始投资支付不超过 4 000 元。如前节分析，无运行补贴政策的情况下，鹤壁市空气源热泵热风机的取暖费用为 1 460 元，相比燃煤增长 14.28%，空气源热泵热风机可以实现不补贴运行，鹤壁市的政策与所选择的技术相适应，无论是初始投资还是后期运行使用，均在居民可承受范围内。

实施“补初装不补运行”的政策，使得鹤壁市财政补贴压力变小。鹤壁市已经获得中央财政清洁取暖奖补资金 15 亿元，市财政及区财政共计投入 6 亿元左右，2017—2019 年地方政府共计投入 8.4 亿元，平均每年 2.8 亿元，相比鹤壁市 130 亿元的一般公共预算支出，补贴压力较小。

第3章　清洁取暖项目投融资模式

创新清洁取暖项目投融资模式、吸引社会资本投入是建立清洁取暖长效机制的重要举措。本章在对典型投融资模式进行研究的基础上，总结分析适合清洁取暖的投融资模式类型及其特点，归纳清洁取暖投融资模式实施情况，开展投融资模式案例分析。

3.1　清洁取暖资金投入现状

目前，清洁取暖项目主要依赖政府直接投入，或以特许经营方式通过热力、燃气、电力等企业进行投入；部分试点城市创新投融资模式，采用 PPP 模式或合同能源管理方式吸引社会资本投入。根据调查统计，2017—2019 年，天津、河北、河南、山西、山东、陕西 6 省（市）清洁取暖资金项目总投入约 1 731.5 亿元，其中，政府投资占比约 55%，社会资金投入占比约 45%。如图 3-1 所示，除天津、河南两省（市）社会投资比例较高之外（分别占总投资的 64%、84%），其他省份均以地方财政资金为主。

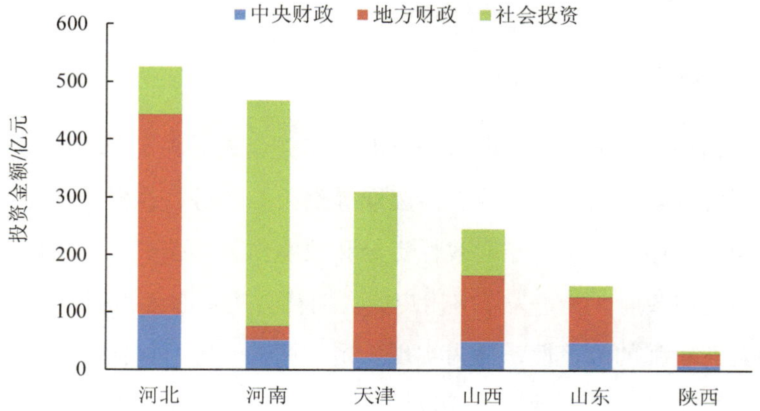

图 3-1　2017—2019 年重点地区清洁取暖投资来源分布

农村地区的社会资金投入比例偏低。2017—2019 年农村地区总投入 1 202.7 亿元，占重点地区总投入的 69%。其中，中央财政资金投入 217.9 亿元，地方财政资金投入 550.4 亿元，政府投资合计占比 64%，社会资金投入 434.4 亿元，占 36%。各省（市）投入结构如图 3-2 所示。

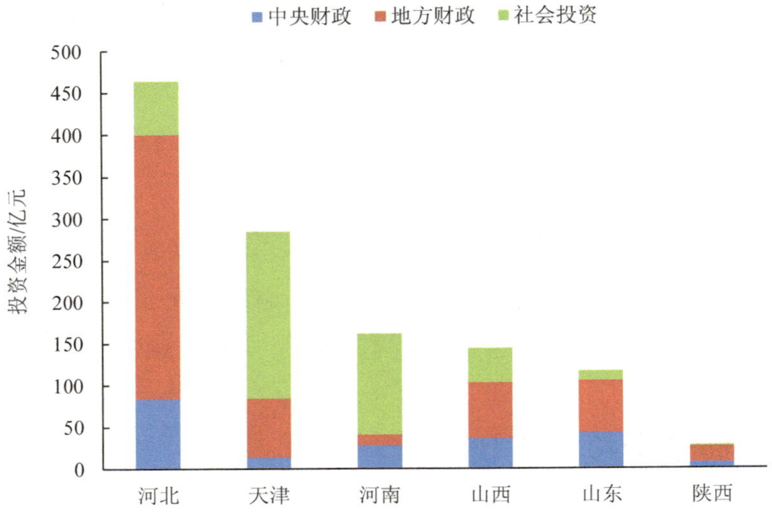

图 3-2　2017—2019 年重点地区农村清洁取暖投入结构

3.2　典型投融资模式特点及应用

清洁取暖项目投融资模式有政府投资、特许经营、政府与社会资本合作（PPP）、合同能源管理等典型模式。

3.2.1　政府投资模式

政府投资是指在中国境内使用财政预算安排的资金进行固定资产投资建设活动，是公共部门为了日常政务活动的开展或者为公众提供公共服务，在财政的监督下，按照法定的方式、方法和程序，利用国家财政性资金和政府借款，购买工程、服务的行为。政府投资通常是为实现政府职能，为最终用户或者向社会提供服务的项目，具有非商业性、目的性，同时具有较强的政策性，是为实现一定时期的一定目标而开展的。在供暖基础设施领域，政府投资模式是一种传统建设模式。在清洁取暖试点过程中，很多项目，特别是农村地区的清洁取暖改造、农房建筑节能改造等项目，主要采取政府投资模式。

3.2.2　特许经营模式

特许经营是指政府采用竞争方式依法授权境内外的法人或者其他组织，通过协议明确权利义务和风险分担，约定其在一定期限和范围内投资建设运营基础设施和公用事业并获得收益，提供公共产品或者公共服务的行为。政府特许经营模式通过行政授权，允许社会资本进入公共基础设施和公用事业领域。2004 年建设部出台《市政公用事业特许经营管理办法》后，包括城市供热、供气的城镇基础设施建设领域特许经营发展迅速。特许经营在我国经过多年的探索已经非常成熟，已形成以 BOT（Build-Operate-Transfer，"建设—经营—转让"模式）、BOOT（Build-Own-Operate-Transfer，"建设—拥有—经营—转让"模式）、BTO（Build-Transfer-Operate，"建设—移交—运营"模式）、DBFO（Design-Build-Finance-Operate，"设计—建设—融资—运营"模式）、ROT（Renovate-Operate-Transfer，"重构-运营-移交"模式）、BOO（Build-Own-Operate，"建设—拥有—经营"模式）、TOT（Transfer-Operate-Transfer，"移交—经营—移交"模式）等多种项目模式。特许经营模式一方面解决了政府投资问题，另一方面在很大程度上确保了工程的长效稳定运行，有效解决了工程建设与运行维护脱节的问题，避免了各环节相互推诿扯皮的现象。清洁取暖试点过程中城镇范围内的城镇燃气管网、供热管网、热源等建设仍主要采用特许经营模式实施。新乡市清洁取暖试点期间有 30 个项目采取了政府特许经营模式，总投资为 450 058.5 万元，占总投资的 33.95%。新乡市区与 7 个县（市）签订了集中供热特许经营协议，全市统筹整合设立了公共基础设施建设、产业、政策和管理四种类型的 4 家国有资本投资运营公司，引导企业加大投资力度。新乡市四大国有资本投资集团公司对符合投入方向、社会资本可接受的项目和领域可以采用股权投入的方式支持新乡市清洁取暖项目建设。

3.2.3　PPP 模式

PPP 模式，即政府与社会资本合作模式，是在基础设施及公共服务领域建立的一种长期合作关系。通常由社会资本方承担基础设施项目的设计、建设、运营、维护的大部分工作，并通过"使用者付费"及必要的"政府付费"获得合理投资回报，政府部门负责基础设施及公共服务价格和质量的监管工作，以保证公共利益最大化。PPP 模式强调利益共享、风险共担，社会资本方与政府部门实现共赢，社会资本方承担商业风险，政府部门承担政策风险、法律风险和最低需求风险等。PPP 模式引入社会资本方的管理经验和先进技术，提高了项目建设和运营效率。通过这种合作和管理模式，可在适当满足社会资本盈利目标的同时，为社会更有效率地提供公共产品和服务，优化资源配置，为政府部门节约了大量的工程建设费用，同时能够有效激励社会资本治污动力，大幅提升投资效率。按照回报机制的不同，PPP 模式分为使用者付费模式、政府付费模式和可行性缺口补助模式。常见的 PPP 项目投融资结构如图 3-3 所示。

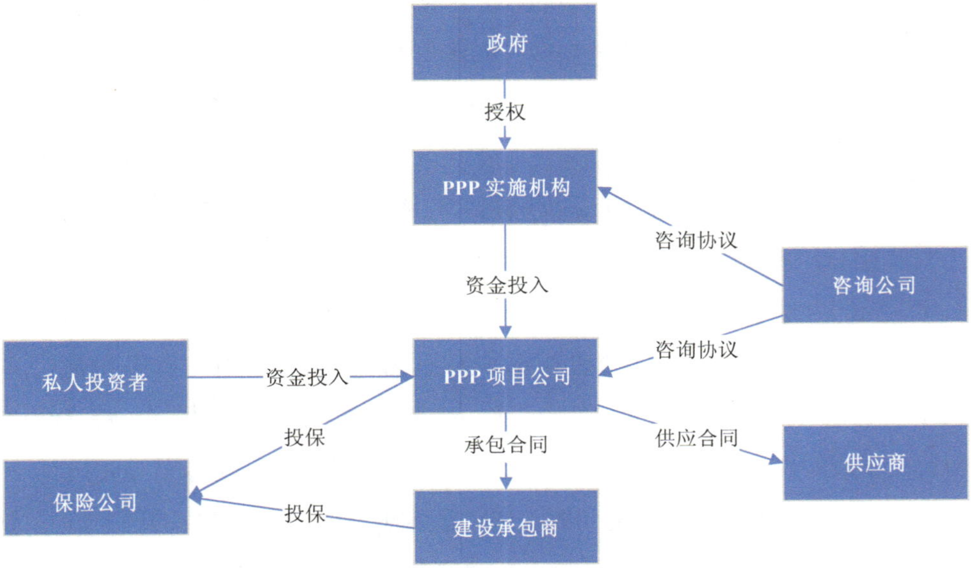

图 3-3 PPP 项目实施模式

2014 年以来，国家先后印发一系列政策文件，指导、推进、监管各地 PPP 项目实施，促进了 PPP 模式的大规模应用。随后，PPP 项目进入了规范发展阶段。2017 年，财政部办公厅印发的《关于规范政府和社会资本合作（PPP）综合信息平台项目库管理的通知》（财办金〔2017〕92 号）提出，通过政府付费或可行性缺口补助方式获得回报，但未建立与项目产出绩效相挂钩的付费机制的项目不得纳入 PPP 项目管理库，并进一步明确，项目建设成本不参与绩效考核，或实际与绩效考核结果挂钩部分占比不足 30%，固化政府支出责任的不得入库。在财政部等部门的积极推动和政策引导下，PPP 模式得到了较快发展。2014 年以来，累计进入国家 PPP 项目管理库的项目有 9 575 个、投资额为 14.7 万亿元，累计签约落地项目有 6 500 个、投资额为 10.2 万亿元。

2014 年出台的《关于印发政府和社会资本合作模式操作指南（试行）》（财金〔2014〕113 号）明确规定，投资规模较大、需求长期稳定、价格调整机制灵活、市场化程度较高的基础设施及公共服务类项目，适宜采用政府和社会资本合作模式。清洁取暖项目具有收费机制健全、需求稳定的特点，适合采用 PPP 模式实施。通过引入专业的投资人能够有效提升项目建设及管理效率，降低政府财政压力。国家发展改革委印发的《关于北方地区清洁供暖价格政策的意见》（发环价格〔2017〕1684 号）指出，鼓励社会资本通过 PPP 模式参与清洁供暖项目投资建设运营，多渠道解决项目融资问题，降低融资成本。应进一步放开供暖市场准入，大力支持有实力、有信誉的民营企业进入清洁供暖领域，不断挖掘具有发展前景、经济性良好的新型清洁供暖技术。目前，清洁取暖领域中适合采用 PPP 模式的项目类型主要包括“煤改气”“煤改电”供暖项目，供暖燃气锅炉或电蓄热炉、燃气热电联产供暖设施、供暖管线或分散式供暖天然气管线等建设项目；工业余热利用供暖项目，包括对余热供应管网工程的建设与运行维护；可再生能源供暖项目的建设与运行维护；“智慧供暖”系统建设项目，包括具有调峰功能的蓄热式电锅炉等电力系统辅助电供暖设施、信息交互与调度平台的建设与运行。

试点过程中，部分城市大力推进 PPP 模式。滨州市通过采用公开方式选定社会资本，由中标社会资本与政府指定机构组建项目公司，由项目公司负责清洁取暖项目的投资、建设、运营维护。在选定社会资本时，注重“技术+资本”的联合，通过设置高标准的技术能力和财务实力要求，优先选择试点地区建设设计理念先进、施工技术成熟、现金流充裕、融资能力强的社会资本，确保最终选定的社会资本具有为项目提供资金支持的能力及专业技术支撑能力，从而降低政府投资成本。廊坊市冬季清洁取暖试点过程中，采用 PPP 模式实施电网、燃气管网、供热管网的建设和改造等 6 个项目，总投资 369 亿元，通过 PPP 模式拓宽了基础设施建设融资渠道，形成了多元化、可持续的资金投入机制。临汾市积极整合财政资金等各类资源，结合实际出台了一系列支持清洁取暖工程 PPP 项目的政策措施，对清洁取暖工程 PPP 项目的土地、规划等许可审批手续开辟绿色通道，对项目实施过程中涉及的地方性和部门性收费予以减、缓、免，着力推动清洁取暖工程 PPP 项目的高效实施。

3.2.4　合同能源管理

合同能源管理模式（Energy Performance Contracting，EPC，国内简称 EMC）是一种以节省的能源费用来支付节能项目全部成本的投资方式。这种投资方式降低了目前的投入，提高了能源利用效率。合同能源管理一般需要实施节能项目的企业（用户）与专门的节能服务公司签订合同，以此推动节能项目的实施。节能服务公司又称能源管理公司，是一种基于合同能源管理机制运作、以盈利为目的的专业化公司。

合同能源管理项目分为节能收益分享型、节能量保证型和能源费用托管型三种类型。①节能收益分享型。节能改造工程的全部投入和风险由节能服务公司承担，项目实施完毕，经双方共同确认节能率后，在项目合同期内，双方按比例分享节能收益。②节能量保证型。节能改造工程的全部投入和风险由节能服务公司承担，合同期内节能服务公司负担承诺节能量成本，超出承诺节能量的部分双方分享。③能源费用托管型。节能公司负责改造企业的高耗能设备，并管理其用能设备，双方按约定的能源费用和管理费用承包企业的能源消耗和维护成本。

合同能源管理不是某一种具体的产品或技术，而是通过整合各方面资源，向客户销售一系列的节能“服务”。通过节能服务公司带资为客户提供服务，客户可实现零投资、低风险的享受优质高效的节能服务，项目投资回收期短，受到越来越多的企业的关注和接受。合同能源管理作为一种面向市场的节能新机制，有广阔的应用发展前景，其运作模式如图 3-4 所示。节能服务公司以合同能源管理模式实施节能项目实现盈利，通过合同能源管理机制为客户提供集成化的节能服务和完整的节能解决方案，以实现与客户约定的节能收益。节能服务公司、客户、设备供应商和银行等都能从项目中分享到相应的收益，从而形成多赢的局面。

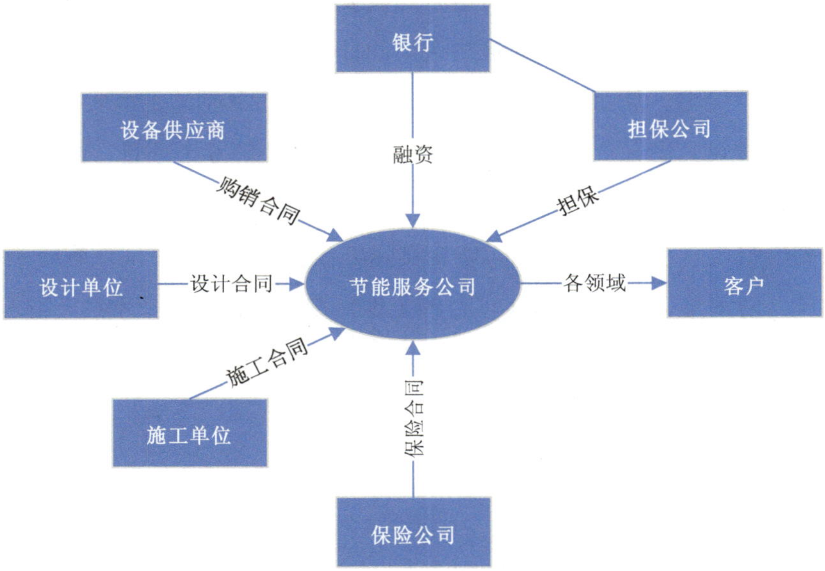

图 3-4　EMC 商业模式结构

《北方地区冬季清洁取暖规划（2017—2021 年）》提出，积极引入合同能源管理、设备租赁、以租代建等新型模式，引导社会共同参与实施清洁供暖项目的市场化建设运营，保障合理投资收益，带动产品升级和产业发展。清洁取暖试点过程中，各地在大型公共建筑领域，如医院、宾馆、博物馆等重点项目上采用合同能源管理模式，由中标企业投资，采用新技术建设大型公共建筑清洁取暖工程。石家庄出台《石家庄市推进既有居住建筑节能改造及超低能耗建筑建设实施方案》《石家庄市建筑节能专项资金管理办法》等一系列政策与管理办法，积极推广合同能源管理模式，通过政府、企业、用户分担节能改造费用，保障被动式建筑项目的落地实施。新乡在实施清洁取暖试点过程中，采用合同能源管理模式实施地源热泵供热、燃气集中供热等 10 多个项目，总投资 10 多亿元。廊坊利用合同能源管理模式推进既有建筑节能改造，明确在建设领域推行合同能源管理的实施模式、激励机制、管理措施，着力培育建筑节能服务产业，培育一批具有较高水平和实施能力的专业化节能服务企业。

3.3 典型投融资模式项目案例

3.3.1 政府特许经营模式案例——新乡市新东区泛能网项目

新乡市新东区泛能网项目是按照新乡市委市政府大东区建设“统一规划协调，公共设施共建共享，高起点规划，建设绿色、智慧、创新、开放大东区”的总体要求，对大东区的能源供应体系进行统一的整体规划与部署，推广清洁能源和可再生能源利用。项目由新乡新奥能源发展有限公司作为投资主体，根据大东区核心区“五大板块、十一个组团”的空间规划，根据各个板块和组团的用能结构与用能特点，并结合当地可利用的再生能源禀赋条件，对区域供电、供热（供冷）、供气及可再生能源利用等能源供应进行统一规划部署，实现能源的多能协同互补、梯级利用，着力组建高效、低碳、智慧的泛能源供能体系。

项目新增天然气分布式发电、太阳能光伏发电等自有电源，购入豫新热电厂等直供电力，布局增量配电网，不足电力由市政电网补充，新增燃气热电联产项目满足工艺蒸汽负荷。项目采用特许经营方式，总投资约 17.5 亿元，资金来源为企业自筹占 30%、银行贷款占 70%，投资期限为 10 年。建成后可以有效促进园区能源结构优化，清洁能源利用水平达到 91.3%，能源设施资源有效配置，降低能源消耗 14.6 万 t 标煤，综合节能率达 18%，CO_2 减排率为 36%，SO_2 减排率为 26%，NO_x 减排率为 21%，粉尘减排率为 26%，可以有效减少大气污染。

3.3.2 PPP 模式案例——临汾市尧都区清洁取暖工程 PPP 项目

项目对临汾市区及周边的金殿镇 12 个村、刘村镇 16 个村、贾得乡 11 个村、段店乡

13 个村、铁路东办事处 9 个社区、乡贤街办事处及辛寺办事处的集中供热设施开展相关建设工作，新建相应的一次管网、二次管网和换热站。依据项目可研报告，项目静态投资为 91 149.31 万元，其中建安工程费 66 743.75 万元，设备购置费 9 693.24 万元，工程建设其他费用 7 960.52 万元，基本预备费 6 751.80 万元，建设期贷款利息 2 790.02 万元；项目动态总投资为 93 939.33 万元。该项目由临汾市尧都区住房保障和城乡建设管理局组织实施。

项目实施采用 BOT 运作方式。临汾市尧都区人民政府授权临汾市尧都区住房保障和城乡建设管理局作为项目实施机构，通过政府招标选定社会资本方，由社会资本方与政府方出资代表合资成立项目公司。实施机构通过与项目公司签订 PPP 项目合同，由项目公司按照 PPP 项目合同及其他相关协议的约定，负责项目整体的设计、投融资、建设和运营维护工作。项目合作期 23 年，其中建设期 2 年，运营期 21 年。在运营期内，项目公司按照 PPP 合同的约定负责整个项目的运营维护，并通过政府支付的可用性服务费和运营维护服务费收回投资并获得合理回报。合作期结束后，由项目公司按照移交要求将项目资产的经营权益无偿移交给临汾市尧都区住房保障和城乡建设管理局或其指定的机构（图 3-5）。

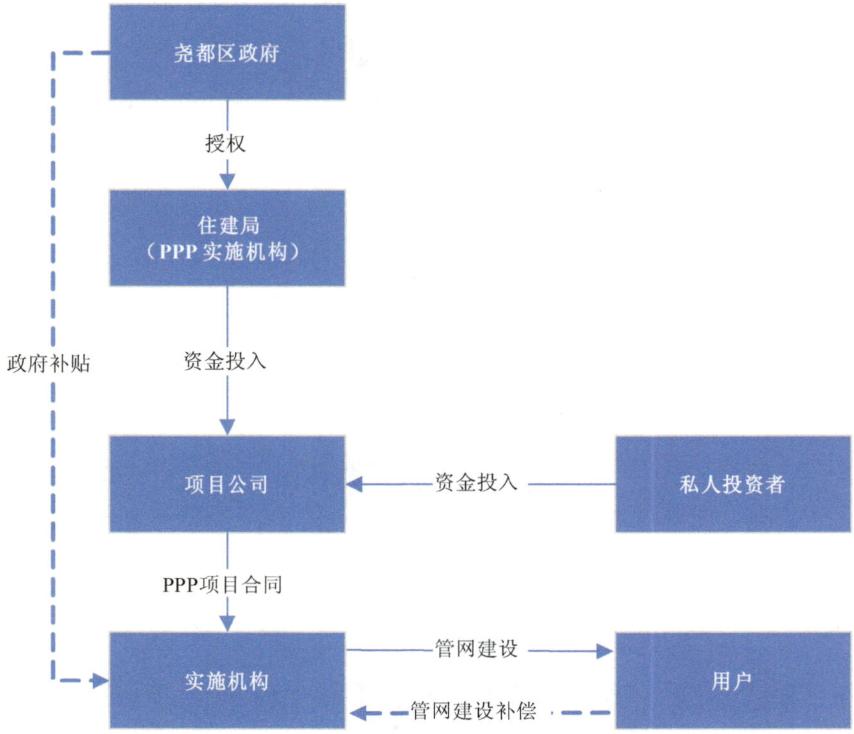

图 3-5　项目 PPP 模式结构关系

3.3.3 合同能源管理模式案例——新乡医学院第一附属医院供热改造项目

新乡医学院第一附属医院医疗区内 8 栋楼合计 7.6 万 m^2，改造前冬季由燃煤锅炉供暖、夏季由冷却塔式热泵机组供冷。考虑冬季燃煤锅炉排放对大气环境造成污染、夏季冷却塔式热泵机组能耗较高等原因，将该项目现有供冷、供热系统全面改造为地源热泵中央空调系统，并进行驻场运营管理。项目总投资为 2 500 万元。

第一附属医院对本单位的能耗、室温、设备和系统状况进行汇总和总结，选择与供热节能服务公司签订合作协议。节能公司对第一附属医院进行能源审计，现场勘查设备设施状况，对原有管理模式（即管理运行方式和人员技术水平）、能耗高的主要问题和节能潜力出具诊断报告，分析存在的主要问题，提出拟采用的节能技术、节能改造工艺流程设计、改造工程的施工预算、改造后的节能效益测算等方案。在此基础上，采购或制作节能设备，拆除旧设备，安装节能设备。建成后调试运行，进行能耗统计，每月能源费用报甲方进行结算，按照约定获取利润。其项目实施模式如图 3-6 所示。该项目的地源热泵比传统空调系统运行效率要高 40%～60%，可节能 50%左右。地源温度恒定的特性，使热泵机组运行更可靠、稳定，整个系统的维护费用也较锅炉—制冷机系统大大减少，保证了系统的高效性和经济性。

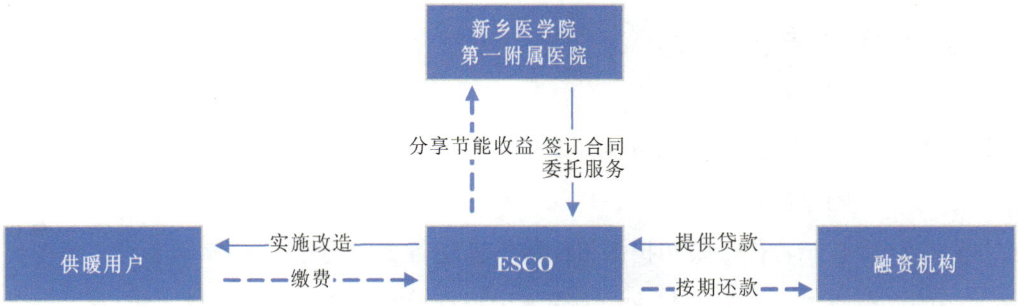

图 3-6 新乡医学院第一附属医院项目实施模式

第 4 章　清洁取暖项目绿色金融支持

绿色金融是旨在为支持环境改善、应对气候变化和资源节约高效利用的经济活动，即为环保、节能、清洁能源、绿色交通、绿色建筑等领域的项目投融资、项目运营、风险管理等提供金融服务。随着国内业务快速发展，绿色金融对优化经济结构、保护生态环境和促进生态文明建设发挥了重要作用。清洁取暖要建立“企业为主、政府推动、居民可承受”的可持续模式，离不开绿色金融的有力支持。本章在绿色金融支持清洁取暖背景下，总结分析绿色信贷、绿色债券、绿色资产证券化、融资租赁、绿色信托及其产品等金融工具特点以及支持清洁取暖项目实践。

4.1　绿色金融支持背景

2015 年 9 月，中共中央、国务院印发的《生态文明体制改革总体方案》，提出“建立绿色金融体系”的总体目标，从绿色信贷、绿色债券、绿色发展基金、绿色股票指数、信息披露、环境强制责任保险和担保机制等方面进行全面构建。2016 年 8 月，为动员和激励更多的社会资本投入绿色产业，中国人民银行、财政部等 7 部门联合印发了《关于构建绿色金融体系的指导意见》(银发〔2016〕228 号)，该意见明确提出，要通过大力发展绿色信贷、推动证券市场支持绿色投资、设立绿色发展基金、发展绿色保险、完善环境权益交易市场等措施支持经济绿色化转型发展，包括对节能环保、污染防治、资源节约等绿色项目的支持。2018 年 7 月，中国人民银行印发了《关于开展银行业存款类金融机构绿色信贷业绩评价的通知》(银发〔2018〕180 号)，制定了《银行业存款类金融机构绿色信贷业绩评价方案》，对银行业存款类金融机构实施绿色信贷业绩评价，并依据评价结果实行激励约束。近年来，中国人民银行等有关部门相继制定了相关政策文件，规范绿色金融体系建设，建立健全、规范绿色金融服务体系，推动绿色金融产品标准化发展。

国家相关政策文件推动了绿色金融对清洁取暖的支持。《关于印发北方地区清洁供暖价格政策意见的通知》（发改价格〔2017〕1684 号）提出探索多元化的融资方式，大力发展绿色金融，在风险可控的前提下，加大对清洁取暖企业和项目的支持力度；支持通过企业债、低息贷款等方式解决清洁取暖项目融资问题。《北方地区冬季清洁取暖规划（2017—2021 年）》提出，多方拓宽资金渠道支持清洁取暖发展，具体包括：鼓励银行业金融机构在风险可控、商业可持续的前提下，依法合规对符合信贷条件的清洁取暖项目给予信贷支持；通过发展绿色金融、运用 PPP 等方式支持清洁取暖项目建设运营；鼓励利用社会资本设立产业投资基金，投资清洁取暖项目和技术研发；支持符合条件的清洁取暖企业首次公开发行股票并上市，鼓励符合条件的已上市企业依法依规进行再融资；鼓励和支持符合条件的清洁取暖企业通过发行企业（公司）债券、短期融资券、中期票据、中小企业集合票据等多种债务融资工具，扩大直接融资的规模和比重等；研究支持煤改清洁能源供暖项目参与温室气体自愿减排交易项目等。《关于印发打赢蓝天保卫战三年行动计划的通知》（国发〔2018〕22 号）提出，研究出台针对北方地区清洁取暖的金融支持政策，选择具备条件的地区，开展金融支持清洁取暖试点工作。鼓励政策性、开发性金融机构在业务范围内对清洁取暖等领域符合条件的项目提供信贷支持，引导社会资本投入。2019 年 2 月，国家发展改革委制定了《绿色产业指导目录（2019 年版）》，明确了节能环保、清洁生产、清洁能源、基础设施绿色升级等绿色产业发展重点，并对绿色产业的目录及子目录进行了细化，城镇集中供热系统清洁化建设运营和改造成为其中重要一项。

为贯彻落实习近平总书记关于清洁取暖的工作要求，在中央财办的部署下，2018 年年初，中国人民银行牵头研究绿色金融支持清洁供暖等工作，并选择山西长治和贵州贵安新区两个地区开展绿色金融支持清洁供暖试点工作。2018 年 11 月，中国人民银行在山西长治召开了金融支持清洁供暖试点现场会，会议介绍了山西长治长子县、贵州贵安新区两地清洁供暖项目的进展情况，总结了当前金融支持清洁供暖企业和项目的有益经验及存在的问题，研讨进一步推动绿色金融支持清洁供取暖的重点工作及建议。

4.2　绿色金融支持方式

清洁取暖产业作为我国绿色产业中的重要组成部分，近年来越来越受到金融机构的青睐。随着绿色金融政策体系的日益完善，绿色信贷、绿色债券、绿色资产证券化、融资租赁、绿色基金、绿色信托等产品不断丰富，支持了我国供暖方式的清洁化改革。

4.2.1 绿色信贷

绿色信贷是商业银行、信托公司等金融机构运用最广泛的一种金融支持方式，对于满足环境保护标准且具有较高环保价值的项目，通过低息贷款、延长还款、优先放贷等手段予以支持。绿色信贷把环境与社会责任融入商业银行的贷款政策和贷款管理流程之中，通过在金融信贷领域建立环境准入门槛，从源头切断高耗能、高污染行业无序发展和盲目扩张的经济命脉，有效切断了严重违法者的资金链，遏制了投资冲动，解决了环境问题，通过信贷发放进行产业结构调整。不同运营性质的银行对绿色信贷的运行措施也不同。国家开发银行等政策性银行在投资过程中侧重于落实政府制定的清洁供热发展政策，主要安排政策性贷款和一些优惠贷款等；商业银行主要考虑项目本身的营利性和风险，对小型的清洁取暖项目投资积极性不高。绿色信贷是目前国内绿色金融主要的融资工具，由于银行贷款需要抵押担保、良好的企业财务报表、信用评级等，所以绿色信贷融资适合相对成熟的企业。清洁取暖项目特别是农村地区的清洁取暖项目规模小，投资回收周期长，对很多企业来说很难满足融资贷款条件。

目前，国内绿色信贷市场资产规模保持稳步增长。根据中国人民银行发布的《2019年金融机构贷款投向统计报告》，截至 2019 年年末，我国本外币绿色贷款余额为 10.22 万亿元，比年初增长 15.4%，占同期企事业单位贷款的 10.4%。根据中国银行保险监督管理委员会数据，我国 21 家主要银行机构（国家开发银行、中国进出口银行、中国农业发展银行、中国工商银行、中国农业银行、中国银行、中国建设银行、交通银行、中信银行、中国光大银行、华夏银行、广东发展银行、平安银行、招商银行、浦发银行、兴业银行、民生银行、恒丰银行、浙商银行、渤海银行、中国邮政储蓄银行）2013 年 6 月末绿色信贷余额为 4.85 万亿元，到 2019 年 6 月末突破 10 万亿元（10.6 万亿元），年增长率基本保持在 10%以上。贷款项目类型中，包括清洁取暖的可再生能源及清洁能源项目贷款余额位居前列。

在清洁取暖产业中，绿色信贷可通过资产抵押贷款、项目的排污权或供热收费权质押贷款等多种方式，为企业提供短期流动性贷款，帮助企业盘活未来的清洁资产，对资源进行更加有效的配置。世界银行、亚洲开发银行、亚洲基础设施投资银行等政策性银行在华开展多个投资项目，为大气污染防治和清洁取暖提供了大量贷款。2016 年，华夏银行承接了世界银行“京津冀大气污染防治融资创新项目”，转贷了世界银行 4.6 亿欧元，华夏银行提供 1∶1 的配套资金，项目执行期 20 年，为北京、天津、河北、山西、山东、内蒙古和河南的能效项目、可再生能源项目和污染防控项目提供融资服务。目前，转贷项目支持了山东、内蒙古、山西等地多个燃煤锅炉改造、余热利用、“煤改电”等清洁取暖项目，项目平均融资成本低于市场化利率 10%，贷款期限最长可达 20 年。亚洲开发银行支持济南市商河县 1.7 亿美元（约合人民币 11.9 亿元）贷款，重点实施县城、乡镇的集中取暖和 8 万户农村分散式取暖。

在政府相关政策的鼓励和支持下，长治金融部门积极投放绿色信贷，通过向地方政府融资平台、供暖企业或设备厂商、取暖农户等主体发放贷款，较好地满足了清洁取暖企业和农户的资金需求。截至 2019 年 2 月末，金融机构向长治市清洁取暖企业发放贷款余额为 4.7 亿元，同比增长 14.6%，较各项贷款增速高 2.1 个百分点，较 2018 年年末增长 38.2%。其中，相关领域的中长期贷款余额为 3.5 亿元，同比增长 3%；向清洁取暖农户发放贷款余额为 1 573.3 万元。清洁取暖在长治得到较快发展，环境效益也较为明显。

4.2.2　绿色债券

绿色债券是募集资金专门用于支持绿色产业项目或为这些项目进行再融资的债券工具。在国内，绿色债券包括绿色金融债、绿色企业债、绿色公司债、非金融企业绿色债券融资工具、绿色资产支持债券和其他绿色债券产品等类型。绿色债券是近年来绿色金融领域大力发展的融资工具。绿色债券融资成本差异大，债券融资具有杠杆效应，有利于企业有效地利用财务杠杆实现其所有者所要求的经营目标。另外，债券融资不对企业原有的管理结构产生影响，不会削弱企业股份持有者的相对平衡权利。2017 年中国绿色债券发行量位居全球第二。从绿色债券信息综合来看，发行的绿色债券主要集中在清洁能源、资源节约与综合利用、节能、清洁交通、污染防治等绿色发展领域，其中在清洁能源领域的投资规模最大。近年来，我国绿色债券发行情况如图 4-1 所示，其中，绿色金融债发行额度远高于其他绿色债券类型的总和，成为主要的发行类型。

清洁取暖项目中的供热管网建设、电网增容改造等环节需要占用大量资金，同时热费收缴率低、投资回收期较长，垫资现象时有发生，严重制约了清洁供热企业的发展。绿色债券凭借其自身发行期长的优势可以有效解决企业和银行的期限错配问题，规避企业可能面临的再融资风险，为清洁供热项目提供了新的融资渠道。目前，燃煤电厂超低排放和节能改造、余热余压利用、燃煤锅炉节能环保提升改造、煤炭石油等能源的高效清洁化利用，都明确列在国内绿色债券发行指引中。在清洁供热市场持续火热且有刚性资金需求的环境下，绿色债券以其良好的政策环境及较强的市场吸引力成为清洁供热产业的重要融资工具。

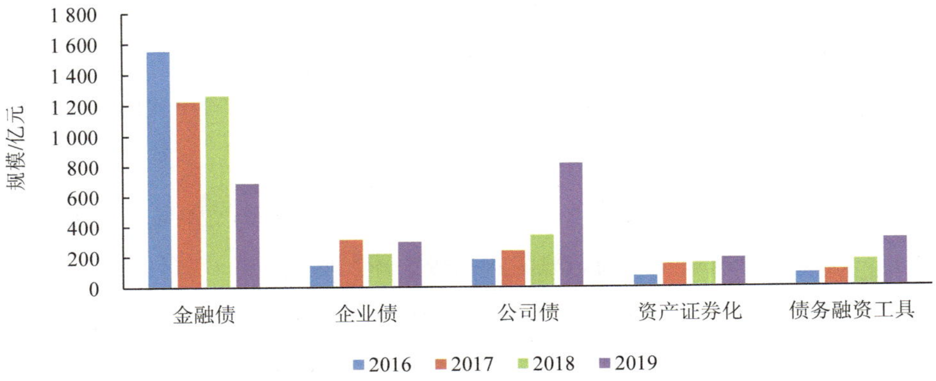

图 4-1　2016—2019 年我国境内主要绿色债券类型发行规模

数据来源：新华财经中国金融信息网绿色债券数据库。

目前，活跃在我国清洁供热市场中的绿色债券主要有绿色专项债券和绿色公司债券。绿色专项债券募集资金主要用于节能减排技术改造等项目，可用于支持风力发电、能源清洁高效利用、新能源开发利用等项目，清洁取暖企业大多符合相关的发行条款，可以通过发行绿色专项债券来募集资金投向相关项目。绿色公司债券募集资金主要用于支持绿色产业的公司发展，其中绿色产业主要包括清洁能源、节能、污染防治、资源节约与循环利用等。对于符合条件的清洁供热企业，可以发行公司债券，融资用于清洁供热项目的构建或者公司的运营。

4.2.3　绿色资产证券化

绿色资产证券化是绿色金融与资产证券化的有机结合，即入池资产的预计未来现金流来源于绿色发展项目，抑或是募集资金投向绿色发展领域的一种创新型融资工具。资产证券化的基础是资产必须符合相关法律要求，边界清晰且权利完整，基础资产及附着物不得附带抵押、质押等担保负担或者其他权利限制。资产证券化融资门槛较低，融资效率较高，增信机制设计灵活，有助于提高绿色产业投资的有效性和精准性。目前，我国绿色资产证券化产品市场规模有所扩大，其发行数量日益增加，业务规模也在不断扩张。2014 年我国绿色资产证券化发行规模仅为 34.94 亿元，2018 年发行规模较 2014 年增加了 119.79 亿元，年平均增速约为 30%。2018 年，我国共发行 18 只绿色资产证券化产品，发行规模较 2017 年略增，合计 154.73 亿元，但相较于绿色债券市场，该类产品比重较小，仅占资产证券化市场总体规模的 0.99%。2019 年第一季度共发行 5 只绿色资产证券化产品，发行规模约为 93.96 亿元。

供热是重要的基础行业，不但是公共服务行业，也是国家大力支持和重点发展的行业之一。行业整体受宏观经济及外部市场环境影响较小，资产价值较为稳定，供热企业收入来源稳定，这些特点决定了清洁取暖行业具有现金流长期稳定、可以预测的特点，适宜以其收益为基础资产开展企业资产证券化业务，通过将供气费、供暖费等作为底层资产进行证券化，可以为清洁取暖改造企业融资提供新的渠道。在清洁取暖产业中，供热收费权资产证券化是常见的产品类型，是供热企业以供热收费权作为基础资产，以未来供热收费收入作为偿债来源而发行的资产证券化产品。第一只为 2014 年迁安热力公司项目，项目总规模为 12.5 亿元，产品期限在已发行的企业资产证券化项目中最长。截至 2017 年第三季度末，市场上总共发行 23 只供热收费权资产证券化产品，发行规模合计为 181.26 亿元。2018 年 11 月，天风—河南能源供气资产支持专项计划设立，总规模为 5.3 亿元，是国内首只“煤改气”资产证券化产品，该项目是依据对下游燃气公司收取供气费这一债权作为基础资产，并以产生的稳定现金流为支持发行的资产支持证券。

4.2.4　融资租赁

融资租赁是国际上最为普遍、最基本的非银行金融形式，是出租人根据承租人对租赁物件的特定要求和对供货人的选择，出资向供货人购买租赁物件，并租给承租人使用，承租人则分期向出租人支付租金，在租赁期内租赁物件的所有权属于出租人所有，承租人拥有租赁物件的使用权。租赁期满，在承租人向出租人支付名义贷款后，承租人获得租赁物件的所有权。

融资租赁一方面可以解决企业因设备更新换代导致的资金短缺问题，另一方面企业可通过对自身老旧设备的淘汰加快技术升级的进程。融资租赁能够解决我国清洁取暖改造时面临的资金难题。当前，适用于清洁取暖行业的租赁产品主要有直接租赁、售后回租两种类型。直接租赁是指金融机构把企业要用的设备买下来，出租给企业使用，收取租金，企业只有使用权而无所有权，并负责设备的维修保养。这种方式可减少初期购置设备一次性投入的资金压力。售后回租是指租赁公司向供热企业购买项目所需设备，然后回租给供热企业。供热企业不仅有设备的使用权，还能获得一笔流动资金。这种方式可为企业有效盘活固定资产、获取经营发展资金提供便利（图 4-2）。

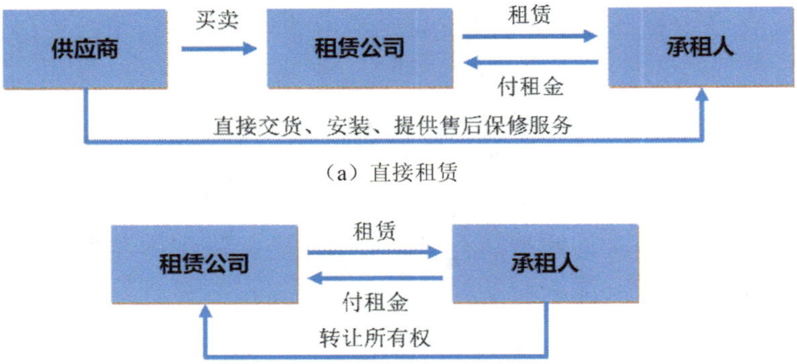

（b）售后回租

图 4-2　融资租赁方式及运作程序

在清洁取暖产业中，技术升级或改造所购置的设备多数都是较为先进的，而我国银行业对于这些设备的抵押贷款缺乏足够的支持，企业往往还需要提供不动产作为抵押，很难从银行业中得到高比例的融资。融资租赁业的发展有望为清洁取暖企业解决这一融资难题，企业可以通过融资租赁的方式直接以所需购置的设备为标的进行融资，从而可以获得相关所需资金。

招银租赁是银行系金融租赁公司之一，有支持供热行业的专业化的项目团队，曾与多个供热公司开展了较大规模的融资租赁业务合作。较为典型的案例是与四川能投分布式公司成功签订的南溪项目融资租赁合同，额度为南溪项目总投资的 80%，共计 1.6 亿元，租赁利率较基准下浮 10%，综合融资成本低于中国人民银行同期基准利率。

作为哈尔滨市最大热企——哈尔滨物业供热集团曾采用融资租赁方式，与兴业银行达成协议并获得 5.4 亿元贷款改造资金。该融资租赁业务采用“售后回租”方式，供热集团将老设施旧管网先“卖”给银行，银行再将 5.4 亿元“买入款”支付给供热集团用于购买设备和管网改造；而之前“卖”给银行的原管网设施则以热企支付“租金”的形式由供热集团继续使用；满 6 年后，再由供热集团以适当价格进行回购。此举不但缓解了供热集团筹集改造资金压力，而且通过改造使供热质量大幅提高。

为了解决融资难问题，部分小型清洁取暖项目也有实施融资租赁模式。如 2018 年实施完成的长治市平顺县西沟村艺校煤改电工程，该工程采用 4 套大型空气源热泵热水机给西沟村艺校供暖，项目投资 80 万元，由于平顺县财政压力紧张，工程采用融资租赁模式实施，由县财政统一租赁设备，租期 15 年，每年租金共计 5.8 万元，15 年后设备归属县财政。

4.2.5　绿色基金

绿色基金是将从资本市场筹集到的资金投向环境保护及资源节约等绿色项目的基金，它所追求的不仅是得到经济上的收益，同时更注重的是促进经济发展与生态环境协调可持续发展。绿色基金是目前政府鼓励推动的一种绿色产业投资基金。按照国家发展改革委印发的《政府出资产业投资基金管理暂行办法》（发改财金规〔2016〕2800 号），产业投资基金是一种对未上市企业投资和提供经营管理服务的利益共享、风险分担的集合投资制度，即通过向多数投资者发行基金份额设立基金公司，由基金经理自任或者另行委托基金管理人管理基金资产，委托基金托管人托管基金资产，从事创业投资、企业重组投资和基础设施投资等实业投资。产业投资基金只能投资于未上市企业，其中投资于基金名称所体现的投资领域的比例不低于基金资产总值的 60%，投资过程中的闲散资金只能存于银行或者购买国债、金融债券等有价证券。绿色基金作为绿色信贷的重要补充，日益成为绿色金融体系中不可或缺的产品。

目前，各地已经探索建立了 50 多只政府参与的、重点投资于节能环保等绿色领域的发展基金。根据河北省财政厅印发的《关于设立大气污染防治股权投资基金的指导意见》（冀财外〔2016〕65 号），河北省设立了河北省蓝天股权投资基金（简称蓝天基金），旨在发挥财政资金引导作用，带动更多社会资本共同参与大气污染防治。基金投向河北省大气污染治理重点城市、重点领域和重大项目，其中，优先支持集中供热项目，支持大型热电联产、工业余热、“电代煤”和“气代煤”的集中供热项目。蓝天基金与社会资本合作，以不低于 1∶3 的比例成立若干只子基金，其中，保定市利用国际金融组织贷款 10 亿元人民币，设立了保定市蓝天基金作为引导基金，以不低于 1∶3 的杠杆比例募集社会资本，发起设立蓝天基金子基金，基金总规模不低于 40 亿元人民币，主要投向于保定市范围内农村“煤改气”“煤改电”、集中供热项目、新能源产业和节能减排项目，以及与此相关的推动生态环境改善、经济结构调整、产业转型升级等项目。

在国家层面，2020 年 7 月，国家绿色发展基金设立，这是我国生态环境领域第一只国家级投资基金。中央财政出资 100 亿元，基金首期总规模 885 亿元，基金重点投向环境保护和污染防治、生态修复和国土空间绿化、能源资源节约利用、绿色交通、清洁能源等绿色发展领域。

目前，绿色基金支持清洁取暖已开展了一些有益探索。如河南天伦燃气集团有限公司等发起成立了“煤改气投资基金”，基金设立项目控股公司，由项目控股公司将基金提供的资金，政府补贴资金、政策性银行和金融机构提供的长期资金，投向河南省乡镇“煤改气”及天然气上下游产业链项目。

4.2.6 绿色信托

绿色信托是运用贷款、股权投资、债券、资产证券化等多种金融工具，通过信托型政府和社会资本合作产业基金、可交易绿色权益融资、公益信托等方式为绿色产业、绿色公益发展提供的信托产品与服务。信托资金具有跨市场配置、多元化运用的特点，能根据企业不同融资需求进行贴身化产品定制，为各类企业提供资金支持。国内关于绿色信托的实践多以绿色信托贷款、股权附回购、应收账款附回购等以融资为目的的投资模式为主。

绿色信托贷款是信托行业服务绿色产业较为普遍的业务模式，交易结构简单，能有效发挥信托融资高效的优势，对不能在银行机构获得贷款额度的绿色企业能形成较好的资金补充。2019 年，中粮信托—山东高密热力管网建设集合资金信托计划规模 3 亿元，用于高密市东部片区供热管网建设项目，还款来源依次为高密国资管理公司的经营收入、高密国投经营收入，以及抵押物和质押物的处置。较之银行机构的传统信贷，信托绿色贷款的优势在于流程便捷高效，能较好地满足绿色企业相关项目对资金需求的时效性；但是由于绿色企业普遍资质较低，且可供抵押资产少、项目盈利弱，所以很难满足银行贷款条件。绿色项目的高风险，加之信托产品的发行成本等因素，也使得信托贷款成本要高于银行贷款。

以融资为目的的股权、应收账款、特定资产受益权投资模式能更有效地利用绿色企业的各项资产，提升信托风控措施的有效性，成为绿色信托的主要业务模式。该模式能充分结合各企业的融资需求和信托公司的风控条件，灵活设计产品，促进绿色信托快速发展。如股权附回购信托，能较好地发挥股权的风控作用，提高信托公司在项目推进过程中的话语权，把控绿色项目后续风险，在监督管理成效方面，优于信托贷款。该类绿色信托模式的主要缺点在于，以“明股实债”为代表的融资模式的法律性质和效力存在争议，当发生交易对手进入破产清算程序时，股权投资只能在债权之后受偿。

目前，国内正在发行的能源产业信托产品有两个。其中 1 个为四川信托发行的睿宝 2 号，规模为 5 985 万元，预期年化收益率为 10%；另一个是光大兴陇 • 国能中电投资基金 1 号集合资金信托计划（第 30 期），预计年化收益率为 7.7%。正在运行的能源产业信托产品有 124 个，规模为 180 万～50 亿元，利率水平相差较大，通常预期年化收益率为 6%～10%。已经结束的约有 930 个，规模为 200 万～50 亿元，利率水平相差较大，通常预期年化收益率为 5.5%～11%。

4.3　绿色金融支持清洁取暖典型案例

4.3.1　绿色信贷案例

华亭县位于甘肃省，是全国 13 个重点产煤基地、西北三大产煤矿区之一，为支持煤炭就地转化为电能，工行华亭支行发放贷款 2.5 亿元，支持华亭煤业集团建成 5 万 kW 的坑口电厂。农行华亭支行、建行华亭支行联手发放银团贷款 4 亿元，支持总投资 13.5 亿元、27 万 kW 的华亭煤矸石电厂建设。2017 年，为支持电厂余热有效利用，农行华亭支行以收费权为抵押向华亭县万户供热有限公司发放固定资产贷款 1.2 亿元，保证了全县热电联营供暖项目的顺利实施（图 4-3）。

图 4-3　华亭县供暖项目结构

4.3.2　绿色债券案例

2017 年 8 月，陕西省西咸新区沣西新城开发建设有限公司为西咸新区沣西新城绿色城市综合新能源项目筹资，发行了期限为 7 年的“17 沣西绿色债”，总金额为 15 亿元。项目位于陕西省西咸新区沣西新城区域，建设内容包含两部分：第一部分为干热岩供热项目，包含沣西新城内干热岩供热设施建设，供热面积 210.58 万 m^2，包含 10 个机房和 30 个机组的建设以及供热管网的配置；第二部分为新能源汽车充电设施建设，包含两座储能电站、27 座充电站和 3 750 个充电桩建设。项目总投资为 193 711.92 万元，其中新能源充电设施项目投资为 62 967.12 万元，干热岩供热项目投资为 121 940.39 万元。债券募集资金的 11 亿元用于项目建设，占项目总投资的 56.79%，其余资金为公司自有资金，占项目总投资的 43.21%。

该绿色债券期限为 7 年，同时设置分期偿还本金条款。本期债券通过中央国债登记公司簿记建档发行系统，以市场化方式确定发行票面利率，在债券存续期限内固定不变。债券采用固定利率形式，票面利率为 7.1%，单利按年计息。每年付息一次，从第三个计息年度开始至第七个计息年度分别逐年偿还本期债券本金的 20%，当期利息随本金一起支付。债券以簿记建档、集中配售的方式，通过承销团成员设置的发行网点向在中央国债登记公司开户的机构投资者和在中国证券登记公司上海分公司开立的合格基金证券账户或A股证券账户的机构投资者公开发行。

项目运营收入包括供热收入、供热配网费、热水收入、车辆充电服务收入和小区充电桩配网费。根据《西咸新区沣西新城绿色城市综合新能源项目可行性研究报告》，项目税后内部收益率为13.20%，税后动态投资回收期为10.59年，在债券存续期内，项目可实现总收入为232 926.41万元，净收益为209 472.16万元。债券募投项目拥有良好的项目收益和现金流，销售收入为本期债券的到期偿付提供了有力支持（图4-4）。

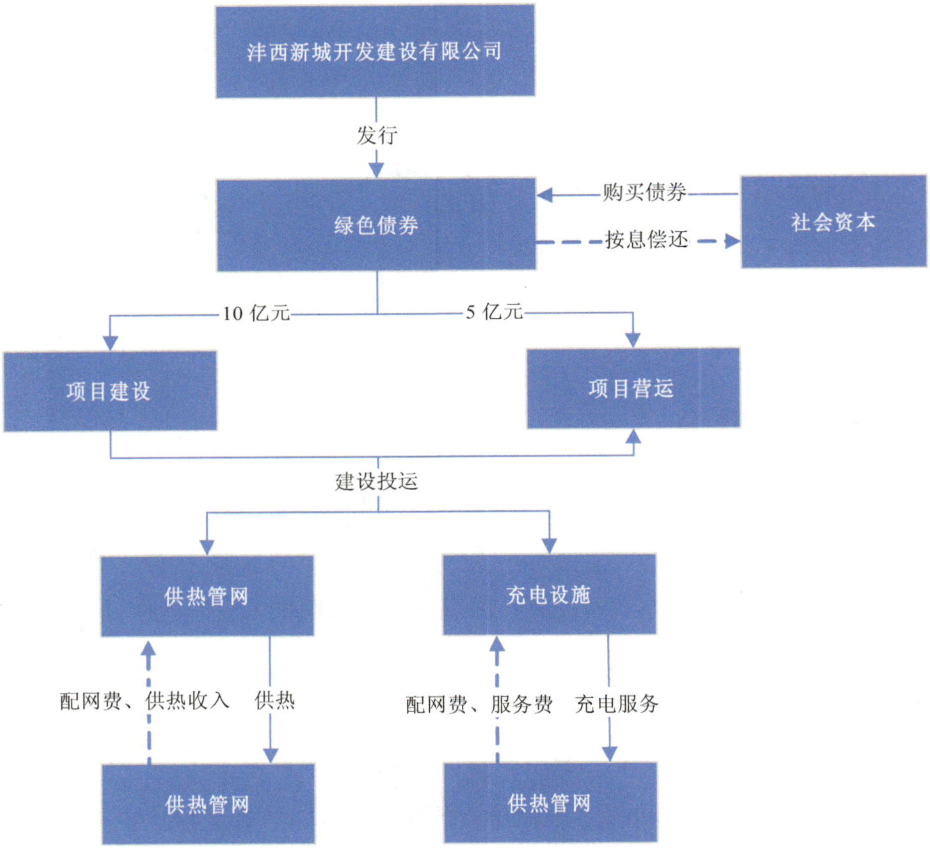

图4-4 “17沣西绿色债”项目结构

4.3.3 绿色资产证券化案例

天风—河南能源供气资产支持专项计划总规模5.3亿元，是国内首单“煤改气”资产证券化项目，为国内“煤改气”企业创新融资模式提供了思路。该专项计划的原始权益人为河南省煤气（集团）有限责任公司，底层资产为依据期限 5 年的合同权利对下游燃气公司收取供气费和管输费。在基础资产选择上，该产品选取了 2018—2023 年每年的 7 月—次年 3 月的供气和管输收入，通过开立单独收款账户进行有效资金隔离和归集，不但满足了发行人的融资需求，而且剩余月份的业务收入也为发行人安排运营资金提供了便利。在产品结构上，为匹配当前投资人配置需求，该产品对长期限档设置了含权结构，以吸引更多投资人参与，从而降低发行成本。在信用增级方面，该产品综合采用了现金流超额覆盖、保证金机制、差额支付承诺和保证人担保等综合增信措施。鉴于结构创新和完善的机制安排，该产品获得了上海证券交易所的大力支持，在较短时间内取得了挂牌转让无异议函（图 4-5）。

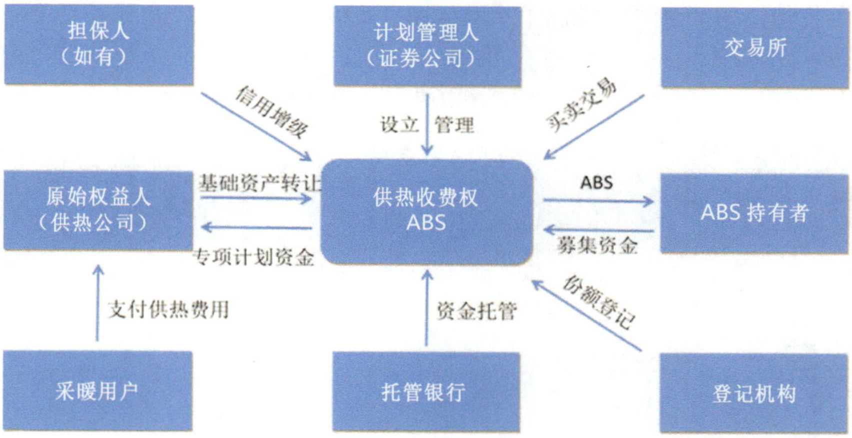

图 4-5 供热收费权资产证券化业务结构

4.3.4 融资租赁案例

呼和浩特“煤改气”售后回租项目是呼和浩特为改善城市环境、提高供热质量实施的清洁取暖项目。项目结合供热实际情况创建了以热电联产为主、以清洁能源为辅、以可再生能源为补充的供热格局，将能够并入热电联产或大型热源厂集中供热管网的优先拆除并网，无法并网的按照“宜气则气、宜电则电”原则，实施“煤改气”“煤改电”。呼和浩特市燃气热力有限公司（简称呼市热力）由呼和浩特市住房和城乡建设局作为出资人代表发起设立，负责热力的生产与供应，供热设备设施的销售、安装与维修，城镇燃气的销售、服务、管道安装与维修。政府授权呼市热力的“煤改气”项目总投资 32 亿元，注册资本金 20%，约合 6.4 亿元。欧洲投资银行向呼和浩特市能效提高项目提供 1.62

亿欧元（约合人民币12.35亿元）贷款，主要用于呼和浩特市“煤改气”“煤改电”和拆并锅炉房工程及配套管网改造等方面，项目其余资金由国内银行项目贷款解决。由于欧元贷款批复后提款流程较长，款项到位跟不上项目实际支付进度，因此呼市热力向招银金融租赁有限公司（简称招银租赁）申请融资用于支付项目工程款。呼市热力作为承租人使用招银租赁投放的租赁款，及时支付了2017年年底前应该结算的工程款，保证了后续项目的如期进行。

承租人呼市热力先将自有设备（即呼市热力前期自有资金投入形成的固定资产管网和设备等）出售给招银租赁，然后再以融资租赁方式租回使用，并按期向招银租赁支付租金。3年后租赁期满，设备所有权重新划归承租人呼市热力。呼市热力按等额季末的方式还款，每季度还款金额本息合计899.97万元。招银租赁在获利328万元的同时为资金创造了绿色价值，为清洁供暖做出了贡献（图4-6）。

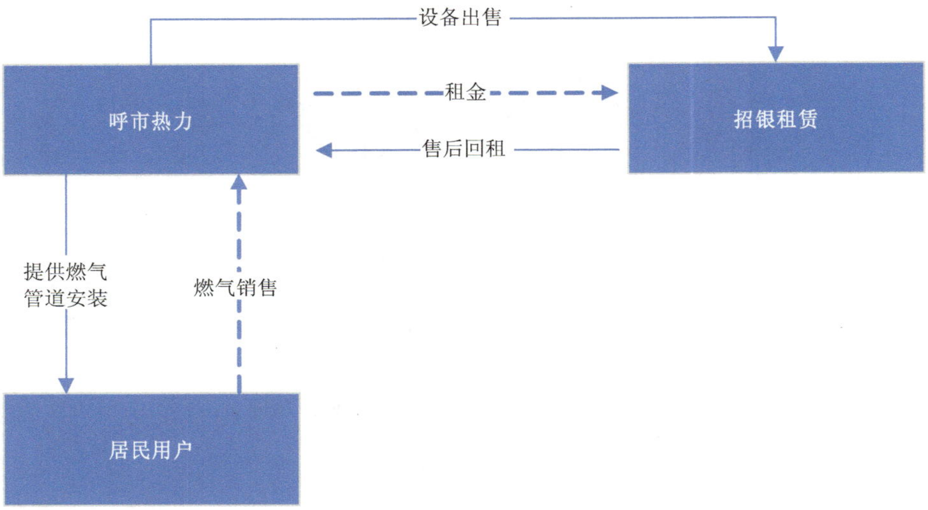

图4-6 呼和浩特“煤改气”售后回租项目业务结构

4.3.5 绿色基金案例

石家庄市赵县“煤改气”项目位于石家庄市赵县，实施“煤改气”之前，赵县农村居民冬季取暖是以燃煤炉取暖为主。实施“煤改气”之后，农村居民冬季取暖主要使用天然气。该项目主要由两部分组成：上游项目和下游项目。上游项目是铺设从中石油气源陕京线二线输气管道至赵县各乡镇所辖村口的天然气管道；下游项目是在赵县各乡镇所辖村铺设自各村村外中压主管网起，至居民院内燃气表的天然气管网。项目规划范围约为 675 km^2，项目规划范围内人口约 29.78 万人、81 500 户。石家庄市城投公司通过产业投资基金设立两家公司分别负责建设和运营上游项目和下游项目。项目总投资为 6.59 亿元，上、下游项目税后的内部收益率分别为 12.54%和 19.85%，税后投资回收期分别为 8.85 年和 5.1 年。

城投公司作为融资平台，将货币、土地使用权等作为资本金，以满足当地基础设施建设等的融资需求。城投公司通过发行绿色债券，为当地“煤改气”项目提供充足和低成本的资金。但是为遵循独立经营、自负盈亏的原则，该融资渠道只有在项目公司无法获得其他融资渠道的情况下才会使用。城投公司设立产业投资基金，资本金全部来自城投公司，按照城投公司的业务规划，主要负责寻找环保领域的投资机会进行投资并负责投后管理。产业投资资金以现金资本金设立管道公司，将其作为实施“煤改气”项目的实施主体。管道公司一般能够在项目实施区域内取得天然气销售的特许经营权。管道公司以股权质押、收费权质押等方式获得银行借款，以满足天然气管道铺设的资金需求，并以 EPC 模式建设天然气管道，资金来源主要有资本金、银行借款、债券融资等。各级人民政府出台了相应的补贴政策，补贴包括天然气管线安装和运行，省补助为 1 000 元/户，市补助为 1 500 元/户，县级补助为 750 元/户，县政府对组织实施的“煤改气”居民用户给予气价运行补贴。管道公司利用收取的政府补贴款、赚取的天然气运输费用和天然气购销差价，偿还银行借款、债券等融资（图 4-7）。

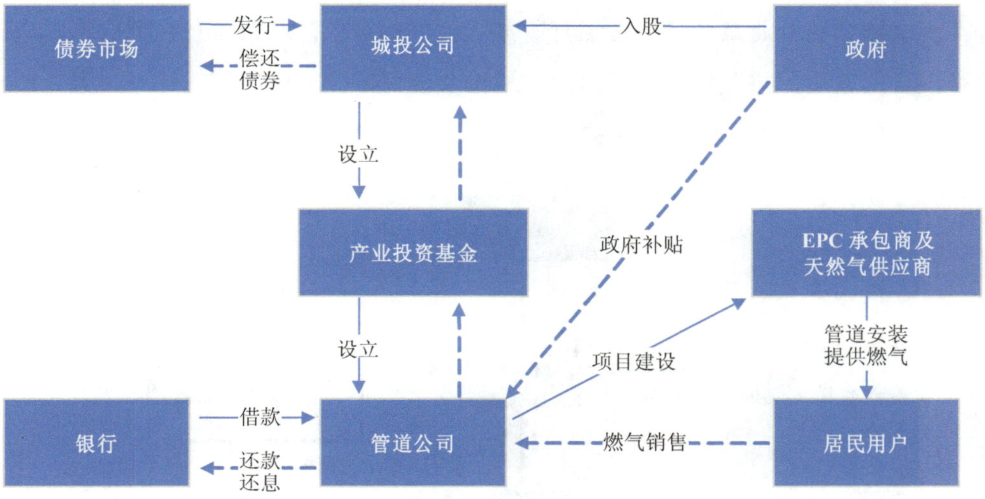

图 4-7 石家庄市赵县“煤改气”项目业务结构

4.3.6 绿色信托案例

2015 年，北京市顺义区启动新农村建设工程——农村住户取暖“煤改电”项目（简称北京“煤改电”项目），顺义区新农村建设办公室于 2015 年 7 月公开招标，对农村住户包括储热式电暖器、空气源热泵、地源热泵等取暖“煤改电”设备进行采购，北京蓝景圣诺尔能源科技有限公司（简称北京蓝景）成功中标该项目。北京蓝景委托中航信托发起设立“中航信托•北京蓝景煤改电新能源投资集合资金信托计划”（简称中航蓝景信托计划），为其前期设备生产提供金融支持。

北京“煤改电”项目具有初期投资较大、回收期短的特点，因此在项目建设初期需要通过金融支持弥补项目临时性的资金短缺。2015 年北京“煤改电”项目市场总需求约为 30 万台，市场实际供应能力为 16 万台，整个市场对此类储热式电暖器供暖产品的需求为 6～8 年，产品的保质期为 6～8 年，每年大约需更换 2 万台设备。根据当时的物价水平计算，1 台设备储热式电暖器供暖的组装成本加运输成本约为 1 895 元，2 万台设备的项目前期投资成本为 3 790 万元。中航蓝景信托计划总规模为 4 000 万元，存续期限 1 年，中航信托将信托资金以“股权+债权”的方式注入北京蓝景。其中，2 000 万元信托资金以债权的形式向北京蓝景发放股东借款，另外 2 000 万元信托资金以增资扩股的方式持有北京蓝景 40%的股权。北京蓝景在中航信托的资金支持下，实现了北京“煤改电”项目的投资需求，所筹资金大部分用于北京“煤改电”项目的原材料采购、设备加工制造等，剩余资金用于北京蓝景日常经营所需。项目期结束，北京蓝景在政府采购取暖设备获得项目回款后，按照信托合同约定，通过对债权部分向中航信托还本付息、股权部分按约定条件进行回购，实现公司的持续运营（图 4-8）。

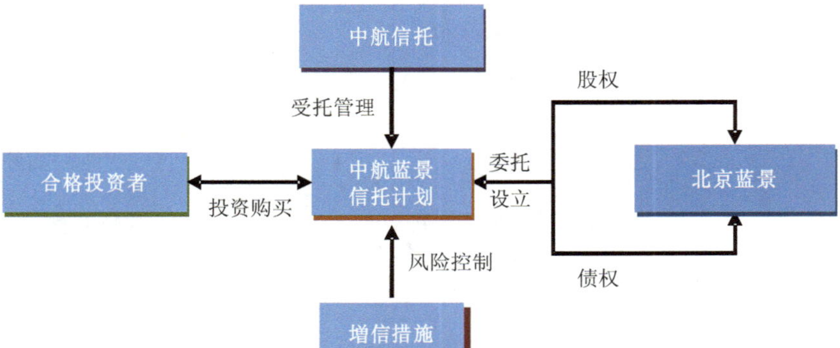

图 4-8 中航蓝景信托计划交易结构

第5章　清洁取暖改造技术路径

清洁取暖改造是指利用电、天然气、地热、生物质、太阳能、工业余热、清洁化燃煤（超低排放）、核能等清洁化能源，通过节能高效的技术，替代现有散煤取暖的改造。清洁取暖改造是一项系统工程，包括能源保障与加工处理，能源输配、转换和使用等诸多环节。其中，电力、天然气和热力等能源保障，以及电网、气网、热网等配套建设是决定清洁取暖改造技术是否可行的前提条件。室内采暖系统类型、建筑热工性能是决定室内环境热舒适性和运行能耗水平的重要因素，是清洁取暖改造实施的关键。本章梳理了目前常用的清洁取暖改造技术及其特点，对比分析了不同技术的建设成本和运行成本，进行典型案例分析，总结了清洁取暖改造技术经验。

5.1　常用的改造技术及其特点

目前，试点城市在工程建设中采用的清洁取暖改造技术已达40余种。根据清洁能源类型的不同，清洁取暖改造技术主要分为“煤改电”“煤改气”“煤改集中供热”和“煤改其他”4大类。本节重点对常用清洁取暖改造技术的技术原理、性能参数和特点进行介绍。

5.1.1　煤改电

常用的“煤改电”技术主要包括电加热和电驱动两类技术。

5.1.1.1　电加热技术

电加热是指将电能直接转化为热能进行供热。根据电能转化方式的不同，电加热通常可分为电阻加热、电感加热、电弧加热、电子束加热、红外加热和介质加热等。其中，在清洁取暖改造中应用是以电阻加热、红外加热等为主，上述技术具有加热速度快、结构简单、价格便宜、灵活方便等特点。但是，电加热是将高品位的电能直接转化为低品位的热能，其能源利用率较低，所以盲目推广会影响电网负荷特性、增加电网负担且影响日常用电。根据《民用建筑供暖通风与空气调节设计规范》（GB 50736—2012）等现行国家和行业标准规定，上述技术仅在符合下列条件时才可采用：供电政策支持；无集中供暖和燃气源，且煤或油等燃料的使用受到环保或消防严格限制的建筑；以供冷为主，供暖负荷较小且无法利用热泵提供热源的建筑；采用蓄热式电散热器、发热电缆等在夜间低谷时段进行蓄热，且不在用电高峰和平段时间启用的建筑；由可再生能源发电设备供电，且其发电量能够满足自身电加热量需求的建筑。目前，在“煤改电”工程建设中，主要采用的电加热技术包括直热式电加热和蓄热式电加热两类。

（1）直热式电加热技术

直热式电加热技术种类繁多，常见的包括电油汀、碳晶板、碳纤维、远红外等电暖器，以及发热电缆、电热水炉、电暖桌、壁画电热板等 10 余种（图 5-1）。虽然上述技术具有价格便宜、操作简单、使用方便等特点，但是由于其在使用中不节能、耗电多且运行费用高，北京市已于 2017 年开始在清洁取暖改造中明确提出“原则上严禁使用直热式电暖器设备”的要求。

（a）电暖器　（b）碳晶板　（c）发热电缆　（d）电热水炉

图 5-1　直热式电加热技术

（2）蓄热式电加热技术

蓄热式电加热技术主要应用在蓄热式电暖器上。该技术是以用户享受峰谷分时电价政策为前提的，其利用夜间电网低谷时段的低价电，在一定时间内完成电能向热能的转换和蓄存；在电网高峰时段，以辐射、对流等方式将蓄存的热量释放出来，以满足用户的取暖需求。目前，工程招标的蓄热式电暖器以固体蓄热为主，输入功率为 1.6～3.2 kW，北京、天津等城市明确提出“蓄热式电暖器出口温度应不高于 115℃，表面温度应不高于

75℃，蓄热率应不小于 75%”的要求。总体来看，蓄热式电暖器具有价格相对便宜、技术简单方便等特点，利用峰谷分时电价政策可以适当降低取暖费用，但是由于它不节能且效果有限，北京市已明确提出“限制使用蓄能式电暖器”的要求，仅可以在部分建筑面积较小的用户中应用。

5.1.1.2　电驱动技术

电驱动技术（即热泵技术）是一种采用电能驱动压缩机，利用蒸汽压缩制冷循环原理，将低品位热源中的热量转移到高品位热源用于供暖的技术。根据低品位热源的不同，分为空调和空气源热泵、地源热泵等类型。上述技术均可实现冬季供暖、夏季制冷等多种功能，具有高效、节能、经济等特点。

（1）空调和空气源热泵

空调和空气源热泵都是以空气为低品位能源的技术，但是空调是以制冷为主，而空气源热泵是以供暖为主，所以前者的供暖性能低于后者。目前，空调作为清洁取暖改造技术仅在山东南部和河南等部分城市有一定应用，而空气源热泵则是当前清洁取暖改造技术中最主要的技术，在试点城市中得到广泛应用。根据空气源热泵的结构特点，其还可以分为空气源热泵热水机和空气源热泵热风机，如图 5-2 所示。

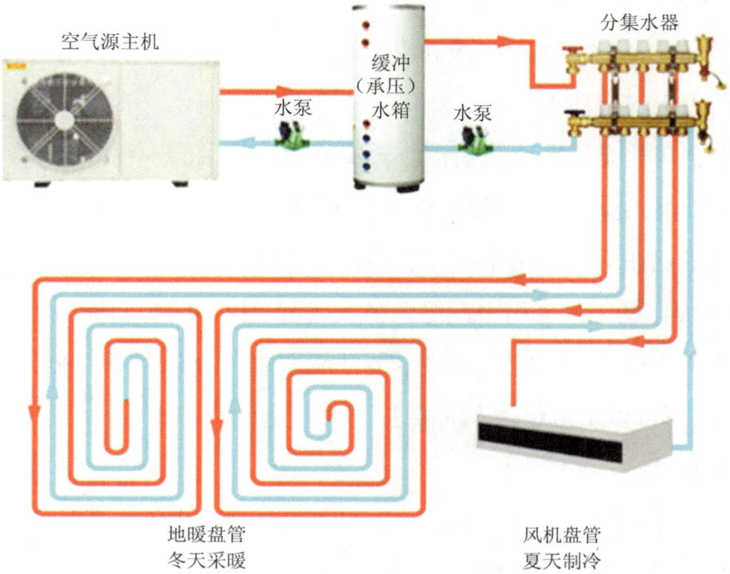

（a）空气源热泵热水机

（b）空气源热泵热风机

图 5-2　空气源热泵技术

空气源热泵热水机是以热水为热媒，将加热后的热水与室内供暖系统相连接进行供暖。目前，空气源热泵热水机在北京应用规模最大，在天津、山西、河北、山东等省份的部分城市也有应用，机组制热量为 5～14 kW，根据用户面积和负荷进行选用。在工程应用中，绝大多数城市在招标时明确提出“空气源热泵热水机在名义工况下能效比（COP）应大于 2.1，综合部分负荷性能系数［IPLV（H）］应大于 2.4，在 –20℃低温工况下无电辅助 COP 应不低于 1.6”的要求。在此基础上，北京市提出了更高的性能要求，即“名义工况下 COP 应大于 2.2，IPLV（H）应大于 2.6，在 –20℃低温工况下无电辅助 COP 应不低于 1.8，在不低于 –25℃工况下最高出水温度应不低于 50℃，在不低于 –30℃工况下热泵正常运行无须电辅启动”。

空气源热泵热风机是近年来随清洁取暖实施应运而生的一种新技术，通过冷媒将室外环境空气中的低温热量转移至室内空气中，通过高温冷媒与室内换热进行供暖。目前，空气源热泵热风机已在河南、山东等省份的试点城市得到大规模应用，选用机组的名义制热量为 3～4 kW。在工程应用中，绝大多数城市在招标时明确提出“空气源热泵热风机在名义工况下 COP 应大于 2.2，制热季节性能系数（HSPF）应不低于 2.8，在不低于 –25℃的环境温度下可以正常使用”的要求。

（2）地源热泵

地源热泵包括土壤源、地下水源、地表水源等类型，由于水资源保护等政策要求，目前在工程建设中以土壤源热泵的应用最为普遍，北京、山西、河北、河南等省份的城市均得到一定应用。受地质条件、冷热负荷平衡等因素的限制，加之初始投资相对较高，地源热泵在农村清洁取暖中的应用规模相对较小。根据《水（地）源热泵机组》（GB/T 19409—2013）等现行国家和行业标准要求，在工程应用中，冷热风型热泵机组综合性能系数应不低于 3.5，冷热水型热泵机组应不低于 3.8。

5.1.2　煤改气

目前，常用的“煤改气”技术主要包括燃气燃烧加热技术和燃气驱动技术两类。

5.1.2.1　燃气燃烧加热技术

燃气燃烧加热技术主要应用于燃气采暖热水炉（简称壁挂炉），是一种将天然气与空气预混后点火燃烧产生热量，利用换热系统将热媒水加热，通过水泵、室内管网和末端装置（散热器、风机盘管、地板辐射等）进行供暖的技术，如图 5-3 所示。目前，壁挂炉是清洁取暖改造中应用规模最大的技术之一，特别是在河北、山东等省份的部分城市得到规模化应用，采用的壁挂炉输入功率为 20～36 kW，根据建筑面积和负荷大小进行选用。一般来说，壁挂炉的能效等级应不低于 2 级，即额定热负荷下最低热效率为 88%，不大于 50%额定热负荷下最低热效率为 84%。其中，北京、天津等城市对壁挂炉提出了更高要求，要求采用冷凝式燃气采暖热水炉，能效等级为 1 级，即额定热负荷下最低热效率为 94%，不大于 50%额定热负荷下最低热效率为 92%、NO_x 排放指标不高于 50 mg/（kW·h）。

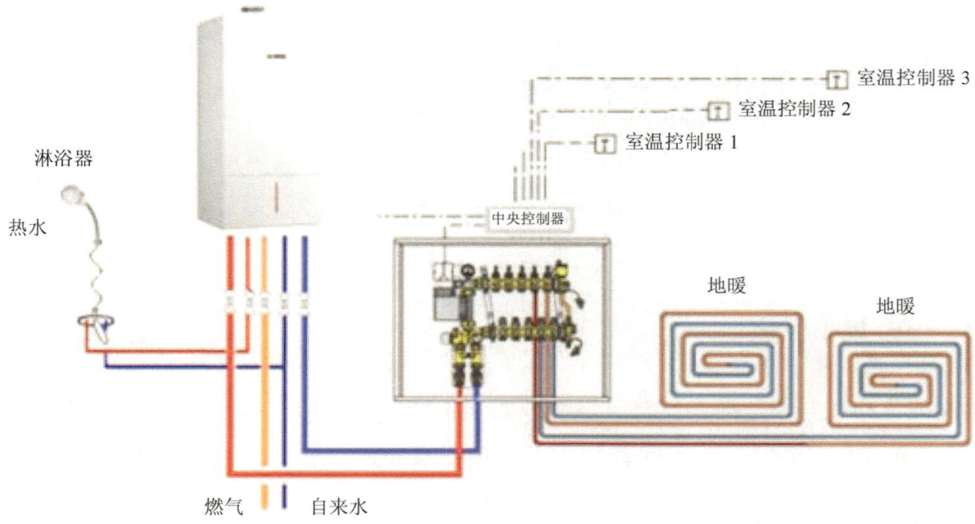

图 5-3　燃气采暖热水炉供暖系统

5.1.2.2　燃气驱动技术

燃气驱动技术主要是指吸收式热泵技术，与电驱动技术的工作原理不同。以溴化锂吸收式热泵为例，以燃气作为驱动，溴化锂溶液作为吸收剂，水为制冷剂，回收利用低温热源（如废热余热）的热能，制取供暖用的高温热水，实现从低品位热源向高品位热源输送热量的目的。吸收式热泵由发生器、冷凝器、蒸发器、吸收器和热交换器等主要部件及抽气装置、屏蔽泵（溶液泵和冷剂泵）等辅助部分组成，如图 5-4 所示。在城镇建筑中，燃气驱动技术已经在冷热电三联供中得到广泛应用；但是在农村建筑中，考虑到基础条件、使用安全等因素，应用极少，仅在北京山区等少数工程中进行试点示范。

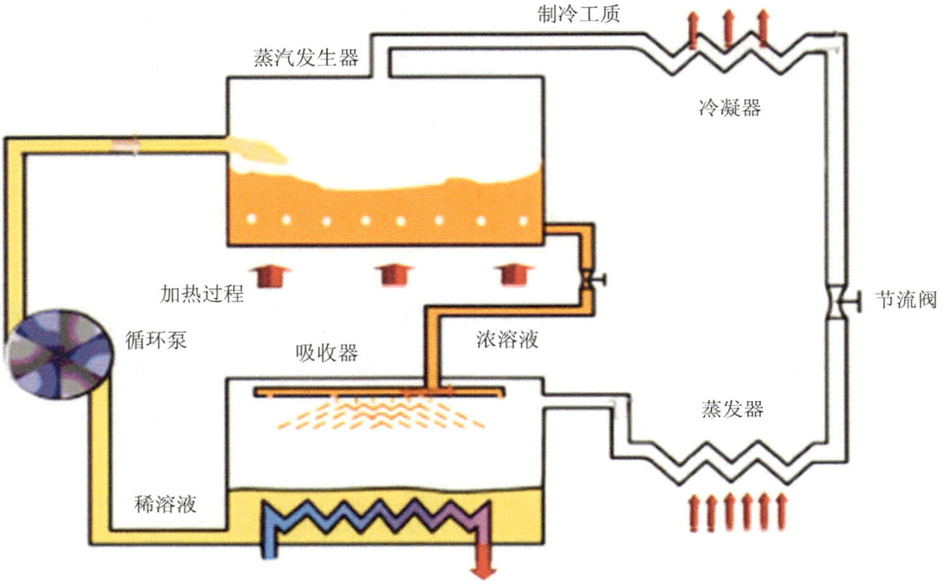

图 5-4　吸收式热泵系统

5.1.3　煤改集中供热

“煤改集中供热”是指将原有散烧煤或燃煤锅炉等取暖方式改造为符合排放要求的集中供热。对于农村地区，其主要是利用当地周边热源厂或新建能源站生产热能，通过新建热力管线将热量输送至各用户，与建筑室内供暖系统相连接，以实现集中供热的目的，如图 5-5 所示。目前，“煤改集中供热”的热源以煤炭清洁化利用技术为主（如热电联产等），还包括天然气、电、工业余热、地热能、生物质能、空气热能、太阳能、核能等多种能源。一般来说，“煤改集中供热”工程普遍需要稳定的热源、高效的管网及节能的建筑三个必备条件。目前，上述改造在农户上楼、新农村建设等工程中已取得一定成效；但是对于绝大部分北方农村而言，由于当地建筑过于分散、建筑保温性能较差、热网建设条件不佳等情况限制，“煤改集中供热”在农村清洁取暖改造中存在诸多水土不服的问题，存在投资高、收费难、效果差等现象。

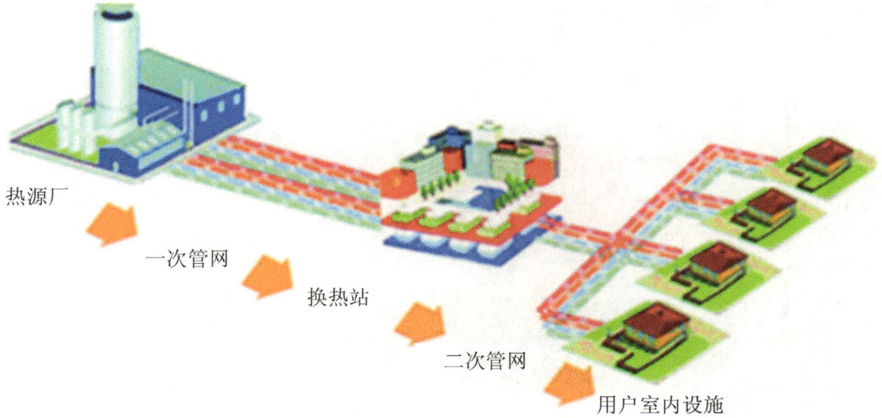

图 5-5　煤改集中供热

5.1.4　煤改其他

“煤改其他”技术主要包括太阳能多能互补供暖、生物质颗粒取暖炉供暖、醇基燃料取暖等技术。

5.1.4.1　太阳能多能互补供暖技术

太阳能多能互补供暖技术是指利用太阳能集热器将太阳辐射的热能收集并蓄存于储热水箱，采用电、天然气等能源作为辅助热源进行供暖，满足建筑内部用热需求的技术，如图 5-6 所示。在太阳能充足时，以太阳能为主进行供暖；在太阳能无法保证时，由辅助热源进行加热，保证供暖的持续稳定。目前，上述技术在北京、河北、山东等省份均有试点应用，采用真空管集热器或平板型集热器，集热面积为 10～20 m^2，蓄热水箱体积约 1 m^3，普遍采用电能作为辅助热源。由于太阳能资源禀赋、农村建筑结构安全和保温性能等因素限制，加之初始投资较高、运行控制复杂，太阳能多能互补供暖技术实际应用规模相对较小。

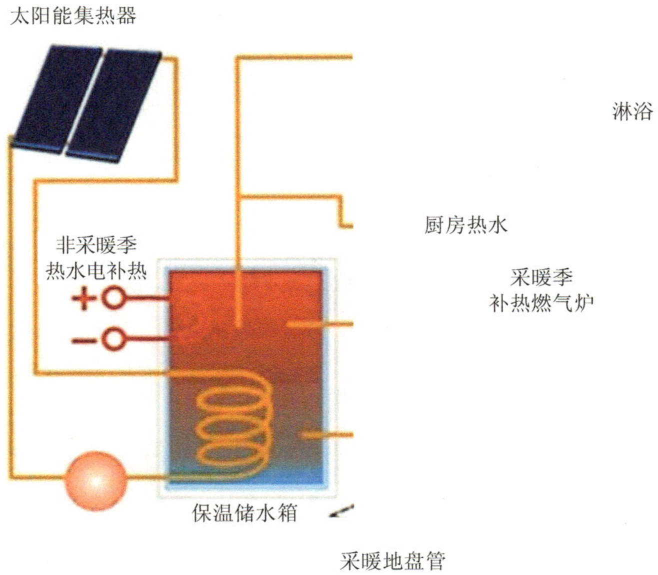

图 5-6　太阳能多能互补供暖技术

5.1.4.2　生物质颗粒取暖炉供暖技术

生物质颗粒取暖炉供暖技术是一种对生物质进行加工处理后，通过专用炉具进行燃烧产生热水或热风进行供暖的技术，如图 5-7 所示。上述技术需要生物质收集、储存、加工和运输等配套设施。根据《民用生物质固体成型燃料采暖炉具通用技术条件》（NB/T 34006—2011）等标准要求，其炉具热效率应不低于 70%，粉尘、二氧化硫、氮氧化物和一氧化碳排放浓度分别应不高于 50 mg/m^3、30 mg/m^3、150 mg/m^3 和 0.2%。在工程建设中，山东、河北、河南、山西等省份均有不同规模的应用，其中以山东省阳信县最具代表性。该供暖技术符合用户传统的取暖习惯，但是由于其污染物排放受炉具影响显著，减排效果参差不齐，同时资源禀赋条件也在一定程度上影响了其规模化的应用。

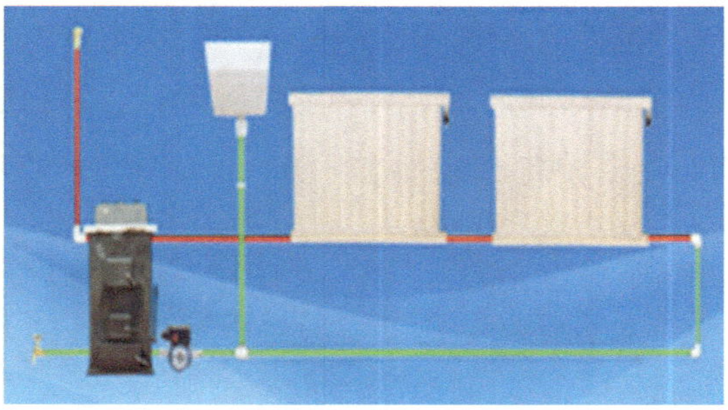

图 5-7　生物质颗粒取暖炉供暖系统

5.1.4.3 醇基燃料取暖技术

醇基燃料取暖技术是指利用专用设备将醇基燃料燃烧产生的热量加热热水进行供暖的技术。根据《农村民用醇基燃料清洁取暖、炊事通用技术要求》（DB13/T 5053—2019）的要求，其炉具热效率应不低于 85%，颗粒物、二氧化硫、氮氧化物和一氧化碳排放浓度分别应不高于 0.1 mg/m^3、0.01 mg/m^3、20 mg/m^3 和 0.05%。目前，在工程建设中，河北、山西、陕西等省份的部分城市对醇基燃料取暖有少量应用。

5.2 技术经济性

清洁取暖改造的技术经济性包括改造成本和运行成本两个方面。在改造成本上，本节通过梳理招标资料、总结典型工程经验及实地调研等途径，对清洁取暖技术的改造成本进行收集、统计和汇总。在运行成本上，建筑保温性能、室内采暖系统及居民用热习惯等因素均直接影响着运行成本，本节仅在保持与散烧煤同等能耗水平下进行对比分析。

5.2.1 改造成本

清洁取暖技术的改造成本即初始投资，主要包括基础设施建设成本和技术改造成本。其中，基础设施建设成本主要包括电、气、热等管网建设及新建热源厂、能源加工处理厂等建设成本；技术改造成本主要包括“煤改电”“煤改气”“煤改集中供热”“煤改其他”等取暖设备及其相关附件的购置成本。清洁取暖主要包括分散取暖和集中供暖两类。在此将对上述类型的清洁取暖改造成本分别进行介绍。

5.2.1.1 分散取暖

在分散取暖中，清洁取暖主要技术的改造成本见表 5-1。从综合改造成本上来看，“煤改气”配套设施和产品购置等成本最低，这也成为其在改造初期能够快速规模化推广的重要因素之一。对于“煤改电”来说，农村电网基础条件薄弱且改造成本过高，一定程度上限制了相关技术的应用；电加热技术改造成本相对较低，其在“煤改电”中应用规模相对较大，但是随着近年来社会对热泵技术认识的加深，空气源热泵热风机等技术的应用也呈快速增长趋势。对于“煤改其他”来说，太阳能和生物质能的应用受到资源禀赋条件的制约，其应用存在一定局限性；醇基燃料取暖改造成本相对较低，但是目前对其规模化应用仍存在争议。

表 5-1　分散清洁取暖主要技术产品的改造成本①

序号	类别		技术产品	改造成本	
				配套设施②/（万元/户）	产品购置③/（元/m² 取暖面积）
1	煤改电	电加热	电油汀电暖器	1.5～3.0	20～40
2		电加热	碳晶板	1.5～3.0	20～40
3		电加热	电热水炉	1.5～3.0	20～40[4]
4		电加热	壁画电热板	1.5～3.0	20～40
5		电加热	电暖桌	1.5～3.0	20～40
6		电加热	蓄热式电暖器	1.5～3.0	100～120
7		电驱动	空调	1.5～3.0	80～100
8		电驱动	空气源热泵热水机	1.5～3.0	180～240④
9		电驱动	空气源热泵热风机	1.5～3.0	160～200
10		电驱动	地源热泵	1.5～3.0	300～350④
11	煤改气	燃烧	壁挂炉	0.4～0.8	40～100④
12	煤改其他	—	太阳能+电加热	1.5～3.0	250～300④
13		—	太阳能+空气源热泵	1.5～3.0	400～450④
14		—	生物质颗粒取暖炉	—	100～150④
15		—	醇基燃料取暖设备	—	40～60④

注：① 由于统计样本有限，改造成本数据可能与部分实际工程存在一定偏差；
② 配套基础设施费用主要以电、气等管网建设成本为主，根据当地实际情况存在波动；
③ 产品购置安装费用主要以技术产品的采购成本为主，由于产品能效、排放指标等性能不同，其存在波动；
④ 上述成本中未包含室内供暖系统改造等成本。

5.2.1.2 集中供暖

在集中供暖中，清洁取暖主要技术的改造成本见表 5-2。对于集中供热来说，管网建设是其重要的改造成本之一，特别是在农村地区，由于受到基础条件的限制，其建设成本往往要比城镇高 1 倍以上。目前，热电联产、工业余热等是最经济实惠、节能高效的集中供热热源，投资少、收益高。对于地热能、生物质能、空气热能等能源，因其受到资源禀赋条件限制，资源条件越好、热源建设成本越低，越需要因地制宜地选用。

表 5-2　集中清洁供暖主要技术产品的改造成本①

序号	技术名称/产品	改造成本/（元/m^2 建筑面积）	
		热源建设②	管网建设③
1	超低排放热电联产	—	50～120
2	燃气锅炉	30～50	50～120
3	水热型地热能	80～140	50～120
4	土壤源水泵	180～220	50～120
5	水源热泵	100～140	50～120
6	污水源热泵	80～120	50～120
7	空气源热泵	60～120	50～120
8	电锅炉	60～90	50～120
9	生物质锅炉	50～100	50～120
10	生物质热电联产	—	50～120
11	工业余热	—	50～120

注：① 由于统计样本有限，改造成本数据可能与部分实际工程存在一定偏差；
② 考虑到热电联产、工业余热等是以发电或生产为主，以供热为辅，且改造成本极低，故这里未计入热源建设成本；
③ 管网建设成本包括一次管网、二次管网的建设成本 。

5.2.2　运行成本

目前，我国城市集中供热价格均由政府统一定价，未按能源类型实行差异化价格；且价格调整滞后、长期供热价格倒挂，无法反映真实供热成本。本节仅对分散清洁取暖的运行成本进行探讨。

典型分散清洁取暖改造技术的运行成本情况见表 5-3。由于建筑保温性能、室内采暖系统形式和用户行为习惯等因素的差异，分散清洁取暖技术在采暖季期间能源消耗和运行成本在一定区间内波动。但是总体上来看，在不考虑财政补贴和价格优惠等政策的情况下，电驱动技术（空气源热泵热风机、空气源热泵热水机和地源热泵）与壁挂炉的运行成本基本相当，比其他技术运行费用要低一些；生物质颗粒取暖炉运行成本略高，最高的为电直热技术（蓄热式电暖器、蓄热式热水炉等）。但值得注意的是，无论采用哪一种清洁取暖技术，与散烧煤相比其运行成本均有明显提升。

表 5-3　分散清洁取暖技术实测能源消耗情况和运行成本

序号	技术名称	能源价格	能源消耗	运行成本/（元/m^2）
1	蓄热式电热水炉	0.5 元/（kW·h）	140～160 kW·h/m^2	70～80
2	蓄热式电暖器	0.5 元/（kW·h）	90～120 kW·h/m^2	45～60
3	空气源热泵热水机	0.5 元/（kW·h）	40～80 kW·h/m^2	20～40

序号	技术名称	能源价格	能源消耗	运行成本/（元/m^2）
4	空气源热泵热风机	0.5 元/（kW·h）	20～80 kW·h/m^2	10～40
5	地源热泵	0.5 元/（kW·h）	30～70 kW·h/m^2	15～35
6	壁挂炉	2.5 元/m^3	10～14 m^3/m^2	25～35
7	太阳能+电加热	0.5 元/（kW·h）	120～140 kW·h/m^2	60～80
8	生物质颗粒取暖炉	1.2 元/kg	20～40 kg/m^2	24～48

注：由于部分技术统计样本量有限，数据可能存在一定偏差。

5.3 典型案例

考虑到气候、人口、地理、经济、建筑、能源等因素的差异，每个城市都是一个独特的个体，在清洁取暖改造中，都应因地制宜地分析选择适宜的技术路径。本书选择北京市、鹤壁市、阳信县和雄县作为典型案例进行总结分析，供后续推进清洁取暖改造工作参考借鉴。

5.3.1 北京市

北京市是实施清洁取暖改造最早的城市，经历了从建筑到热源，从集中到分散，从城市到农村，从居建到公建的发展历程，农村清洁取暖改造是北京市清洁取暖推进过程中启动最晚的一项工作（图 5-8）。北京市实施农村地区清洁取暖改造具有以下主要特点：①有经验。2001—2012 年，北京市相继实施城镇集中供热“煤改气”、既有居住建筑节能改造、核心区“煤改电”工程等专项工作，在实践中积累了丰富的经验，对清洁取暖工作具有较深的认识。②有基础。2006 年以来，北京市结合农村危房改造等专项，推进农村地区建筑能效提升，鼓励新建节能农宅、既有农宅节能改造试点，让用户认识到建筑节能的重要性，也在一定程度上降低了农宅建筑的热需求。③有支撑。北京市依托清华大学等专业机构，在农村地区清洁取暖规模化实施前，就对农村冬季取暖现状进行了深入调研，覆盖 3 500 余个村，掌握了丰富的一手数据，同时结合当地情况，对不同技术进行技术经济性分析和筛选。④有方法。2013 年以来，北京市首先选择基础条件较好的平原农村为重点，经过两年多不同技术类型的试点示范，综合考虑技术性能和运行成本等因素，确定技术路径并规模化推广，且逐年进行政策措施和技术路径的调整。⑤有保障。北京市主要通过政府财政补贴解决农村地区清洁取暖资金筹措等问题，为相关工作实施提供了保障。本节重点对 2013 年以来，北京市农村地区冬季清洁取暖技术路径演变与发展情况进行介绍。

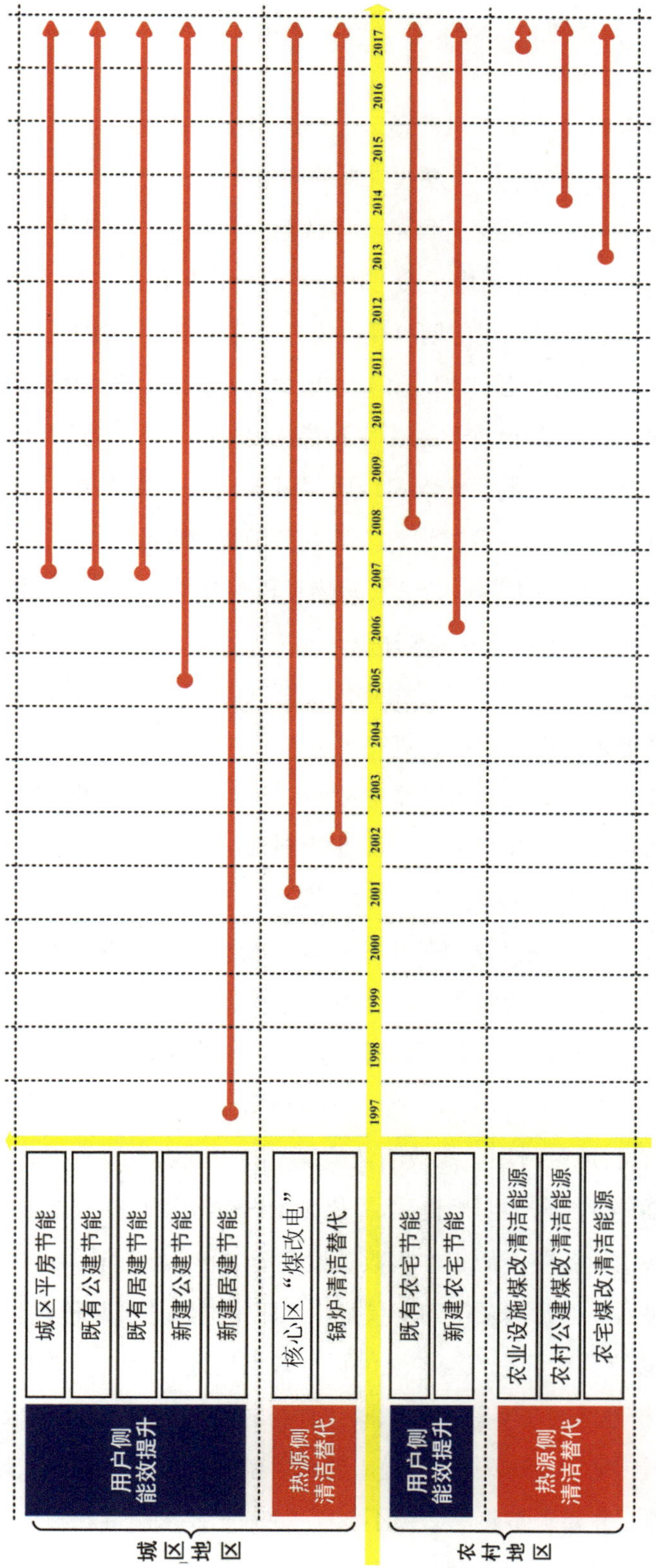

图 5-8　北京市冬季清洁取暖的发展历程

5.3.1.1 技术路径

北京市清洁取暖技术路径的演变与发展是一个逐年试用成熟技术、不断推广新技术并淘汰落后技术的过程。在慎重推广“煤改气”的同时，积极探索“煤改电”的应用。

2001—2012 年，北京市在核心区开展的“煤改电”工作中，由于受房屋居住条件及当时技术条件的限制，鼓励民众使用电采暖产品，当时使用的绝大多数为蓄热式电暖器。随着我国分户电采暖技术的发展，在前期“煤改电”工作基础上，2013 年北京市正式启动农村地区“减煤换煤，清洁空气行动”，开始按照“试点先行，逐步推开”的路线方针开展工作，实施“减煤换煤”的 14 个区对不同种类的电采暖方式进行试点示范。2013 年 11 月，顺义区印发的《关于印发顺义区农村地区“减煤换煤”清洁空气行动实施方案的通知》（顺政办发〔2013〕31 号），要求通过安装高效节能取暖设备（包括安装蓄热式电暖器、发热电缆、电热膜、碳晶电热板、空气源热泵和碳纤维 6 种）替换传统散煤取暖，实施农村取暖“煤改电”，并决定当年在木林镇、龙湾屯镇、赵全营镇、李桥镇、北务镇各选 6 户进行试点。2014 年，昌平区选择电锅炉、空气源热泵（单热）、蓄热式电暖器、发热电缆和电热膜 5 种电采暖设备开展试点，涉及 4 个镇、7 个村、1 467 户居民。其中，蓄热式电暖器占 50%以上，电锅炉、空气源热泵（单热）、发热电缆和电热膜各占 10%左右。经中国热泵产业联盟统计，2015 年在北京市农村地区 5 万户的“煤改电”总量中，低温空气源热泵装机总量约为 5 844 台套，约占北京市当年“煤改电”总量的 12%。除上述技术外，2016 年以前，大兴区试点使用直热式电暖器取暖，怀柔区少量试点采用电热碳轨技术，平谷区试点采用相变储热技术，还有部分区选择地源热泵技术。

随着农村地区冬季清洁取暖工作的不断推进，各种技术路径的利弊显现了出来。在对各项技术利弊权衡的基础上，2016 年 4 月，北京市新农村建设领导小组综合办公室印发的《北京市 2016 年农村地区村庄“煤改清洁能源”和“减煤换煤”相关推进工作指导意见》（京新农办函〔2016〕3 号）明确提出，“原则上严禁使用直热式电取暖设备，要求各区推广热泵和多能联动设备要不低于本区取暖设备的 80%”。当年，北京市 14 个区基本禁止应用直热式电暖器，地源热泵得到少量推广，而空气源热泵装机总量比 2015 年快速增长，增幅达 28 倍以上。鉴于空气源热泵的运行效果良好，2017 年 2 月，北京市印发的《北京市 2017 年农村地区村庄冬季清洁取暖工作推进指导意见》（京新农办函〔2017〕4 号），再次对“煤改电”技术路线进行明确，要求“禁止推广使用直热式电取暖设备，限制使用蓄能式电暖器，并要求蓄热率必须不低于 75%”。要求引导农村地区村庄住户使用空气源热泵、地源热泵等高能效低排放的取暖设备，原则上空气源热泵要采用环保冷媒，鼓励使用变频式空气源热泵、“太阳能+辅助加热”设备，以及“多能联动、多热复合、多源合一”的新技术、新设备；各区推广热泵和“多能联动”类设备不低于本区取暖设备的 80%。至此，北京市基本形成以空气源热泵为主、壁挂炉为辅，蓄热式电暖器、地源热泵为补充的农村地区清洁取暖技术路径（图 5-9、图 5-10）。同时，北京市农村地区清洁取暖的政策措施也随技术路径的变化逐年进行调整，进一步推动相关工作的深入开展。

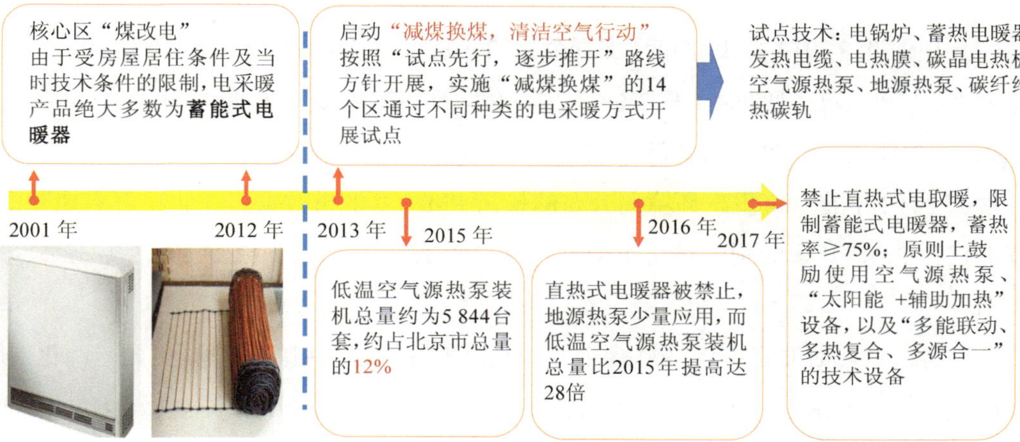

图 5-9　北京市农村地区清洁取暖技术路径的演变与发展

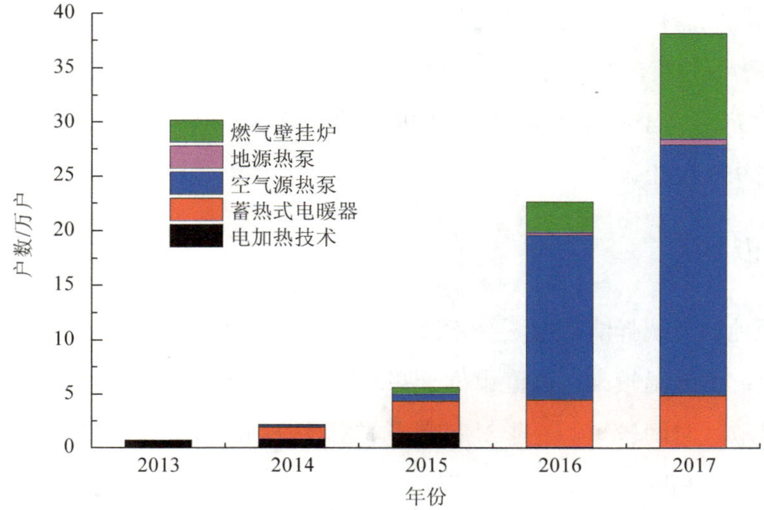

图 5-10　2013—2017 年北京市农村地区不同清洁取暖技术路径的户数

5.3.1.2 实施成效

通过政策措施和技术路径的不断完善和优化，北京市冬季清洁取暖在舒适性、环保性、经济性和节能性上均取得显著成效，得到居民的认可。

（1）舒适性。对最冷日室内温度的测试和采暖季室内温度的调研结果显示，改造后，用户的室内平均环境温度均超过 16℃，普遍可达 18℃左右，完全可以满足农户的取暖需求。以空气源热泵供暖系统采暖为例，95.8%的农户对该系统的采暖效果、运行费用表示满意。

（2）环保性。2014 年北京市环保局公布的北京市 $PM_{2.5}$ 源解析数据显示，北京市本地源 $PM_{2.5}$ 占 $PM_{2.5}$ 总量的 64%～72%，其中，燃煤源占 22.4%、移动源占 31.1%、工业源占 18.1%、扬尘源占 14.3%、其他源（餐饮、烧烤等）占 14.1%。经过多年的清洁取暖改造，根据 2018 年北京市生态环境局公布的最新 $PM_{2.5}$ 源解析数据，在北京市本地源中，燃煤源仅占 3%，其余分别是移动源 45%、扬尘源 16%、工业源 12%、生活源 12%、其他 12%。

（3）经济性。对北京市近 400 家农户改造后实际运行费用的监测数据显示，北京市主要的技术类型包括空气源热泵、地源热泵、蓄热式电暖器和燃气壁挂炉，2017 年采暖季实际平均运行成本（补贴后）分别为 17.2 元/m^2、11.2 元/m^2、22.7 元/m^2 和 29.8 元/m^2。与改造前相比，取暖成本基本相当。

（4）节能性。经过技术路径的不断完善和优化，截至目前，北京市形成了以空气源热泵为主、以燃气壁挂炉为辅，因地制宜应用地源热泵、蓄热式电暖器等的技术路径。从运行数据来看，北京市空气源热泵采暖季运行 COP 可达 2.20 以上，折合一次能源利用率达到 70%，远远高于散煤燃烧效率；同时，北京市推广使用冷凝式燃气壁挂炉，其热效率也能达到 95%以上。

5.3.2 鹤壁市

鹤壁市因地制宜选择清洁取暖技术路径。在实施清洁取暖改造中，鹤壁市主要具有如下几个特点：①气温较高。鹤壁市位于寒冷地区和夏热冬冷地区的过渡区域，冬季取暖需求较弱且取暖时间较短，夏季对制冷需求相对较高。②人口少。与其他冬季清洁取暖试点城市相比，鹤壁市辖域较小，现辖 5 区 2 县，总人口 165 万人，改造任务相对较轻。③有支撑。鹤壁市在启动清洁取暖试点之初，依托清华大学、中国建筑科学研究院、河南省建筑科学研究院等专业机构对当地清洁取暖技术路径进行研究分析，试点先行、逐步推广，因地制宜不断完善技术路径。④有保障。2016 年，鹤壁市人均 GDP 为 47 908 元，位居全省前列。由于经济相对较好、人口相对较少，加之在中央和地方财政的共同作用下，清洁取暖改造资金得到了有效保障。

5.3.2.1　技术路径

鹤壁市位于河南省北部，属暖温带半湿润季风气候，年平均气温 14.5℃，1 月最冷，平均气温 –0.8℃，极端温度可达 –11℃。鹤壁电力资源丰富，2017 年全市发电总装机容量达到 386 万 kW，其中火电装机容量达到 339 万 kW，可再生能源发电装机容量达到 47 万 kW。同时，作为全国重要的粮食、禽类产地，鹤壁市秸秆、禽畜粪便、林业废弃物、能源林等生物质资源丰富，农作物秸秆总量约 200 万 t/a，林业废弃物约 35 万 t/a。鹤壁市村镇分布广，常规供热管网难以全部覆盖。

（1）立足实际，因地制宜制定技术路径。按照“安全、环保、节能、高效、经济”的技术原则，一次规划，分步实施，鹤壁市制定了符合全市实际、技术可行、居民欢迎的清洁取暖技术路径，即从“热源侧”和“用户侧”两端发力。在“热源侧”方面，依据鹤壁冬季用能结构、取暖习惯和资源禀赋等实际情况，制定了《鹤壁清洁取暖技术推广目录》《鹤壁清洁能源替代散煤供暖技术导则》，按照“城市实施热电联产集中供暖，城郊村、普通村推广应用空气源热泵热风机为代表的节能高效电取暖设备，偏远山区、小型、生物质能较丰富的村推进生物质炉取暖”的工作原则，引导住户尤其是农村居民使用“多热复合、多源合一”的技术和设备，重点推广使用低温空气源热泵热风机、热水机、生物质成型燃料等取暖方式，确保城镇和农村取暖系统更清洁、更优化、更节能。在“用户侧”方面，同步推进城镇和农村建筑能效提升改造，降低“用户侧”能耗，并优先对乡镇公益性建筑和新型农村社区进行提升改造，农宅节能保温改造后能效提升超过 30%，确保在当地气候条件下，实现居民清洁取暖年运行成本与用煤取暖成本基本持平，实现了清洁取暖的可持续性。

（2）科学确定“六个一”建设与管理模式。鹤壁市基于当地的气候条件、能源资源条件和农宅建筑结构，探索确定推进技术路径和建设标准，逐步形成“六个一”的鹤壁标准建设管理模式，具体包括：整村推进且明确 1 个技术路径和品牌产品，有利于运营维护一体化；遵循 1 套技术标准，河南省建筑科学研究院等机构结合鹤壁市的实际情况，按照能效提升前后对比不能低于 30%，设计出 7 种农房基础模型，同类型农房采用 1 套标准；针对“热源侧”和“用户侧”能效提升，每户改造费用均控制在 1 万元，而居民承担费用小于总费用的 1/4，成本控制在政府和居民可承受范围内；通过实施低温空气源热泵热风机或生物质供热两种模式，确保居民清洁取暖年运行成本控制在 1 000 元左右；设备操作一键化，主要考虑到农村老人和孩子在家，便于操作；管理平台一体化，取暖设备按照数字化管理，简化运维。

（3）创新补贴机制，合理运用补助资金。围绕“散煤如何清”“资金哪里筹”“农村怎么办”等关键环节，印发《鹤壁市冬季清洁取暖试点项目招投标工作指导意见（试行）》（鹤清洁取暖〔2018〕1 号）《鹤壁市冬季清洁取暖试点项目验收暂行办法》（鹤清洁取暖〔2018〕4 号）《鹤壁市冬季清洁取暖试点建设考核办法（试行）》（鹤清洁取暖〔2018〕3 号）《鹤壁市冬季清洁取暖专项资金管理暂行办法》（鹤清洁取暖〔2018〕2 号）《鹤壁市冬季清洁取暖建设资金筹集及分配方案》（鹤清洁取暖〔2018〕7 号）等一系列配套政策性文件，确定财政资金只针对清洁取暖改造初期成本进行补贴，不再补贴运维成本，基本形成了“补初装不补运行”的财政补贴机制，极大地调动了农民安装清洁取暖设备的积极性，同时提高了节约用能的主动性。

（4）探索市场化运作新模式。发挥政府引导、市场主导作用，积极鼓励采用 PPP、BOT 等模式，推进城区、城乡接合部集中供热和分布式供热工程建设；农村地区探索多元投入，发挥中央和地方财政资金引领作用，激发企业参与农村取暖建设和服务的积极性，并且要求农民合理承担部分建设成本。

（5）搭建服务平台，促进持续运营。搭建管理信息化平台，确保 2 小时上门服务，4 小时解决处理投诉、维修和咨询问题，确保项目运行平稳。同步定期实施考评，将设备、供热等企业的投诉率、供热质量、环保效果等列为考核指标，并与享受政府补贴和扩大市场规模挂钩，定期公布考评结果并对不达标企业予以处罚。

5.3.2.2 实施成效

按照以上技术路径，鹤壁市农村在“热源侧”及“用户侧”同步改造建设，户均成本控制在 1.45 万元左右（“热源侧”平均 8 500 元左右、“用户侧”平均 6 000 元左右），老百姓初始投资支付不超过 4 000 元；其中，农房外墙保温改造，农民实际承担费用基本约为 1 500 元/户（要求和鼓励农民自行更换节能门窗）；在热源清洁化改造方面，农民实际承担费用约为 2 500 元/户，充分调动了农村群众参与清洁取暖建设的积极性。根据理论测算，单台低温空气源热风机平均耗电 0.56～1 kW·h（农户平均取暖季使用 100 d、每天使用 8～10 h），冬季农民户均取暖成本为 800～1 200 元；生态环境部环境规划院 2018 年开展的入户调查，700 多份调查问卷显示，鹤壁市实施“煤改电”的居民采暖季平均每月用电量为 337 kW·h，按照未补贴运行计算，每月应支付电费 189 元，取暖季支付平均不超过 800 元。无论是初始投资还是后期运行使用，均在老百姓承受范围内。

2017—2018 年，鹤壁市实现农村“煤改电”2.3 万户，整村推广低温空气源热泵热风机技术，安装低温空气源热泵热风机 1 849 户，安装数字智能化生物质取暖炉 100 户；铺设农村燃气管道 112 km，新接通天然气行政村 98 个，发展农村用户 1.43 万家，初步形成“气做饭、电取暖”的清洁用能结构；累计改造 60 个村的农村电网，农村电网供电能力进一步提升，清洁取暖成效显著。

5.3.3 阳信县

阳信县隶属山东省滨州市，是京津冀及周边大气污染传输通道“2+26”城市所辖县，其立足自身优势，因地制宜、统筹谋划，试点实施生物质清洁取暖，探索了一条低碳环保、生态循环的清洁取暖新路径。在实施清洁取暖改造中，阳信县主要具有如下几个特点：①有资源。阳信县是鸭梨之乡，又是传统的木器制造、肉牛养殖大县，有梨树、秸秆、牛粪、木器下脚料等丰富的生物质资源，为生物质取暖提供了充足的能源保障。②有规划。阳信县编制了《阳信县冬季生物质清洁取暖总体规划（2018—2022 年）》，分步实施，有序推进。③有支撑。与中国农村能源行业协会等专业机构进行合作，深入考察和研究，因地制宜选择生物质清洁取暖技术路径。④有保障。阳信县是山东省生物质能源推广应用试点县，又是北方地区冬季清洁取暖试点城市所辖县，享受中央、省级的资金补助及市县两级资金配套补贴，为生物质清洁取暖的资金筹措提供了保障。

5.3.3.1 技术路径

阳信县地处中纬度，属于暖温带季风型大陆性气候，四季分明，年均日照时数 2 704.2 h，年均日照为 65%，光照充足；历年年均气温 12.3℃，最冷月在 1 月，冬季室外平均温度为 −7.6℃，冬季取暖约 120 d。阳信县共有 854 个行政村，农户约 11 万户。阳信县是山东省尚未实现集中供热的县区之一，长期以来，农村居民冬季取暖主要依靠低效炉具，燃烧散煤取暖，城区冬季主要采用燃气壁挂炉取暖。2017 年，阳信县以“煤改气”为主实施清洁取暖改造 1.2 万户，但是由于城区和农村双重供暖需求，出现群众气源短缺“用不上”、燃气价高“用不起”、改气不用气、只做饭不取暖等现象。为解决上述问题，阳信县在清洁取暖技术路径上进行了积极的探索与尝试。

（1）立足实际、聚焦民生，深入论证技术路径。阳信县生物质资源丰富，生物质燃料生产工艺成熟。据统计，阳信县 10 万亩梨园剪枝可供原料 5 万 t、55 万亩耕地年产秸秆 80 万 t、木器加工企业每年可供应锯末 10 万 t，作为养牛大县，全县存栏肉牛 27 万头、年出栏 26 万头，每年可产鲜牛粪 150 多万 t。县域内相关企业在木质颗粒、畜禽粪污等成型燃料方面的生产工艺日趋成熟；拥有全省循环经济示范企业，在生物质热电联产方面具有专利技术，正在实施的 50 万 t 农业秸秆能源化综合利用项目，可产生 100 万 t 蒸汽的供热能力。无论是资源禀赋条件还是技术应用方面，阳信县都具备发展生物质清洁取暖的独特优势。以当地资源禀赋和产业发展情况为基础，阳信县积极与中国农村能源行业协会等机构对接，以生物质能为突破，相继编制《生物质能源用于阳信冬季采暖的可行性报告》《滨州市阳信县生物质能源推广应用示范工程实施方案》《阳信县冬季生物质清洁取暖规划（2018—2022 年）》等文件，深入论证清洁取暖技术路径，为阳信县生物质清洁取暖的快速发展奠定基础。

（2）智能管理、分块推进，有序推进生物质清洁取暖工作。阳信县依托“智慧阳信”社情民意大调研数据库，以乡镇（街道）为单位组建燃料销售中心和货物配送中心，开发生物质燃料购买 App 软件，建立 7 处区域性废弃物回收中心，群众可将家庭生产生活中产生的废弃木材、秸秆、粪污在就近回收点置换生物质燃料，推动形成农业生产废弃物收集、转换、应用智能化闭链循环。同时，阳信县打造三大板块：“中部板块”立足梨园、肉牛养殖优势，在经济开发区打造全县生物质燃料取暖改造综合平台和生产基地，建设木质颗粒成型燃料、畜禽粪污成型燃料两大生产线；“东部板块”以水落坡古典家具特色小镇为依托，利用民俗文化产业园区古家具产业废弃木材资源，建设木质颗粒成型燃料生产线；“西部板块”以县域科技公司为依托，发展生物质能源热电联产余热供暖。另外，根据居民用户的实际需求，推广 5 种符合居民传统习惯的炊暖两用炉具，择优推行“木质颗粒成型燃料+环保专用炉具”分散取暖、“畜禽粪污成型燃料+环保专用炉具”分散取暖和生物质能源热电联产余热集中供暖 3 种模式，基本实现县域全覆盖。

（3）科学评估、跟踪调查，逐步完善技术路径。在生物质清洁取暖方面，阳信县组织相关人员赴河北等先进地区考察学习，总结成功经验和做法，委托国家煤炭质量监督检验中心等机构分别对生物质燃料、专用炉具进行检测，确定符合标准的炉具名单，并向社会公开，确保环保、质量、工艺等各项数据达标。2018 年委托中国环境科学研究院有关专家历时 14 天，现场对 4 种不同生物质成型颗粒燃料（图 5-11）和 6 种生物质炉具进行全方位监测，逐步完善技术路径。为进一步减少农户生物质清洁取暖的运行费用，阳信县于 2019 年开始对农村农房进行节能改造，进一步改善建筑保温性能，提升清洁取暖综合效益。

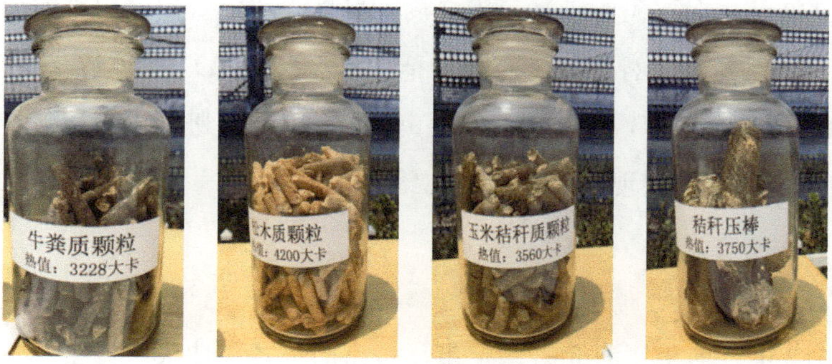

图 5-11　生物质成型颗粒燃料

（4）总结经验、加强宣传，营造良好社会氛围。阳信县积极总结经验，扩大宣传力度，让生物质清洁取暖技术深入人心，让农户了解优惠政策。对不同炉具的性能进行展示和介绍，让居民可以直观地了解生物质清洁取暖炉具的特点，根据自身需求，选择适宜的技术产品。此外，阳信县还依托“初心工程”，选拔 3 000 名优秀党员干部，每人负责长期联系服务农村群众 30 户左右，确保用户生物质清洁取暖会用、用好。

5.3.3.2　实施成效

通过“木质颗粒成型燃料+环保专用炉具”分散取暖、“畜禽粪污成型燃料+环保专用炉具”分散取暖和生物质能源热电联产余热集中供暖 3 种模式，2017—2018 年，阳信县共计实施生物质改造 2.5 万户；其中，生物质燃料+专用炉具户式取暖方式占 75%，约 1.875 万户。截至 2018 年年底，已建成年生产能力 4 万 t 和年生产能力 1 万 t 的生物质颗粒燃料企业各 1 家，建成年生产能力 5 万 t 的牛粪成型燃料资源循环利用项目 1 个，建成两炉二机 30MW 热电联产项目 1 个。

通过实施生物质取暖改造，阳信县在节能减排、拉动经济和改善民生方面取得显著成效。在节能减排方面，木质、牛粪颗粒燃料有效解决了农村废弃物随意堆放、规模化养殖产生的巨量粪污的处理问题；颗粒燃烧后产生的草木灰钾含量高，可作为有机肥替代化肥，实现循环利用。在拉动经济方面，培育了新兴生物质产业，按资源禀赋条件，全县秸秆、牛粪、树枝、锯末资源可生产颗粒燃料 100 万 t，均价约 1 200 元/t，仅颗粒生产产值就可达 12 亿元，与之配套的原料收集、炉具生产产值更大，成为促进经济增长的新动能。在改善民生方面，生物质清洁取暖让农户负担减轻。相比“煤改气”“煤改电”，生物质清洁取暖改造成本低，使用过程中每吨生物质燃料政府补贴 20%，采暖季每吨生物质燃料价格为 1 200 元，按照每个采暖季 2 t 使用量计算，每户得到补贴 480 元，居民实际需支付 1 920 元，在居民可承受范围之内。另外，部分农户采用“地头加工”或“折量兑换”的方式，以玉米秸秆为例，亩产鲜秸秆（含水 70%）1 750 kg 左右，可转化颗粒 350 kg 左右，若是 3 口之家，人均耕地 1.5 亩，就有 4.5 亩耕地可转化颗粒 1 575 kg，只需支付一定加工费，就能实现供暖原料的自给自足。

5.3.4 雄县

雄县在 2017 年之前隶属河北省保定市，是京津冀及周边大气污染传输通道“2+26”城市所辖县，其立足实际、因地制宜推广城镇地热能集中供暖，打造了“雄县模式”。在实施清洁取暖改造中，雄县主要具有如下几个特点：①有资源。雄县地热能资源具有面积广、储量大、埋藏浅、温度高、水质优等突出特点，为地热能清洁取暖的应用提供了条件。②有支撑。依托中国石化集团新星石油公司等专业机构，整合优势资源，论证技术方式，科学推进地热能清洁取暖。③有规划。出台了《地热开发利用专项规划》，按照“保护性开发资源、生态文明建设、绿色低碳经济发展”等理念进行实施，实现地热能清洁取暖的可持续性。

5.3.4.1 技术路径

雄县位于河北省中部平原地区，县域 524 km^2，人口 39.2 万，县城建成面积 12.1 km^2，城区人口 8.2 万，是国家能源局“新城镇、新能源、新生活”行动计划的首个试点县。雄县开发地热能已有近 40 年历史，但是早期由于受资金、技术、人才等瓶颈的制约，存在分布广且散、管理水平粗放、资源利用效率低等问题，地下水位持续下降，资源安全、环境安全及可持续发展受到严重威胁。为解决上述问题，雄县于 2009 年引入专业机构开展全面建设雄县地热供暖项目。经过多年的共同努力，雄县地热资源开发利用走上科学、规范、可持续开发的新路子（图 5-12）。

图 5-12 雄县地热能集中供热热力站

（1）政府主导、市场运作，实现地热产业规范发展。雄县政府高度重视地热资源管理，大力支持企业科学开发地热资源，对全县地热资源实行“三统一”，即统一规划、统一开发、统一管理。成立地热管理办公室，理顺管理体制，统一地热资源管理，在征地、市政工程、税收、环保、水电价格等方面给予政策优惠。政府将雄县地热资源授予企业整体开发，由企业在政府主导下按照“整体规划、分步实施、综合利用、良性发展”的原则，采用“投资—建设—运营”的模式及时配套建设地热供暖设施，科学、合理地开发地热资源。

（2）摸清底数、整体规划，科学开发雄县地热资源。在地热开发利用前，雄县对当地地热资源进行全面评估，掌握了当地资源的总体特点：面积广，基岩热储面积为 320 km^2，占县域面积的 61%，占牛驼镇地热田总面积的 50%；储量大，地热水储量达 821.78×10^8 t，相当于 6.63×10^8 t 标准煤；埋藏浅，热储埋深 500～1 200 m，便于开发利用；温度高，热储层温度为 92～118℃，出水温度为 55～86℃；水质优，地热水一般为氯化物碳酸钠型水，矿化度一般为 0.5～2 g/L，并且富含锂、锶、碘、锌、钾等多种微量元素，达到国家医疗热矿水标准，具有很高的医疗价值。以当地资源禀赋为基础，雄县政府编制了《地热开发利用专项规划》，并由政府将其纳入城市建设总体规划和经济发展规划中，通过政府规委会评审后，以正式规划文件予以发布实施，指导项目开发规范运作。

（3）整合改造、提升品质，实现资源的保护性开发。雄县通过引入专业机构，先后整合雄县、容城老城区地热井 21 口，并按照“间接换热，采灌结合”的先进模式进行技术改造（图 5-13），彻底改变了原有落后的“直采直排”式的破坏性开发。地热尾水的完全回灌，解决了地热水对小区管网、末端的腐蚀及直接排放造成的污染问题，实现了保护环境、清洁发展、资源可持续利用的目标，同时提升了供暖效果。

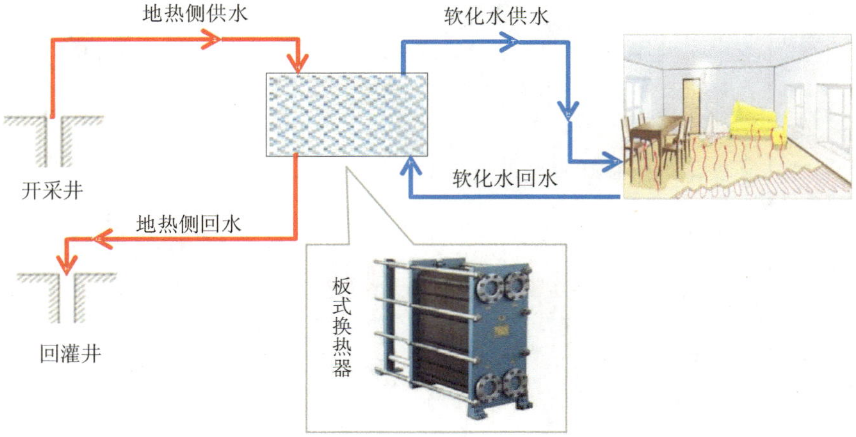

图 5-13　“间接换热，采灌结合”技术

（4）提升技术、科学开发，保障地热产业可持续发展。雄县依托专业机构，将油气开发的先进技术和理念应用于地热资源开发，坚持在开发中保护、在保护中开发。通过引进、吸收和开展关键技术的攻关，实现了技术领先，采取了先进的热储评价、采灌均衡、定向钻井、间接换热、梯级利用、动态监测、高效运营等技术，大大提高了热利用效率，降低了运行成本，推动了地热产业的可持续发展。

（5）精细管理、规范运行，打造地热开发的多方共赢模式。运行是地热供暖产业控制成本、提高效益、保障效果、树立服务形象的关键环节。通过信息化、智能化手段，雄县建立了较为完善的运维服务体系，实现了“保供、保质、保效”的目标。通过利用运营动态监测系统，实时监测供暖服务质量，分析资源利用效率，及时调整热能供应，保障住户温度达标；通过为各供暖小区建立运营服务网点，24 小时提供维修服务，保障设备和管网平稳、安全运行；通过在城区设立营销大厅，为用户提供优质高效的服务。

5.3.4.2 实施成效

截至 2017 年 7 月，雄县区域地热能供暖能力已超过 450 万 m^2。经测算，年可替代 12 万 t 标准煤以上、减排二氧化碳超过 31 万 t，雄县成为中国第一个城市供暖“无烟城”。雄县地热田于 2010 年开始回灌，根据相关监测数据，截至 2016 年底，雄县地热田的累计回灌量已达到 2 383 万 m^3，采灌区域内地热水水位下降趋势已基本被遏制（图 5-14）。

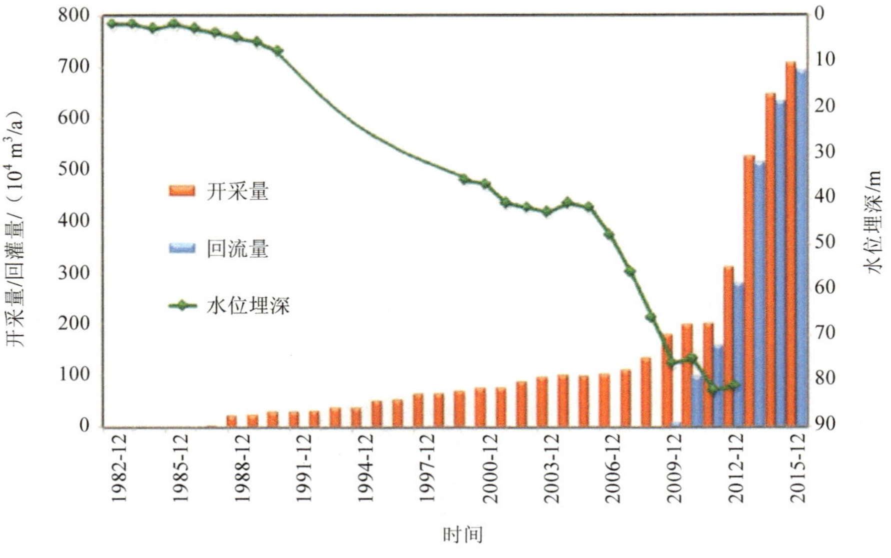

图 5-14 雄县地热田地热水采灌量与地热井水位变化

5.4　技术政策

在北方地区冬季清洁取暖技术路径方面，国家层面和地方层面均出台了一系列政策措施和标准规范，对清洁取暖技术路径的选择提供指导。

5.4.1　国家层面

为推动北方地区冬季清洁取暖工作的实施，探索“企业为主、政府推动、居民可承受”的长效机制，国家层面相继出台了一系列政策措施，指导北方地区因地制宜选择冬季清洁取暖技术路径。

5.4.1.1　同步推进“用户侧”能效提升

根据《关于开展中央财政支持北方地区冬季清洁取暖试点工作的通知》（财建〔2017〕238 号）及试点城市实施方案备案通知文件，纳入北方地区冬季清洁取暖试点范围的城市应从“热源侧”清洁替代和“用户侧”能效提升两方面入手实施改造。在“用户侧”方面，一是推进既有建筑节能改造，城市城区具备改造价值的既有建筑全部完成节能改造，城乡接合部及所辖县要完成 80%以上，改造后建筑能效水平相比改造前提升不低于 30%，在农村清洁取暖覆盖范围内积极推动既有农房节能改造；二是严格执行新建建筑节能标准，要求新建居住建筑执行节能标准水平较现行国家标准水平再提高 30%，并在农村清洁取暖覆盖范围内积极推动新建节能农房。

《北方地区冬季清洁取暖规划（2017—2021 年）》也明确提出，应从因地制宜选择供暖热源、全面提升热网系统效率和有效降低用户取暖能耗 3 个方面同步推进清洁取暖工程建设。在“用户侧”能效提升方面，一是北方城镇新建居住建筑执行 75%建筑节能强制性标准；二是鼓励农房按照节能标准建设和改造，提升围护结构保温性能，在太阳能资源条件较好的省份推动被动式太阳房建设。2017—2021 年，实施既有建筑节能改造面积 5 亿 m^2，其中，农村农房节能改造 5 000 万 m^2。

5.4.1.2　因地制宜选择供暖热源

“因地制宜”“居民可承受”是实施清洁取暖的重要原则。国家出台的清洁取暖政策文件均鼓励各地因地制宜实施清洁取暖改造。

《关于开展中央财政支持北方地区冬季清洁取暖试点工作的通知》（财建〔2017〕238

号）及试点城市实施方案备案通知文件提出，清洁取暖改造应以散煤替代为重点，因地制宜采用“煤改气”（含天然气、生物质制气、沼气）、“煤改电”“煤改地热”“煤改太阳能”、集中式生物质利用、清洁燃煤集中供暖替代等多种模式。

根据《北方地区冬季清洁取暖规划（2017—2021 年）》和《关于推进北方采暖地区城镇清洁供暖的指导意见》（建城〔2017〕196 号），清洁取暖应立足本地资源禀赋、经济实力、基础设施等条件及大气污染防治要求，根据不同区域自身特点，充分考虑居民消费能力，科学选择清洁供暖方式，用合理经济代价获取最大的整体污染物减排效果。

《国家能源局关于做好 2018—2019 年采暖季清洁供暖工作的通知》（国能发电力〔2018〕77 号）提出，稳妥推进“煤改气”“煤改电”，坚持宜电则电、宜气则气、宜煤则煤、宜热则热的原则。

5.4.1.3 大力推进清洁燃煤供暖

清洁燃煤集中供暖是实现环境保护与成本压力平衡的有效方式，未来较长时期内，在多数北方城市城区、县城和城乡接合部清洁燃煤集中供暖仍是基础性热源，大型燃煤锅炉作为集中供热的调峰热源。清洁取暖改造首先要推进燃煤热电联产集中供暖及大型燃煤锅炉的清洁化改造，燃煤热电联产集中供暖须实施超低排放改造（即在基准氧含量6%条件下，烟尘、二氧化硫、氮氧化物排放浓度分别不高于 10 mg/m^3、35 mg/m^3、50 mg/m^3），充分利用现有存量机组的供热能力扩大供热范围；大型燃煤锅炉（房）集中供暖，重点地区须实现超低排放；非重点地区须实现达标排放，安装烟气排放自动监控设施，鼓励逐步达到超低排放。

在农村，煤炭取暖仍是最经济的取暖方式，根据《国家能源局关于做好 2018—2019 年采暖季清洁供暖工作的通知》（国能发电力〔2018〕77 号），为守住群众安全温暖过冬底线，对于偏远山区等暂不能通过清洁供暖替代散烧煤供暖的，可重点利用“洁净型煤+环保炉具”等方式替代散烧煤。

5.4.1.4 “以供定改”推进“煤改气”“煤改电”

《北方地区冬季清洁取暖规划（2017—2021 年）》指出“煤改气”适宜发展的技术类型及适用条件：①燃气热电联产机组在气源充足、经济承受能力较强的条件下，可作为大中型城市集中供热的新建基础热源。②热电冷三联供分布式机组结合电负荷及冷、热负荷需求，适用于政府机关、医院、宾馆、综合商业及办公、机场、交通枢纽等公用建筑。③燃气锅炉适合作为集中供热的调峰热源，与热电联产机组联合运行；大热网覆盖不到、供热面积有限的区域，在气源充足、经济承受能力较强的条件下也可作为基础热源。④分户燃气壁挂炉适合热网覆盖不到区域的分散供热，作为集中供热的补充，也适用于独栋别墅或城中村、城郊村等居民用户分散的区域。

《北方地区冬季清洁取暖规划（2017—2021 年）》指出“煤改电”适宜发展的技术类型及适用条件：①分散式电供暖适合非连续性供暖的学校、部队、办公楼等场所，也适用于集中供热管网、燃气管网无法覆盖的老旧城区、城乡接合部、农村或生态要求较高区域的居民住宅。②电锅炉供暖应配套蓄热设施，适合可再生能源消纳压力较大，弃风、弃光问题严重，电网调峰需求较大的地区，可用于单体建筑或小型区域供热。③空气源热泵对冬季室外最低气温有一定要求（一般高于 –5℃），适宜作为集中供热的补充，承担单体建筑或小型区域供热（冷），也可用于分户取暖。

《关于进一步做好清洁取暖工作的通知》（发改能源〔2019〕1778 号）明确提出：重点地区（指北京市、天津市、河北省、山西省、山东省、河南省、陕西省）农村，着重推进“煤改气”“煤改电”，同步发展生物质能、地热、太阳能等清洁供暖方式。同时，国家鼓励可再生能源发电规模较大地区实施电供暖。如在新疆、甘肃、内蒙古、河北、辽宁、吉林、黑龙江等“三北”可再生能源资源丰富地区，充分利用存量机组发电能力，重点利用低谷时期的富裕风电，推广电供暖，鼓励建设具备蓄热功能的电供暖设施，促进风电和光伏发电等可再生能源电力消纳。

能源稳定可靠供应是“煤改气”“煤改电”工程的重要基础保障，国家在出台的政策文件中提出“以供定改”的要求。《关于进一步做好清洁取暖工作的通知》（发改能源〔2019〕1778 号）提出，“煤改气”坚持“以供定改、先立后破”的原则推进，合同签订不到位、基础设施建设不到位、安全保障措施不到位的情况下，不能新增“煤改气”户数。

5.4.1.5 鼓励发展可再生能源供热

可再生能源供热主要包括生物质能、地热能、太阳能等多种类型。《北方地区冬季清洁取暖规划（2017—2021 年）》提出了可再生能源类型发展目标，到 2021 年，可再生供热规模达到 31.5 亿 m^2，其中生物质供热 21 亿 m^2、浅层地热 5 亿 m^2、中深层地热 5 亿 m^2，太阳能采暖 5 000 万 m^2（表 5-4）。为了鼓励可再生能源供热技术的应用，根据《关于印发北方地区冬季清洁取暖试点城市绩效评价办法的通知》（财建〔2018〕253 号），对试点城市采用可再生能源技术的在绩效考核中给予加分。

表 5-4 可再生能源供热 2021 年发展目标

单位：亿 m^2

序号	技术类型	规划规模
1	生物质能供热	21
2	浅层地热	5
3	中深层地热	5
4	太阳能采暖	0.5
合计		31.5

生物质能供热是绿色、低碳、清洁、经济的可再生能源供热方式，是替代县域及农村燃煤供热的重要措施。《关于促进生物质能供热发展的指导意见》（发改能源〔2017〕2123 号）及《北方地区冬季清洁取暖规划（2017—2021 年）》对各类生物质能供热技术提出适用条件：生物质热电联产主要适合为具备资源条件的县城、建制镇民用供暖，以及为中小工业园区集中供热；大型生物质集中供热锅炉适合为城镇中小区域、产业园区集中供热；中小型生物质锅炉适合于为居民社区、楼宇、学校等供热；生物天然气及生物质气化技术适合为农村提供取暖燃气；户用成型燃料炉具应在农村因地制宜推广。“环保性”是生物质供热发展重点考虑的因素。国家要求，生物质锅炉严禁掺烧煤炭等化石能源，配备袋式除尘器等烟气处理设施，其污染物排放应满足国家或地方大气污染物排放标准，达到燃气锅炉排放水平。《关于进一步做好清洁取暖工作的通知》（发改能源〔2019〕1778 号）进一步提出：重点地区的生物质能供暖须采用集中式并实现达标排放，其中，在城市建成区内实现超低排放；非重点地区可结合实际选择集中式或分散式，其中集中式须实现达标排放，分散式须采用“生物质成型燃料+专用炉具”。

在地热能供热方面，国家依据“可持续、经济高效”的原则推进。要求水热型（中深层）地热供暖按照“取热不取水”的原则，采用“采灌均衡、间接换热”或“井下换热”技术推进中深层地热供暖，实现地热资源的可持续开发。浅层地热能供暖开发应按照“因地制宜，集约开发，加强监管，注重环保”的方式，经济高效地替代散煤供暖：对地表水和污水（再生水）资源禀赋好的地区，积极发展地表水源热泵供暖；对集中度不高的区域，在不破坏土壤热平衡的情况下，积极采用分布式土壤源热泵供暖；对水文、地质条件适宜的地区，在 100%回灌、不污染地下水的情况下，积极推广地下水源热泵技术供暖。

太阳能热利用技术已较为成熟，适合与其他能源结合，实现热水、供暖复合系统的应用，是热网无法覆盖时的有效分散供暖方式。国家大力推广太阳能供暖，积极推进太阳能与其他能源科学搭配，因地制宜发展“太阳能+”供暖，采取集中式与分布式结合的方式进行建筑供暖，并鼓励在条件适宜的中小城镇、民用及公共建筑上推广太阳能供暖系统。

5.4.2　地方层面

在国家清洁取暖技术政策的指导下，北方地区各省（区、市）及相关试点城市从探索成熟技术模式、健全标准体系、加强运行管理等方面积极推进清洁取暖改造。

5.4.2.1　探索成熟技术模式

为建立“企业为主、政府推动、居民可承受”的清洁取暖长效运行机制，北方相关城市开展了一系列清洁取暖改造技术的试点示范，深入了解了各项技术的特点和性能，因地制宜地探索适宜当地特定的清洁取暖技术路径。

北京市于 2013 年开始在农村平原地区试点清洁取暖技术路径，在经过 2 年多的试点示范，总结成熟经验做法，不断完善技术路径的基础上，明确提出禁止直热式电暖器使用、限制蓄热式电暖器使用，推广热泵和多能联动设备，逐步形成以空气源热泵为主、燃气壁挂炉为辅，地源热泵、蓄热式电暖器为补充的技术路径。2018 年，北京市进一步探索山区农村清洁技术路径，试点太阳能+、空气源热泵、燃气驱动空气源热泵等 10 余种技术，为山区农村实施清洁取暖提供了依据。

河北省于 2018 年启动农村地区太阳能取暖试点，要求屋顶具备安装分布式光伏发电设备条件的，可选择“太阳能光伏+热源”取暖技术，白天发电上网，夜间利用谷电取暖和蓄能；农村小学（含幼儿园）、独立卫生院、独立养老院等单位，可选择“太阳能光热+辅助热源”取暖技术，利用太阳能取暖；太阳能光伏、光热应合理选择空气源热泵、地源热泵、生物质锅炉、电锅炉、燃气壁挂炉等热源和辅助热源设备，形成太阳能与空气能、浅层地能、生物质能、电能、燃气等多能契合的取暖模式。张家口市于 2017 年提出“四方协作机制”（即由“政府部门+电网企业+可再生能源发电企业+用户企业”为基础构建的长效合作机制），开启可再生能源市场化交易，覆盖供暖面积达 478 万 m^2，集中式用户 470 户、分散居民用户 6 784 户、电能替代用户 78 户、高新技术企业 4 家。

陕西、河南等省相继出台《关于发展地热能供热的实施意见》（陕建发〔2018〕2 号）、《关于规范和加强地热能建筑供热系统建设管理工作的通知》（陕建发〔2020〕59 号）、《关于开展地热能清洁供暖规模化利用试点工作的通知》（豫发改能源〔2018〕406 号）等政策措施，探索浅层地热能、中深层水热型地热清洁取暖的应用（表 5-5）。陕西省西咸新区在辖域内对符合条件的新建建筑全部采用中深层地热能供暖，因特殊原因无法采用的，可采取地源热泵、污水源热泵、空气源热泵、储能式电锅炉等清洁取暖方式。山西省太原市在山西省转型综合改革示范区水热型地热能供暖试点方面取得了一定成效。山东省商河县利用亚洲开发银行贷款推进水热型地热供暖，为科学合理地利用地热资源，确保地热水不直排，建立了“商河县地热利用在线监测系统”，对全县所有的地热井安装回灌监测设备，有效防止了偷排漏排现象的发生，确保“取热不取水、环保可持续”。河北雄县在城镇集中供热基本实现地热供暖全覆盖后，根据当地牛驼镇地热田的资源条件，在大营镇10余个村推广农村地热清洁取暖试点经验。

表5-5 部分地区地热清洁取暖技术政策出台情况

序号	名称	文号	主要内容
1	关于发展地热能供热的实施意见	陕建发〔2018〕2号	按照技术先进、环境友好、经济可行的原则，充分考虑地质条件、地热资源禀赋、用能需求等要素，科学有序、清洁低碳、安全高效、节约集约地开发利用地热能资源。西安、延安、榆林要优先发展中深层地埋管、中水（污水）等清洁供热技术；宝鸡、咸阳、渭南、铜川、西咸要积极发展中深层地埋管、地热水等清洁供热技术；商洛、汉中、安康要优先发展浅层地热能清洁供热制冷技术
2	关于规范和加强地热能建筑供热系统建设管理工作的通知	陕建发〔2020〕59号	采用地热能供热的新建建筑，应预留供热设备用房、电源、用水、管网等配套设施和取热井用地。具备条件的新建居住建筑及办公、教学、医院、宾馆、写字楼、场馆、便民中心等公共建筑，应全面推广地热能供热。制订地热能建筑供热年度计划。按照本地区地热能自有资源禀赋、产业基础、发展思路和清洁采暖实施方案，提出年度项目建设规模、同比增长速度等计划
3	关于开展地热能清洁供暖规模化利用试点工作的通知	豫发改能源〔2018〕406号	开展标准化、规模化、清洁化利用，以地热水循环利用为原则，积极推进水热型中深层地热供暖；对集中供暖无法覆盖的城乡接合部等区域，根据供热资源禀赋，积极发展浅层地热供暖、地表水源热泵供暖、土壤源热泵供暖和空气源热泵供暖等，通过对各类地热能开发利用技术应用，探索地热能清洁供暖规模化开发利用的模式
4	关于加强地热资源管理支持地热供热工作的通知	濮政办〔2018〕30号	鼓励地热开发企业对已有地热资源开发项目进行重组，规范地热利用，实现有序开发。同时，推进地热资源梯级利用，大力发展温泉疗养、种植养殖等特色产业，实现多元化经营。新建小区要按照节能标准建设，老旧小区要逐步进行建筑节能改造，达到地热供热要求。地热供热项目享受国家、省、市奖补和税收优惠政策，项目用水用电适用居民用水用电价格

河南省鹤壁市根据当地实际情况，充分论证清洁取暖技术方案，从“热源侧”清洁替代和“用户侧”能效提升两个方面，统筹推进清洁取暖工作。鹤壁市在采用外墙保温、保温吊顶、保温窗帘等技术降低建筑热负荷的同时，结合当地气温较高、取暖需求不强、经济条件不佳等特点，利用空气源热泵热风机、生物质能等技术进行取暖，实现改造前后采暖成本基本不变的目标。2018年，全国北方农村清洁取暖“用户侧”能效提升现场

经验交流会在鹤壁召开。

山东省阳信县根据当地生物质资源丰富的特点，结合居民用户的实际需求，推广 5 种符合居民传统习惯的炊暖两用炉具，择优推行“木质颗粒成型燃料+环保专用炉具”分散取暖、“畜禽粪污成型燃料+环保专用炉具”分散取暖和生物质能源热电联产余热集中供暖 3 种模式，基本实现县域全覆盖，打造了生物质清洁取暖的“阳信名片”。

针对试点示范的经验做法和典型工程案例，部分地区和机构还相继出台了相关农村清洁取暖案例集，指导相关工作的规模化推进。河北省住房和城乡建设厅等部门编制了《河北省清洁取暖典型案例集》，总结了生物质能、太阳能、空气热能、地热能、核能等近 100 个典型案例；中国建筑科学研究院编制的《北方清洁取暖技术高峰论坛暨最佳实践案例》，基于实际运行监测数据，剖析不同技术、不同建筑保温性能对清洁取暖实际效果的影响。

5.4.2.2　健全标准体系

为规范冬季清洁取暖改造工程的建设，北方地区各省（区、市）相继出台了一系列清洁取暖改造相关标准规范，指导改造工程的建设与实施，提升工程质量和效果，见表 5-6。

表 5-6　部分地区清洁取暖改造技术标准出台情况

序号	标准名称	标准号
1	户式空气源热泵系统应用技术规程	DB11/T 1382—2016
2	天津市清洁能源替代家用散煤供暖技术导则	—
3	农村气代煤工程技术规程	DB13（J）/T 256—2018
4	农村气代煤工程实施技术导则	HBDM 01—2017
5	河北省农村气代煤电代煤消防安全管理导则	DB13/T 2578—2017
6	民用清洁燃烧炉具采暖系统安装及安全检查规范	DB13/T 2690—2018
7	农村民用醇基燃料清洁取暖、炊事通用技术要求	DB13/T 5053—2019
8	山西省农村“煤改气”工程技术导则	—
9	河南省农村燃气工程技术与管理导则	—
10	中深层无干扰地热供暖系统应用技术规程	—
11	村镇建筑清洁供暖技术规程	T/CECS 614—2019
12	城镇清洁供热技术导则	—
13	空气源热泵供暖系统监测和评价规则	T/CECA/G 0013—2017
14	农村被动式太阳能暖房建设技术导则	—

注：“—”表示以政府文件形式，没有标准号。

北京市出台的《户式空气源热泵系统应用技术规程》（DB11/T 1382—2016），对空气源热泵供暖系统的设计计算，设备采暖选型，电气系统设计、施工、检验、调试、验收和运行维护等环节进行规范，指导农村地区“煤改空气源热泵”工程的实施与管理。

天津市于 2017 年出台的《天津市清洁能源替代家用散煤供暖技术导则》（津建科〔2017〕267 号），对空气源热泵供暖系统、燃气供暖热水炉供暖系统、固体蓄热式电暖器供暖系统、太阳能供暖系统和农村管道燃气供应系统等的设计、施工、安装、调试和验收环节提出明确技术要求。

河北省针对“煤改气”“煤改电”工程，相继出台《农村气代煤工程技术规程》（DB13（J）/T 256—2018）、《农村气代煤工程实施技术导则》（HBDM 01—2017）、《河北省农村气代煤电代煤消防安全管理导则》（DB13/T 2578—2017）、《农村气代煤工程竣工验收指导意见》《民用清洁燃烧炉具采暖系统安装及安全检查规范》（DB13/T 2690—2018）等标准，专门针对农村居民建筑及依托民居设立的小型商业点的“煤改气”和“煤改电”改造工程，实现设计、施工、验收到运行管理等环节的闭合。此外，针对醇基燃料供暖，河北省于 2019 年出台了《农村民用醇基燃料清洁取暖、炊事通用技术要求》（DB13/T 5053—2019），规定了农村民用醇基燃料清洁取暖，炊事用醇基燃料，醇基燃料民用燃气具，户内安装与施工，醇基燃料的存储、运行与配送、安全运营与维护等要求。

山西省于 2018 年编制完成《山西省农村“煤改气”工程技术导则》（晋建质字〔2018〕151 号），明确提出“煤改气”工程应制定专项技术施工方案，配备专职质量安全管理人员进行现场管理；监理单位要依法制定监理规划和监理细则，查验施工单位和人员相应资格，审核施工方案，严格落实监理责任；施工图审查机构要严格按照有关法律法规进行施工图审查；检测机构要依照相关技术标准规范，对涉及管道和设备质量安全的试件及有关材料进行检测，出具检测报告，并提出对其真实性负责等具体要求。

河南省于 2018 年出台《河南省农村燃气工程技术与管理导则》（豫建城〔2018〕69 号），规范燃气管道的规划建设与管理、建设技术、室内燃气管道系统建设，以及安全管理和运营服务等行为，加强农村燃气行业监管，保障农村燃气工程质量，规范燃气企业经营行为，指导用户安全用气，确保农村燃气持续、稳定、安全供应。

陕西省编制的《中深层无干扰地热供暖系统应用技术规程》，规定了无干扰地热供热技术的工程勘探、设计、施工验收及整体运转调试等要求。

此外，相关协会还相继启动编制了《村镇建筑清洁供暖技术规程》（T/CECS 614—2019）、《城镇清洁供热技术导则》《空气源热泵供暖系统监测和评价规则》（T/CECA-G 0013—2017）等标准。

5.4.2.3 加强运行管理

清洁取暖改造后，运行、维护与管理成为农村地区清洁取暖改造的重要任务。为保障使用安全、提升技术性能和保证使用效果，北方相关城市出台了一系列政策措施，确保农村地区清洁取暖改造技术的安全、规范、高效应用。

北京市组织中标企业建立设备后期维修服务体系，科学布局维修网点，确保维修服务人员在接到电话后 2 小时内上门，4 小时内完成维修，并要求 4 小时内无法完成维修的立即更换新设备，确保农户正常供暖；同时，做好农户的使用培训，确保农户会用、用好清洁取暖设备；此外，通过报纸、电视、微信等多种形式公布企业售后维护电话，公布张贴中标企业和区（镇）相关部门的政府服务热线电话，确保每个农户都能知晓中标企业和服务热线的相关信息；为杜绝“煤改清洁能源”村庄再度出现使用燃煤和未改造村庄使用劣质煤的问题，市、区共同建立了“村自治、乡（镇）监控、区检查、市巡查”的工作机制，各区执法部门通过联合执法，共同维护好“煤改清洁能源”和“减煤换煤”成果。北京市还建立了农村地区清洁取暖工程运行监管平台，对典型改造项目的运行数据进行长期的监测与分析；在此基础上，北京市针对平原地区已完成改造的清洁取暖工程，探索工程运行能效再提升，进一步降低居民的使用成本。

唐山市在全省率先出台《唐山市农村气代煤工程质量监督要点》，将农村气代煤工程纳入建设质量监管体系，对气代煤工程实施严格的质量和安全监管。在市、县、乡三级配备燃气安全管理机构，各村都配备燃气企业驻村安全员和村级燃气协管员。将气代煤改造村列入烟花爆竹禁放区，无论是春节期间还是其他任何时间，气代煤改造村绝对禁止燃放烟花爆竹。

鹤壁市建立清洁取暖服务热线，提供投诉处理、上门维修和政策咨询等服务。服务热线建立标准化服务体系，配备专门服务人员，做到 24 小时值守，接到电话要实现 2 小时上门服务，4 小时内解决问题。建立管理服务评价体系，将供暖企业的投诉率、供热质量、环保效果等指标与政府补贴以及扩大市场挂钩。对投诉多、服务差、供暖质量不达标的企业给予处罚，对于情节严重的企业不再允许承接供热新项目，甚至彻底清出鹤壁市场。

第 6 章　建筑能效提升技术路径

我国要求从“热源侧”和“用户侧”两方面推进北方地区冬季清洁取暖试点工作，建筑能效提升（或称建筑节能改造）是确保清洁能源节约化、降低清洁取暖成本的必要途径。本章介绍当前北方地区农宅维护结构现状与常见的改造方法，通过模型构建模拟不同改造方案的改造效果，分析改造成本，从而建立农宅能效提升技术方案体系，并总结归纳几个试点农村建筑能效提升的实践与经验。

6.1　农宅围护结构现状

6.1.1　围护结构总体特征

农宅建设具体形式主要由当地环境特征决定，环境特征主要包括自然环境、农村经济环境及住宅居住环境。总体上，农宅建设目前大部分还处于无统一规划、由农户自主建设的状态。我国的村庄类型复杂、数量较多、经济发展水平参差不齐。寒冷地区农村居住建筑有以下几个特点：第一，农村居住建筑受到我国传统民居设计文化的影响，以单户、独栋建筑为主，属于中国传统合院式建筑类型；第二，农村居住建筑以单层、二层为主，多层建筑较少，其中，单层农宅占比达 76%，双层农宅占比约为 14%；第三，农村居住建筑面积普遍较大，院落面积大多为 200～500 m^2，建筑面积大部分为 80～150 m^2，人均建筑面积为 47.3 m^2，高于城镇人均建筑面积 39 m^2；第四，农村居住建筑大多坐北朝南，基本能保证起居室及卧室朝南，保证充足日照，南向窗墙比为 0.4～0.5，北向无窗或窗墙比为 0.1 左右；第五，农村居住建筑的建造人工费少，建造成本低。

6.1.2 围护结构保温现状

我国北方地区农宅整体上保温性能差，能耗水平高。中国建筑科学研究院在“十二五”期间对北方严寒和寒冷地区 14 个省 1 796 户农宅实地调研，统计发现 80%的农宅没有节能措施，其中 80%的农宅外墙没有保温层，87%的农宅采用单玻木窗和铝合金窗，密封性差，85%的农宅屋面未做保温层，地面无保温措施的比例达到 100%，实测农宅单位面积能耗是城市住宅的 3 倍。

农村住宅建筑的墙体主要有砖墙、土墙、砖土复合墙及石土复合墙 4 大类型，占比分别为 67.08%、17.41%、7.46%和 5.37%。既有农宅外墙基本无保温措施，主要依靠增加外墙厚度提高保温效果，严寒地区墙体厚度为 370～600 mm，寒冷地区墙体厚度为 240～370 mm。少量使用保温材料提高建筑性能的用户，多采用外墙铺贴聚苯板（EPS）的方式，此方式技术简单、性价比高，容易被农村居民接受。

既有农宅中，年代久远的建筑外门材料主要为木质，其中单层木门占 64.83%，双层木门占 7.38%。门的开启方式多为平开，既有单扇门平开，也有双扇门平开。20 世纪 90 年代中期以后逐渐开始使用铝合金门，严寒地区多采用双层铝合金门，寒冷地区多采用单层铝合金门。2000 年以后，经济条件好的农户的新建农宅逐渐开始使用塑钢门和金属门。在既有农宅中，为了加强门的保温效果，经济条件好的农户在原有单层门的基础上加装一层门，形成双层门，或是使用保温密封性能好的塑钢门和带保温的金属门。而经济条件一般和老住宅不便改造的农户，多采取简易措施对门加强保温，常见的保温措施通常有两种：一种是在门上加盖棉门帘，另一种是在门外加门斗。

农宅窗户的窗框材料主要为木质、钢质，部分用铝合金及塑钢。其中，木窗是主要窗户类型，这是因为 20 世纪 90 年代以前的农村住宅窗框材料绝大多数为木质，严寒地区多采用双层木窗，寒冷地区多采用单层木窗，开启方式为平开。90 年代以后开始使用铝合金窗，铝合金窗由于材料质量的问题和安装的不规范，致使窗户的传热系数较高，密封性能较差。2000 年以后，经济条件好的农户的新建农宅逐渐开始使用塑钢窗取代铝合金窗。在既有农宅中，受经济水平及传统勤俭节约观念的影响，提高外窗保温性能多采用保温窗帘、增加外窗气密性等简单有效的方式。

农村住宅屋顶承重结构主要有木屋架、预制混凝土板和现浇混凝土板 3 种形式，占比分别为 81.69%、9.41%和 8.56%。传统农宅多使用木结构屋顶，木结构的坡屋顶相比于平屋顶具有承载力大、排水通畅的优点，因此在老建筑中得到广泛使用。2000 年以后钢混屋顶的出现，解决了平屋顶承重能力差及稳定性差的问题，平原地区出现了很多平屋顶建筑。平屋顶能有效利用屋顶空间，便于粮食晾晒，近年来得到农民的广泛认可。目前，农村住宅的屋顶基本无保温措施，少量有保温措施的屋顶大多选用当地自产的生物材料，如将草木灰、草板、木屑、稻壳、炉渣等铺于屋面，由于材料保温性能有限，保温效果不理想。

农宅地面的主要材料为硬土、水泥、砖、水磨石。随着农村经济的发展，农村民宅开始注重室内装修，逐渐向城市接近，现在的新建住宅多采用地砖等作为地面的装饰材料。既有农宅地面几乎没有采取任何保温措施。少量严寒地区新建农宅开始在地面铺设保温层，保温材料大多为炉渣，很少使用聚苯板等保温材料，保温效果有限。

6.2 常见改造方法

6.2.1 改造技术

北方农村地区常见的建筑围护结构热性能改善技术以外墙、外窗及屋顶的节能改造，以及南向外窗增加封厦或阳光房为主。

6.2.1.1 外墙保温

外墙与室外环境接触面积最大，外墙部位总耗热量所占比例较大，在围护结构中增大外墙的热阻是围护结构节能设计最重要的措施。外墙保温系统形式主要包括外保温、内保温和夹心保温三种。其优缺点见表 6-1。

表 6-1　常用外墙保温形式

保温形式	构造简图	优点	缺点
外保温	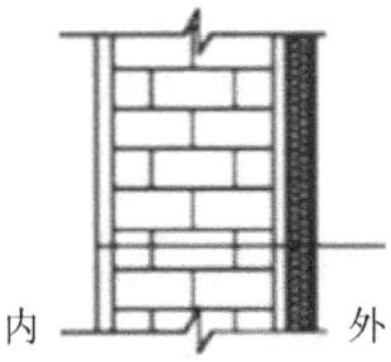	有效避免热桥，室温稳定，对使用面积和室内装修影响小，施工影响小，可保护主体结构	影响农宅原有外观及农宅风貌，对保温材料防水、防老化要求高，施工周期长
内保温		保留农宅既有风貌，房间内升温快，技术简单、施工方便，造价较低	施工影响农宅正常生活，影响住户对室内装饰的要求，热桥现象严重，易出现结露现象

保温形式	构造简图	优点	缺点
夹心保温		不影响住户对室内装饰的要求，保留农宅既有风貌，保温材料选择丰富	影响农宅正常使用，施工复杂，占用空间大

6.2.1.2 外窗保温

外窗的保温改造措施主要包括更换节能外窗、增加外窗层数及增加简易保温措施（如糊窗缝、保温窗帘）等。改造时需要综合考虑经济条件、安全、采光、隔声、通风、气密性和节能等性能要求（表 6-2）。

表 6-2 常用外窗保温形式

改造形式	优点	缺点
更换节能外窗	有效降低窗户整体的传热系数，减少通过外窗的传热和冷风渗透导致的热损失	造价相对较高
增加外窗层数	降低外窗部位的传热系数，提高窗户气密性，造价较低	效果一般，占用空间
提高气密性	减少冷风渗透导致的耗热量，操作简单，造价低	未降低外窗传热系数，效果一般，影响开窗通风
使用保温窗帘	增大传热热阻，起到保温隔热的作用，造价低	效果一般

6.2.1.3 屋顶保温

农村屋顶保温改造方案主要有两种：屋面保温及室内保温吊顶。北方地区木屋架坡屋面主要保温构造方法为室内吊顶保温，有时也会在木屋架屋面铺贴保温材料，钢混平屋顶主要采用倒置式保温屋面（表 6-3）。

表 6-3 常用屋顶保温形式

改造形式	保温原理	适用场景	保温材料
保温吊顶	屋顶和吊顶间的空气层起到隔热作用，保温材料提高屋顶热阻	坡屋顶、层高较高的平屋顶	散装材料（锯末、稻壳、秸秆及粉碎的膨胀珍珠岩等）、板状材料（EPS 板、XPS 板、树脂保温板等）均可
屋面保温	保温材料提高屋顶热阻，降低传热系数	多用于钢筋混凝土屋面	EPS 板、XPS 板等板状材料

6.2.1.4 南向封厦

我国北方很多地区处于太阳能资源一类地区（资源最丰富区）和二类地区（资源较丰富区），太阳能资源丰富，加之农村建筑密度低，具有利用太阳能的便利条件。被动式太阳房可以有效利用太阳能提高室内热环境质量，但其成本较其他改造形式高，常用于日照充足且经济条件较好的农村地区。被动式太阳房是在建筑南立面附加阳光间，让冬季阳光照透较大面积的南向玻璃直接照射到室内，使室内温度升高。附加阳光间的方式既可以解决建筑南向立面冬季热损失过大的问题，又可以有效利用太阳能提高室内热环境质量，在采暖季实现节能的效果。

6.2.2 保温材料

农村地区在保温材料的选择上，可借鉴城市实践经验。常见的保温材料特性及适用范围见表 6-4。

表 6-4 常见的保温材料特性及适用范围

材料名称	外观	导热系数/[W/（m·K）]	适用部位	特点
EPS 板		0.041	墙面 屋面 吊顶	性价比高、强度一般、施工要求一般
XPS 板		0.03	屋面 地面	保温效果好、强度高、价格较贵、施工要求较高
聚氨酯泡沫塑料		0.024	不规则部位 小尺寸构件	保温效果好、防水性好、价格贵、施工简单
橡塑保温板	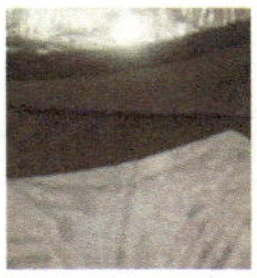	0.034	墙面 吊顶	保温效果较好、防火性好、防结露效果好
酚醛树脂保温板		0.023	墙面 吊顶	保温效果好、防火性好、价格贵、施工简单

材料名称	外观	导热系数/［W/（m·K）］	适用部位	特点
岩棉板、玻璃棉		0.045	墙面	保温效果较好、防火性好、强度较差
憎水珍珠岩		0.058	屋面	保温效果一般、施工简单、防水效果好
胶粉聚苯颗粒		0.07	不规则部位 小尺寸构件	保温效果一般、施工要求高
无机保温浆料		0.08	不规则部位 小尺寸构件	保温性能一般、强度较好、施工简单
泡沫混凝土	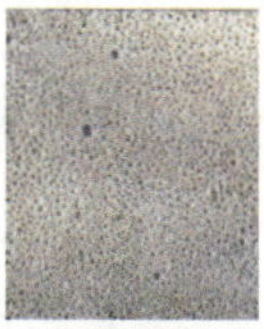	0.08～0.27	墙面 屋面	成本低、施工速度快、工艺要求高
草砖		0.113	框架结构 外墙	质轻、价格低、需做防潮处理、易受虫蛀
草板		0.108	夹心墙体 屋面	价格便宜、需做防潮处理
炉渣		0.29	地面	质量重、保温效果差、价格便宜
稻壳、木屑、干草		0.06	屋面	廉价、保温效果一般、因受潮保温效果下降

6.3 改造方法及效果模拟分析

农村居住建筑应达到什么样的节能标准，目前仍照搬城市居住建筑改造经验，具有很大的盲目性。因此，亟须结合农村居住建筑的特点及技术经济条件，合理确定节能目标及改造方案。本节根据北方不同地区农宅结构特征的调研数据，确定了几种典型的北方农宅模型，在能耗模拟软件中输入典型模型，以农宅墙体、屋顶、外窗等围护结构为变量，对不同建筑形式、不同改造部位、不同改造方案的农宅改造效果进行模拟，并依据方案定额计算不同改造策略的成本，结合节能收益，确定不同形式农宅的改造方案优先级，提出北方农宅适宜的节能改造方案体系，以期为农村建筑节能改造提供参考。

6.3.1 农宅改造方案

6.3.1.1 改造部位

农宅体形系数大、保温性能差，冬季采暖负荷为60～80 W/m^2，是同地区城镇住宅的2～3倍。农宅散热比重较大的部位有门窗、外墙和屋顶。其中，门窗及冷风渗透的耗热量约为40%，墙体耗热量约为25%，屋顶耗热量约为15%。外窗部位耗热量大，一方面是由于农村地区外窗保温性能差，另一方面是由于门窗部位气密性差，冷风渗透量大。墙体中北墙由于背向阳光，是墙体散热的主要部分，约占墙体散热总量的50%。屋顶部位由于热空气积聚在屋顶周围导致室内外温差大，散热量较大。农宅通过地面的热损失比例较低，并且在既有农宅中对地面改造存在一定难度，因此改造方案只涉及门窗、门窗气密性、外墙、屋顶四方面。制定的单一改造方案和多种组合改造方案见表6-5。

表6-5 农宅改造策略

类型	序号	部位
单一改造方案	1	北墙
	2	三面墙
	3	四面墙
	4	屋顶
	5	门窗
	6	前厦

类型	序号	部位
组合改造方案	7	北墙+门窗
	8	三面墙+门窗
	9	四面墙+门窗
	10	屋顶+门窗
	11	北墙+屋顶
	12	三面墙+屋顶
	13	四面墙+屋顶
	14	北墙+前厦
	15	三面墙+前厦
	16	屋顶+前厦
	17	北墙+屋顶+门窗
	18	三面墙+屋顶+门窗
	19	四面墙+屋顶+门窗
	20	北墙+屋顶+前厦
	21	三面墙+屋顶+前厦

6.3.1.2　保温材料

基于现阶段农村地区改造经验，围护结构各部位改造中常用的保温材料、厚度及成本见表 6-6。

表 6-6　各部位常见改造形式、材料及造价

部位	形式	材料及厚度	改造后传热系数/[W/（m^2·K）]	造价/（元/m^2）
外墙	外保温	5 cm 聚苯乙烯泡沫板	0.5/0.6	80
		5 cm 挤塑聚苯板	0.4/0.5	95
		5 cm 岩棉	0.5/0.6	70
	内保温	2 cm 酚醛树脂保温板	0.7/0.8	35
		2 cm 橡塑保温	0.8/0.9	45
外窗	更换外窗	双层塑钢窗	2.5	240
	加装外窗	双层塑钢窗	2.5	240
	保温窗帘	挂泡棉（EVA）透明保温窗帘	—	60
屋顶	屋面保温	5 cm 聚苯乙烯泡沫板	0.5/0.6	80
		5 cm 挤塑聚苯板	0.4/0.5	95
	吊顶保温	5 cm 聚苯乙烯泡沫板	0.5/0.6	56
		2 cm 酚醛树脂保温板	0.7/0.8	35
		10 cm 膨胀珍珠岩保温包	0.7/0.8	40
前厦	南向封厦	双层塑钢门窗	2.5	240
		双层铝合金门窗	4.1	150

注：①外墙改造后的传热系数为 370 砖墙/240 砖墙铺贴保温材料后的综合传热系数。
②屋顶改造后的传热系数为砖木坡屋顶/钢混平屋顶铺贴保温材料后的综合传热系数。
③外窗及前厦改造后的传热系数为门窗本身传热系数值。
④每平方米造价包含人工费、材料费、机械费等。
⑤“—”为原有外窗的传热系数。

6.3.1.3 改造方案

不同形式、不同保温材料的改造效果及成本造价存在一定差异，为满足不同经济承受能力的需求，制定两套造价存在较大差异的改造方案，分为简易方案与常规方案，具体做法及成本见表 6-7。方案中选取的做法是农宅改造中典型的做法，且使用的保温材料均在各省推荐名录中。

表 6-7 简易改造方案及常规改造方案

部位	简易方案		常规方案	
	做法	成本/（元/m^2）	做法	成本/（元/m^2）
外墙	2 cm 酚醛树脂保温板	35	5 cm 聚苯乙烯泡沫板	80
屋顶	2 cm 酚醛树脂保温板	35	5 cm 挤塑聚苯板	95
外窗	EVA 透明保温窗帘	60	双层塑钢窗	240
前厦	双层铝合金前厦	150	双层塑钢前厦	240

6.3.2 河北省农宅改造效果模拟及成本分析

6.3.2.1 典型农宅模型

根据 2019 年中国建筑科学研究院在张家口市的调研发现，河北省农宅基本无保温、整体热工性能较差。在结构方面，53%为砖混结构，39%为砖木结构，8%为土木结构。从建筑层数来看，单层农宅占到农宅总数的 95%以上。院落大多南北向布置，正房坐北朝南，一般为 2～4 间。户均建筑面积为 60 m^2 左右，开间为 10～15 m，进深为 4～8 m，层高为 3～3.3 m，窗墙比为 0.3～0.4。在围护结构构造方面，外墙多为实心黏土砖的砖墙或实心黏土砖+土坯的砖土复合墙，厚度多为 370 mm 及以上。屋顶有坡屋顶和平屋顶两种形式，占比分别为 64.3%和 35.7%，坡屋顶多用在气候较为寒冷的坝上地区，结构为木屋架；平屋顶多用在坝下地区，结构为混凝土。外窗多用木窗和塑钢窗，占比分别为 42.3%和 57.7%。

根据调研结果，确定两种典型农宅模型，平面图和立面图如图 6-1 所示，典型农宅 1 为砖木结构，370 mm 砖土复合墙+木结构坡屋顶+木门窗构造，代表建成时间较长，但具备一定改造价值的建筑；典型农宅 2 为砖混结构，370 mm 砖墙+钢混平屋顶+铝合金门窗构造，是较有节能改造价值的建筑。

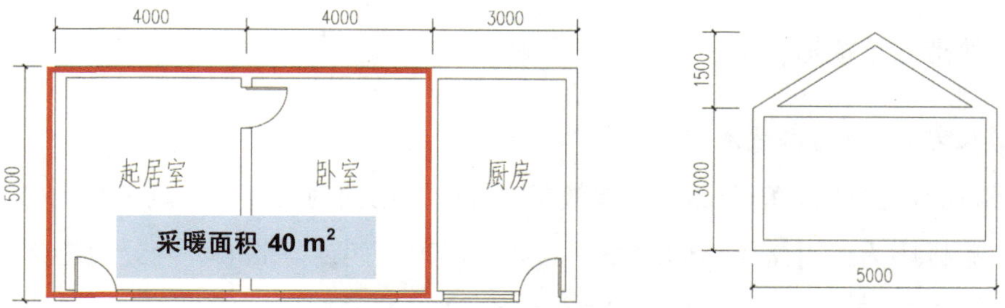

（a）典型农宅 1

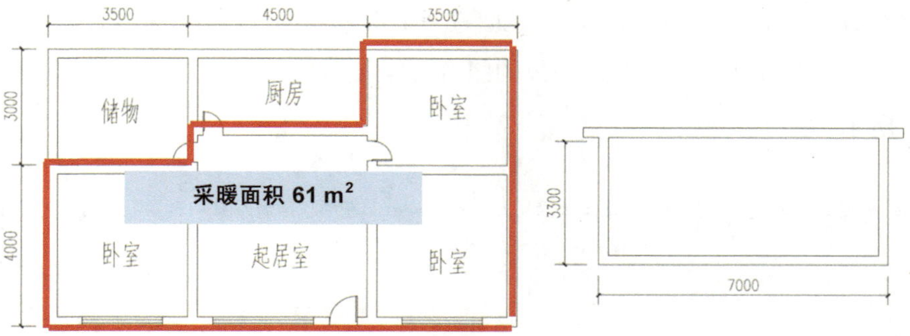

（b）典型农宅 2

图 6-1　河北省典型农宅平面图及立面图

根据典型农宅围护结构特点，设定典型农宅模型参数（表 6-8）。结合农宅冬季实际采暖情况，确定采暖房间只有卧室及起居室，室内采暖控制温度为 14℃。

表 6-8　河北省典型农宅模型参数设定

部位	做法及传热系统	
	典型农宅 1	典型农宅 2
外墙	30 mm 黄土+370 mm 砖 K=1.42W/（m²·K）	370 mm 砖+20 mm 水泥砂浆 K=1.53W/（m²·K）
屋顶	35 mm 木望板+100 mm 草泥 K=1.81W/（m²·K）	100 mm 混凝土+50 mm 细石混凝土+5 mm 油毡 K=2.71W/（m²·K）
外窗	单玻木窗 K=4.7W/（m²·K）	单玻铝合金窗 K=6.1W/（m²·K）
外门	单层木门 K=2.37W/（m²·K）	
地面	53 mm 砖地面 R=0.16 m²·K/W	
其他	室内采暖控制温度：14℃ 通风换气频率：改造前 1.3 次/h，改造后 1.0 次/h	

6.3.2.2 改造效果模拟

典型农宅 1——砖木坡屋顶

1）常规改造方案。单一部位改造效果最好的是南向封厦，可节能 32%，单一部位改造节能效果排序为：封厦＞四面墙＞三面墙＞屋顶＞门窗＞北墙。两处改造部位的组合方案可节能 25%～52%，三处改造部位的组合方案可节能 45%～67%。

2）简易改造方案。单一部位改造效果最好的是南向封厦，可节能 24%，单一部位改造节能效果排序为：封厦＞四面墙＞三面墙＞屋顶＞北墙＞门窗。两处改造部位的组合方案可节能 17%～41%，三处改造部位的组合方案可节能 29%～54%。改造效果模拟结果如图 6-2 所示。

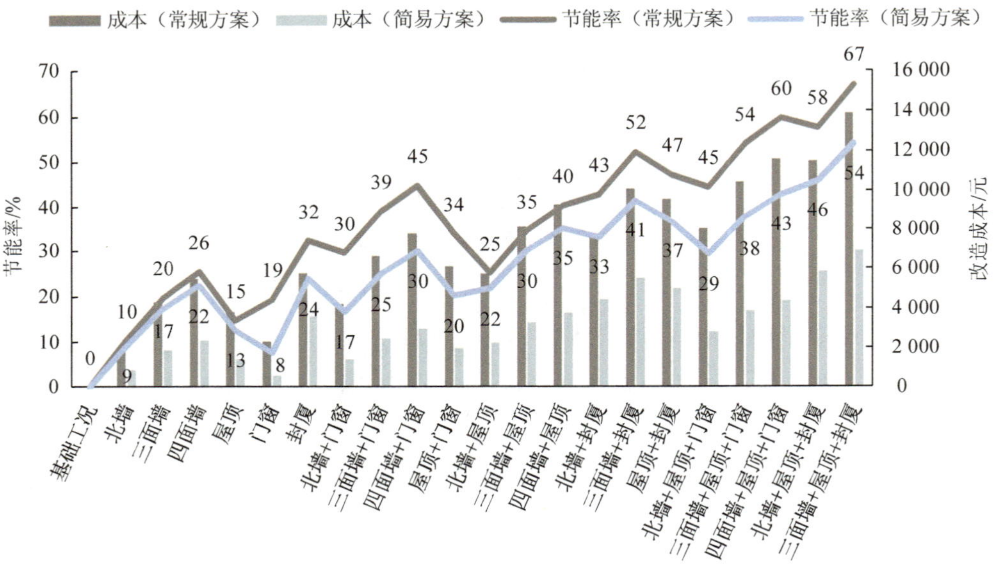

图 6-2 河北省典型农宅 1 不同改造方案节能率及改造成本

典型农宅 2——砖混平屋顶

1）常规改造方案。单一部位改造效果最好的是南向封厦，可节能 32%，单一部位改造节能效果排序为：封厦＞屋顶＞门窗＞四面墙＞三面墙＞北墙。两处改造部位的组合方案可节能 28%～58%，三处改造部位的组合方案可节能 54%～71%。

2）简易改造方案。单一部位改造效果最好的是南向封厦，可节能 25%，单一部位改造节能效果排序为：封厦＞屋顶＞四面墙＞三面墙＞门窗＞北墙。两处改造部位的组合方案可节能 15%～48%，三处改造部位的组合方案可节能 38%～59%。改造效果模拟结果如图 6-3 所示。

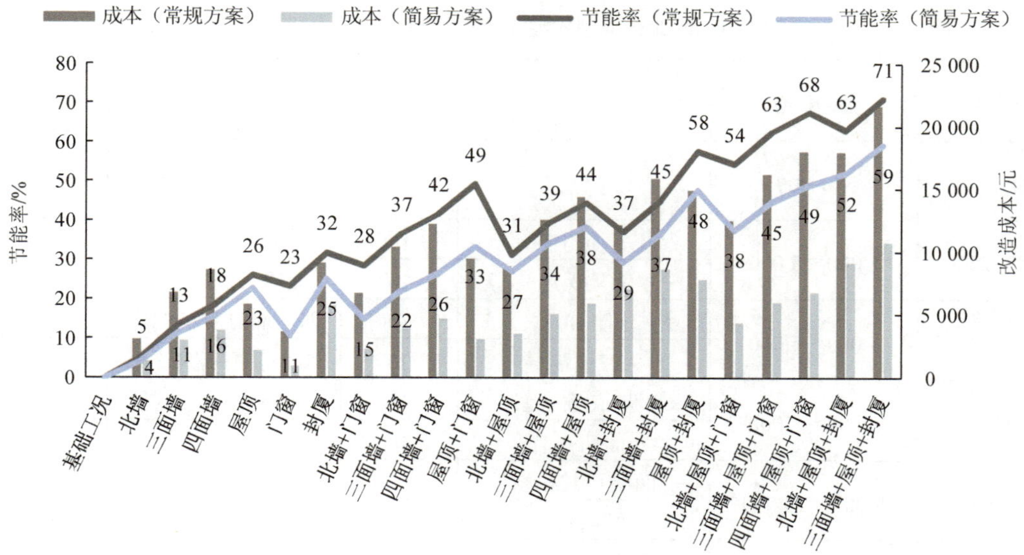

图 6-3　河北省典型农宅 2 不同改造方案节能率及改造成本

6.3.2.3　改造成本分析

典型农宅 1——砖木坡屋顶

1）常规改造方案。改造成本为 2 000 元，可做北墙保温，达到 10%左右的节能效果；改造成本为 3 000 元，可更换外窗，达到 19%左右的节能效果；改造成本为 5 000 元，可采取北墙保温+更换门窗的组合方案，达到 30%左右的节能效果；改造成本为 8 000 元，可采取四面墙保温+更换门窗的组合方案，达到 40%以上的节能效果；改造成本为 10 000 元，最优组合方案为三面墙保温+南向封厦，达到 50%以上的节能效果；改造成本为 14 000 元，可进行三面墙保温+屋顶保温+封厦的全面改造，达到 65%以上的节能效果。封厦虽然节能效果好，但其成本造价高，适用于对节能要求高、成本预算充足的用户。

2）简易改造方案。改造成本为 600 元，可加装保温窗、门帘，达到 8%左右的节能效果；改造成本为 1 000 元，可做北墙保温，达到 10%左右的节能效果；改造成本为 2 000 元，可采取组合方案，如保温吊顶+更换门窗，达到 20%左右的节能效果；改造成本为 3 000 元，最优组合方案为四面墙保温+保温窗帘，达到 30%左右的节能效果；改造成本为 5 000 元，可做四面墙保温+保温吊顶+保温窗帘，达到 40%以上的节能效果；改造成本为 7 000 元，可做三面墙保温+保温吊顶+封厦的全面改造，达到 55%左右的节能效果。典型农宅

1 不同改造方案成本比较见表 6-9。

表 6-9 河北省典型农宅 1 不同改造方案成本比较

档次	成本/元	常规方案		简易方案	
		改造部位	节能率/%	改造部位	节能率/%
第一档	<1 000	—	—	北墙保温	10
				保温窗、门帘	8
第二档	1 000～3 000	更换门窗	19	四面墙+门窗	30
		北墙保温	10	北墙+门窗+屋顶	29
第三档	3 000～5 000	北墙+门窗	30	四面墙+屋顶+门窗	40
		三面墙	20	封厦+屋顶	37
第四档	5 000～8 000	北墙+门窗+屋顶	45	三面墙+屋顶+封厦	55
		四面墙+门窗	40	—	—
第五档	8 000～10 000	三面墙+门窗+屋顶	54	—	—
		三面墙+封厦	50		
第六档	10 000～15 000	三面墙+屋顶+封厦	65	—	—

典型农宅 2——砖混平屋顶

1）常规改造方案。改造成本为 3 000 元，可做北墙保温，达到 5%左右的节能效果；改造成本为 5 000 元，可更换外窗，达到 25%左右的节能效果；改造成本为 10 000 元，可采取屋顶保温+更换门窗的组合方案，达到 50%左右的节能效果；改造成本为 15 000 元，可采取屋顶保温+南向封厦的组合方案，达到 55%以上的节能效果；改造成本为 20 000 元，最优组合方案为屋顶保温+三面墙保温+南向封厦，达到 65%以上的节能效果。封厦虽然节能效果好，但其成本造价高，适用于对节能要求高、成本预算充足的用户。

2）简易改造方案。改造成本为 1 000 元，可加装保温窗、门帘，达到 10%左右的节能效果；改造成本为 3 000 元，可采取保温吊顶+保温门帘的组合方案，达到 30%以上的节能效果；改造成本为 5 000 元，可采取保温吊顶+保温窗帘+北墙保温的组合方案，达到 35%以上的节能效果；改造成本为 10 000 元，最优组合方案为保温吊顶+南向封厦+北墙保温，达到 50%以上的节能效果；改造成本为 15 000 元，可做保温吊顶+三面墙保温+南向封厦，达到 60%左右的节能效果。典型农宅 2 不同改造方案成本比较见表 6-10。

表 6-10　河北省典型农宅 2 不同改造方案成本比较

档次	成本/元	常规方案		简易方案	
		改造部位	节能率/%	改造部位	节能率/%
第一档	<3 000	北墙保温	5	屋顶+门窗	33
				保温窗、门帘	10
第二档	3 000～5 000	更换门窗	23	屋顶+北墙+门窗	38
				屋顶+三面墙	34
第三档	5 000～10 000	屋顶+门窗	49	屋顶+封厦+北墙	50
				屋顶+四面墙+门窗	49
第四档	10 000～15 000	屋顶+封厦	58	三面墙+屋顶+封厦	59
		屋顶+北墙+门窗	54	—	—
第五档	15 000～20 000	屋顶+四面墙+门窗	68	—	—
		屋顶+封厦+北墙	63		
第六档	20 000～25 000	屋顶+三面墙+封厦	71	—	—

6.3.3　山西省农宅改造效果模拟及成本分析

6.3.3.1　典型农宅模型

根据 2019 年中国建筑科学研究院调研结果，山西省农宅基本无保温、整体热工性能较差。在结构方面，63.58%为砖混结构，28.39%为砖木结构，8.03%为土木结构。从建筑层数来看，单层农宅占农宅总数的 81.87%，二层农宅占 17.48%，三层及以上楼房占 0.65%。建筑体系属于北方合院式，院落大多南北向布置，正房坐北朝南，一般为 4 间或 5 间房。开间多为 10～15 m，进深多为 4～8 m，层高 3.6 m，南向窗墙比为 0.5 左右，北向窗墙比小于 0.1。在围护结构构造方面，外墙基本为实心黏土砖，厚度为 370 mm 的占 90%以上，基本无保温。屋顶有坡屋顶和平屋顶两种形式，坡屋顶多为木屋架瓦屋面，建成时间较长；平屋顶多为混凝土屋面，房屋建成时间较短。外窗以塑钢窗和木窗为主，较少使用铝合金窗。

根据调研结果，确定两种典型农宅：一种为双层农宅，另一种为单层农宅，平面图和立面图如图 6-4 所示，典型农宅 1、典型农宅 2 均为砖混结构，370 mm 砖墙+钢混平屋顶+铝合金门窗构造，为近期建成农宅的典型代表，是最具节能改造价值的建筑。

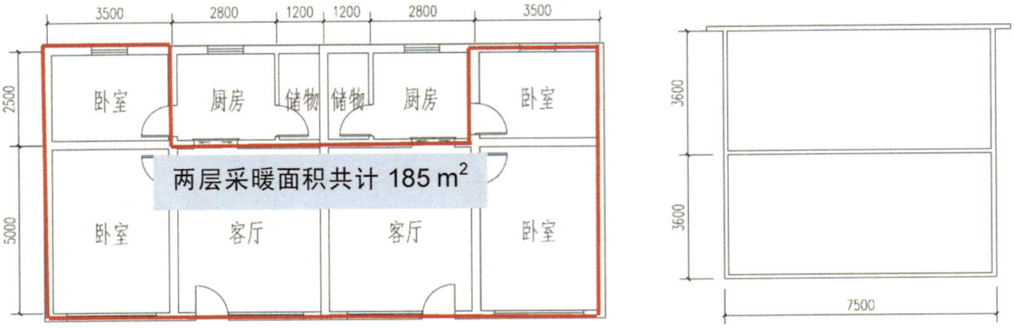

（a）典型农宅 1

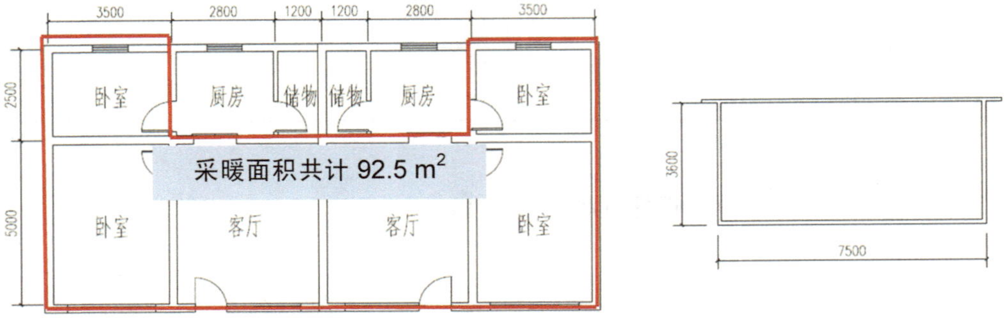

（b）典型农宅 2

图 6-4　山西省典型农宅平面图及立面图

根据典型农宅围护结构特点，设定典型农宅模型参数（表 6-11）。结合当地农宅冬季实际使用及采暖情况，双层农宅上下两层的卧室及起居室均采暖，单层农宅仅卧室及起居室采暖，室内采暖控制温度为 14℃。

表 6-11　山西省典型农宅模型参数设定

部位	做法及传热系数 （典型农宅 1、典型农宅 2）
外墙	370 mm 砖+20 mm 水泥砂浆 K=1.53W/（m^2·K）
屋顶	100 mm 混凝土+50 mm 细石混凝土+5 mm 油毡 K=2.71W/（m^2·K）
外窗	单玻铝合金窗 K=6.1W/（m^2·K）
外门	单玻铝合金门 K=6.1W/（m^2·K）
地面	53 mm 砖地面 R=0.16 m^2·K/W
其他	室内采暖控制温度：14℃ 通风换气频率：改造前 1.3 次/h，改造后 1.0 次/h

6.3.3.2 改造效果模拟

典型农宅 1——双层砖混平屋顶

1）常规改造方案。单一部位改造效果最好的是南向封厦，可节能 37%，单一部位改造节能效果排序为：封厦>门窗>四面墙>三面墙>屋顶>北墙。两处改造部位的组合方案可节能 20%～55%，三处改造部位的组合方案可节能 46%～71%。

2）简易改造方案。单一部位改造效果最好的是南向封厦，可节能 30%，单一部位改造节能效果排序为：封厦>四面墙>三面墙>屋顶>门窗>北墙。两处改造部位的组合方案可节能 14%～46%，三处改造部位的组合方案可节能 27%～59%。改造效果模拟结果如图 6-5 所示。

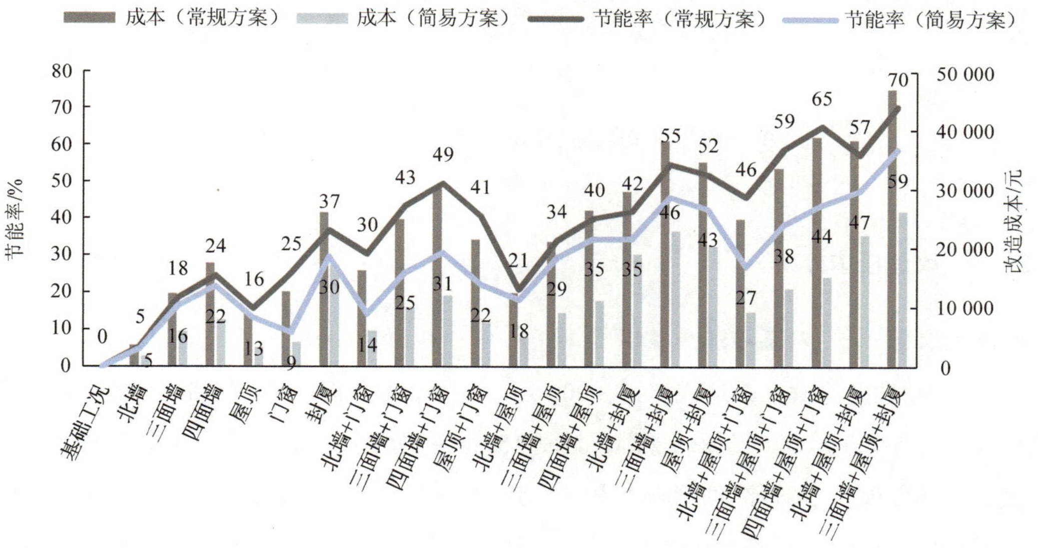

图 6-5 山西省典型农宅 1 不同改造方案节能率及改造成本

典型农宅 2——单层砖混平屋顶

1）常规改造方案。单一部位改造效果最好的是南向封厦，可节能 29%，单一部位改造节能效果排序为：封厦>四面墙>屋顶>门窗>三面墙>北墙。两处改造部位的组合方案可节能 21%～49%，三处改造部位的组合方案可节能 41%～65%。

2）简易改造方案。单一部位改造效果最好的是南向封厦，可节能 23%，单一部位改造节能效果排序为：封厦>四面墙>屋顶>三面墙>门窗>北墙。两处改造部位的组合方案可节能 11%～40%，三处改造部位的组合方案可节能 28%～55%。改造效果模拟结果如图 6-6 所示。

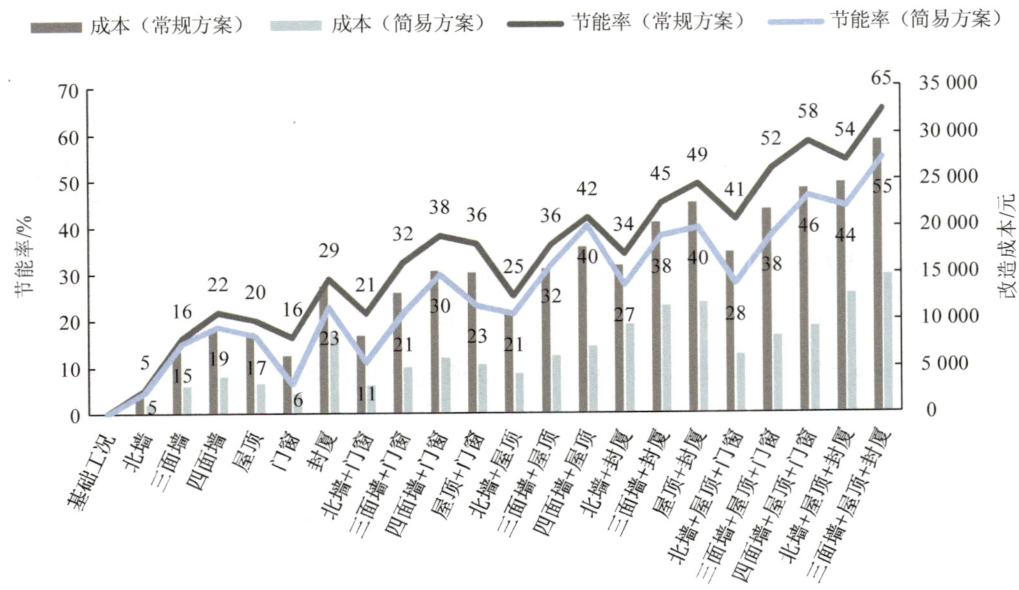

图 6-6 山西省典型农宅 2 不同改造方案节能率及改造成本

6.3.3.3 改造成本分析

典型农宅 1——双层砖混平屋顶

1）常规改造方案。改造成本为 3 000 元，可做北墙保温，达到 5%以上的节能效果；改造成本为 5 000 元，可做屋顶保温，达到 15%左右的节能效果；改造成本为 10 000 元，可采取屋顶保温+北墙保温的组合方案，达到 25%左右的节能效果；改造成本为 15 000 元，可采取屋顶保温+更换门窗的组合方案，达到 35%以上的节能效果；改造成本为 20 000 元，可采取北墙保温+更换门窗+屋顶保温的组合方案，达到 45%左右的节能效果；改造成本为 30 000 元，最优组合方案为四面墙保温+屋顶保温+更换门窗，达到 60%左右的节能效果；改造成本为 40 000 元，可进行三面外墙保温+屋顶保温+封厦的全面改造，达到 65%左右的节能效果。封厦虽然节能效果好，但其成本造价高，适用于对节能要求高、成本预算充足的用户。

2）简易改造方案。改造成本为 1 000 元，可做北墙保温，达到 5%左右的节能效果；改造成本为 3 000 元，可做北墙保温+保温吊顶，达到 15%左右的节能效果；改造成本为 5 000 元，可采取保温吊顶+保温窗帘的组合方案，达到 20%以上的节能效果；改造成本为 10 000 元，可采取四面墙保温+保温吊顶+保温窗帘的组合方案，达到 45%以上的节能效果；改造成本为 15 000 元，最优组合方案为三面墙保温+保温吊顶+封厦的全面保温，可达到 55%左右的节能效果。典型农宅 1 不同改造方案成本比较见表 6-12。

表 6-12 山西省典型农宅 1 不同改造方案成本比较

档次	成本/元	常规方案		简易方案	
		改造部位	节能率/%	改造部位	节能率/%
第一档	1 000～3 000	—	—	北墙保温	5
第二档	3 000～5 000	北墙保温	5	屋顶+北墙	18
				门窗	9
第三档	5 000～10 000	屋顶保温	15	三面墙+屋顶	30
				北墙+屋顶+门窗	27
第四档	10 000～15 000	更换门窗	25	四面墙+屋顶+门窗	45
		北墙+屋顶	21		
第五档	15 000～20 000	门窗+屋顶	40	封厦+屋顶	43
		三面墙+屋顶	34		
第六档	20 000～30 000	门窗+四面墙	50	封厦+三面墙+屋顶	55
		门窗+北墙+屋顶	46		
		北墙+封厦	42		
第七档	30 000～40 000	门窗+四面墙+屋顶	65	—	—
		封厦+北墙+屋顶	57		
		封厦+三面墙	55		
第八档	40 000～50 000	封厦+三面墙+屋顶	70	—	—

典型农宅 2——单层砖混平屋顶

1）常规改造方案。改造成本为 3 000 元，可做北墙保温，达到 5%左右的节能效果；改造成本为 5 000 元，可更换门窗，达到 15%以上的节能效果；改造成本为 10 000 元，最优组合方案为北墙+屋顶改造或门窗+三面墙改造，可达到 30%左右的节能效果；改造成本为 15 000 元，最优组合方案为屋顶+北墙+门窗改造，可达到 40%以上的节能效果；改造成本为 20 000 元，最优组合方案为四面墙+屋顶+门窗，可达到 60%左右的节能效果。封厦虽然节能效果好，但其成本造价高，仅适用于经济条件好的农户。

2）简易改造方案。改造成本为 1 000 元，可加装保温窗、门帘，达到 8%左右的节能效果；改造成本为 3 000 元，可做保温吊顶，达到 17%以上的节能效果；改造成本为 5 000 元，最优组合方案为吊顶保温+北墙保温+保温门帘，可达到 30%以上的节能效果；改造成本为 10 000 元，最优组合方案为三面墙保温+保温吊顶+封厦改造，可达到 50%左右的节能效果。典型农宅 2 不同改造方案成本比较见表 6-13。

表 6-13 山西省典型农宅 2 不同改造方案成本比较

档次	成本/元	常规方案		简易方案	
		改造部位	节能率/%	改造部位	节能率/%
第一档	1 000～3 000	北墙保温	5	三面墙保温	15
第二档	3 000～5 000	更换门窗	16	屋顶+门窗	23
				屋顶+北墙	21
第三档	5 000～10 000	屋顶+北墙	25	屋顶+四面墙+门窗	46
		四面墙保温	22		
第四档	10 000～15 000	屋顶+外窗	35	屋顶+三面墙+封厦	55
		三面墙+外窗	33		
第五档	15 000～20 000	三面墙+封厦	45	—	—
		屋顶+北墙+门窗	41		
第六档	20 000～25 000	屋顶+四面墙+门窗	58	—	—
		屋顶+北墙+封厦	54		
第七档	25 000～30 000	屋顶+三面墙+封厦	65	—	—

6.3.4 山东省农宅改造效果模拟与成本分析

6.3.4.1 典型农宅模型

根据 2017 年中国建筑科学研究院的调查结果，山东省农宅基本无保温、整体热工性能较差，其中 1990 年以前建造的农宅占 31.4%，1990—2010 年建造的占 54.7%，2010 年以后建造的占 13.9%。在结构方面，81.5%的农宅为砖混结构和砖木结构。从建筑层数来看，单层农宅占各区县农宅总数 76.2%，二层农宅占 16.3%，三层以上楼房占 7.5%。农村建筑以单层农宅为主，建筑体系属于北方合院式，院落大多南北向布置，正房坐北朝南，一般为 3 间、4 间或 5 间。户均建筑面积为 99.7 m^2，开间约为 15 m，进深约为 6.6 m，层高 3.8 m，南向窗墙比为 0.4，北向窗墙比为 0.1。在围护结构构造方面，外墙基本均为实心黏土砖，厚度为 240 mm 的占 80%，一般无外饰面，且 86.9%的外墙无保温。屋顶分为坡屋顶和平屋顶两种形式，占比分别为 45.3%和 54.7%。坡屋顶多为木屋架瓦屋面，建成时间较长；平屋顶多为混凝土屋面，建成时间较短。外窗使用情况，木窗占 44.9%，铝合金窗占 49.7%，塑钢窗占 5.4%，与建筑建成时间及居民经济水平有关。

根据调研情况，选取两种典型农宅模型如图 6-7 所示。典型农宅 1 为砖混结构，240 mm 砖墙+钢混平屋顶+铝合金门窗构造，代表建成时间较短，是最有节能改造价值的建筑；典型农宅 2 为砖木结构，240 mm 砖墙+坡木屋顶+木门窗构造，代表建成时间较长，但还具备一定改造价值的建筑。

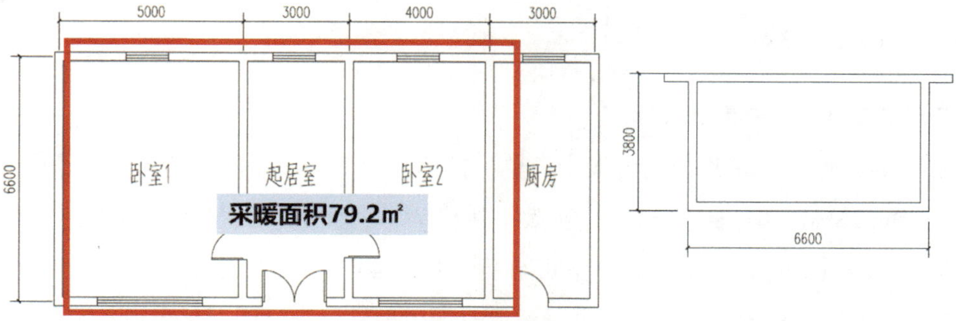

（a）典型农宅 1

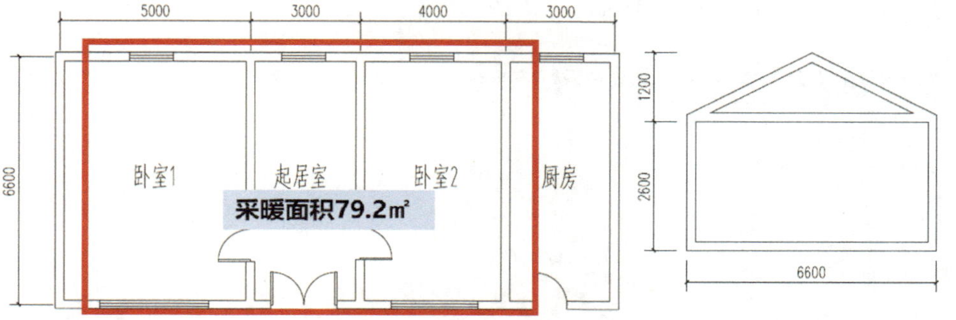

（b）典型农宅 2

图 6-7　山东省典型农宅平面图及立面图

根据典型农宅围护结构特点，设定典型农宅模型参数（表 6-14）。结合当地农宅冬季实际采暖情况，设定只有卧室及起居室进行采暖，室内采暖控制温度为 14℃。

表 6-14　山东省典型农宅模型参数设定

部位	做法及传热系数	
	典型农宅 1	典型农宅 2
外墙	240 mm 砖+20 mm 水泥砂浆 K=2.02W/（m^2·K）	
屋顶	35 mm 木望板+100 mm 草泥 K=1.81W/（m^2·K）	100 mm 混凝土+50 mm 细石混凝土+5 mm 油毡 K=2.71W/（m^2·K）
外窗	单玻木窗 K=4.7W/（m^2·K）	单玻铝合金窗 K=6.1W/（m^2·K）
外门	单层木门 K=2.37W/（m^2·K）	
地面	53 mm 砖地面 R=0.16 m^2·K/W	
其他	室内采暖控制温度：14℃ 通风换气频率：改造前 1.3 次/h，改造后 1.0 次/h	

6.3.4.2 改造效果模拟

典型农宅 1——砖混平屋顶

如图 6-8 所示，常规改造方案中，单一部位改造效果最好的是南向封厦及四面墙保温，可节能 23%，单一部位改造节能效果排序为：四面墙＞封厦＞屋顶＞三面墙＞门窗＞北墙。两处改造部位的组合方案可节能 24%～43%，三处改造部位的组合方案可节能 45%～60%。简易改造方案中，单一部位改造效果最好的是四面墙保温，可节能 21%，单一部位改造节能效果排序为：四面墙＞屋顶＞封厦＞三面墙＞北墙＞门窗。两处改造部位的组合方案可节能 16%～38%，三处改造部位的组合方案可节能 33%～49%。

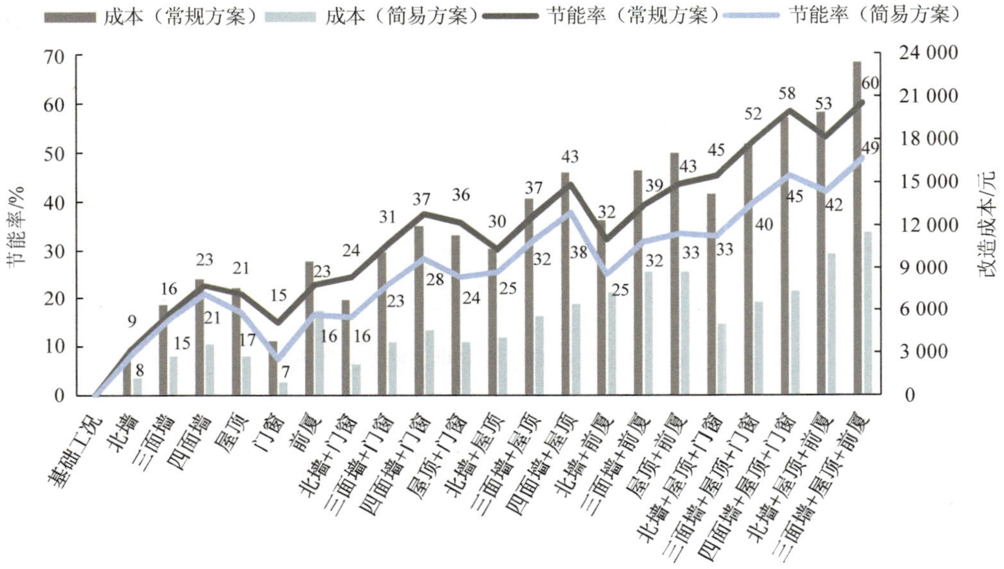

图 6-8 山东省典型农宅 1 不同改造方案节能率及改造成本

典型农宅 2——砖木坡屋顶

如图 6-9 所示，常规改造方案中，单一部位改造效果最好的是南向封厦及四面墙保温，可节能 26%，单一部位改造节能效果排序为：四面墙＞封厦＞三面墙＞屋顶＞门窗＞北墙。两处改造部位的组合方案可节能 25%～44%，三处改造部位的组合方案可节能 43%～60%。简易改造方案中，单一部位改造效果最好的是四面墙保温，可节能 22%，单一部位改造节能效果排序为：四面墙＞封厦＞三面墙＞屋顶＞北墙＞门窗。两处改造部位的组合方案可节能 17%～36%，三处改造部位的组合方案可节能 32%～52%。

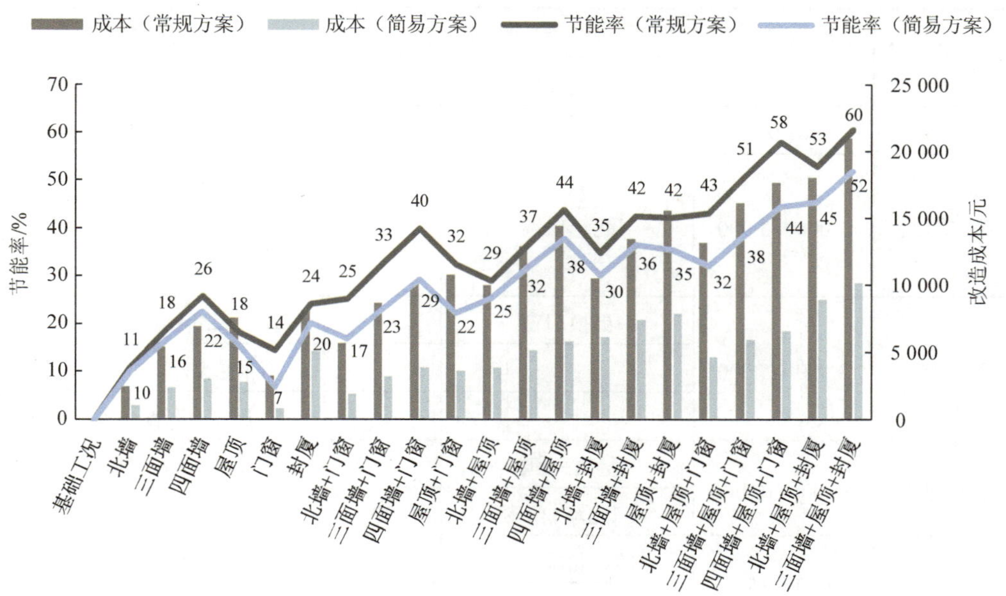

图 6-9　山东省典型农宅 2 不同改造方案节能率及改造成本

6.3.4.3　改造成本分析

典型农宅 1——砖混平屋顶

1）常规改造方案。改造成本为 3 000 元，可做北墙保温，达到 10%左右的节能效果；改造成本为 5 000 元，可更换外窗，达到 15%以上的节能效果；改造成本为 10 000 元，最优组合方案为北墙+屋顶改造或门窗+三面墙改造，可达到 30%以上的节能效果；改造成本为 15 000 元，最优组合方案为屋顶+北墙+门窗改造，可达到 40%以上的节能效果；改造成本为 20 000 元，最优组合方案为四面墙+屋顶+门窗，可达到 60%左右的节能效果。封厦虽然节能效果好，但其成本造价高，仅适用于经济条件好的农户。

2）简易改造方案。改造成本为 1 000 元，可加装保温窗、门帘，达到 8%左右的节能效果；改造成本为 3 000 元，可做保温吊顶，达到 17%以上的节能效果；改造成本为 5 000 元，最优组合方案为吊顶保温+北墙保温+保温门窗，可达到 30%以上的节能效果；改造成本为 10 000 元，最优组合方案为三面墙保温+保温吊顶+封厦改造，可达到 50%左右的节能效果。典型农宅 1 不同改造方案成本比较见表 6-15。

表 6-15　山东省典型农宅 1 不同改造方案成本比较

档次	成本/元	常规方案		简易方案	
		改造部位	节能率/%	改造部位	节能率/%
第一档	＜1 000			保温窗、门帘	8
第二档	1 000～3 000	北墙保温	10	吊顶保温	17
				三面墙保温	15
				北墙+门窗	15
第三档	3 000～5 000	更换门窗	15	屋顶+北墙+门窗	33
				四面墙+门窗	28
				屋顶+北墙	25
第四档	5 000～10 000	屋顶+北墙	30	屋顶+三面墙+封厦	50
		三面墙+门窗	30	屋顶+四面墙+门窗	45
第五档	10 000～15 000	屋顶+北墙+门窗	45		
		屋顶+四面墙	43		
第六档	15 000～20 000	屋顶+四面墙+门窗	58		
		屋顶+北墙+封厦	53		
第七档	20 000～25 000	屋顶+三面墙+封厦	60		

典型农宅 2——砖木坡屋顶

1）常规改造方案。改造成本为 3 000 元，可做北墙保温，达到 10%左右的节能效果；改造成本为 5 000 元，可做三面墙保温，达到 18%左右的节能效果；改造成本为 10 000 元，最优组合方案为四面墙+门窗改造，可达到 40%左右的节能效果；改造成本为 15 000 元，最优组合方案为四面墙+屋顶改造，可达到 45%以上的节能效果；改造成本为 20 000 元，最优组合方案为三面墙+屋顶+封厦，可达到 60%左右的节能效果。封厦虽然节能效果好，但其成本造价高，仅适用于经济条件好的农户。

2）简易改造方案。改造成本为 1 000 元，可加装保温窗、门帘，达到 7%左右的节能效果，也可进行北墙保温，达到 10%左右的节能效果；改造成本为 3 000 元，可做三面墙+门窗改造，达到 20%以上的节能效果；改造成本为 5 000 元，最优组合方案为吊顶保温+北墙保温+保温门帘，可达到 30%以上的节能效果；改造成本为 10 000 元，最优组合方案为三面墙保温+保温吊顶+封厦改造，可达到 50%左右的节能效果。典型农宅 2 不同改造方案成本比较见表 6-16。

表 6-16　山东省典型农宅 2 不同改造方案成本比较

档次	成本/元	常规方案		简易方案	
		改造部位	节能率/%	改造部位	节能率/%
第一档	＜1 000			保温窗、门帘	8
				北墙保温	10
第二档	1 000～3 000	北墙保温	10	三面墙+门窗	23
				四面墙保温	22
第三档	3 000～5 000	三面墙保温	18	北墙+屋顶+门窗	32
		更换门窗	15	三面墙+屋顶	32
				四面墙+门窗	30
第四档	5 000～10 000	四面墙+门窗	40	三面墙+封厦+屋顶	52
		北墙+封厦	35	四面墙+门窗+屋顶	45
第五档	10 000～15 000	四面墙+屋顶	44	—	—
		北墙+门窗+屋顶	43		
第六档	15 000～20 000	四面墙+门窗+屋顶	58	—	—
		北墙+封厦+屋顶	45		
第七档	20 000～25 000	三面墙+封厦+屋顶	60	—	—

6.3.5　河南省农宅改造效果模拟及成本分析

6.3.5.1　典型农宅模型

根据 2016 年吉林建筑大学的调研结果，河南省农宅在结构方面，78.1%为砖混结构，16.4%为砖木结构，5.5%为土木结构。从建筑层数来看，单层农宅占农宅总数的 61.7%，二层农宅占 34.2%，三层以上楼房占 4.1%。河南北部农村住宅的基本形式多为独院式的三合院或四合院住宅，院落内所有房门、窗户都朝向院落内，通常不对外开窗，保护院落内的私密性。正房是主要居住、活动场所，呈矩形或“凹”字形，多以民间“明三暗五”的形式出现，耳房做卧室用，正中的堂屋是家中起居生活、接待宾客等活动空间，厢房多为功能性房间。开间多为 10～15 m，进深多为 4～8 m，层高多为 3.3～3.6 m，各朝向窗墙比为 0.3～0.4。在围护结构构造方面，外墙基本为实心黏土砖，外墙厚度为 240 mm 的农宅占地为 94.5%，基本无保温。屋顶分为坡屋顶和平屋顶两种形式，坡屋顶占 58.9%，平屋顶占 41.1%。坡屋顶多为木屋架瓦屋面，建成时间较长；平屋顶多为混凝土屋面，房屋建成时间较短。外窗以木窗为主，占 48%，铝合金和塑钢窗使用较少，分别占 22%和 30%。

根据调研结果，确定两种典型农宅，平面图和剖面图如图 6-10 所示。典型农宅 1 为砖混结构，240 mm 砖墙+钢混平屋顶+铝合金门窗构造，是近期建成的双层农宅的典型代表，是最有节能改造价值的建筑；典型农宅 2 为砖木结构，240 mm 砖墙+木结构坡屋顶+木门窗构造，代表建成时间较长，但还具备一定改造价值的建筑。

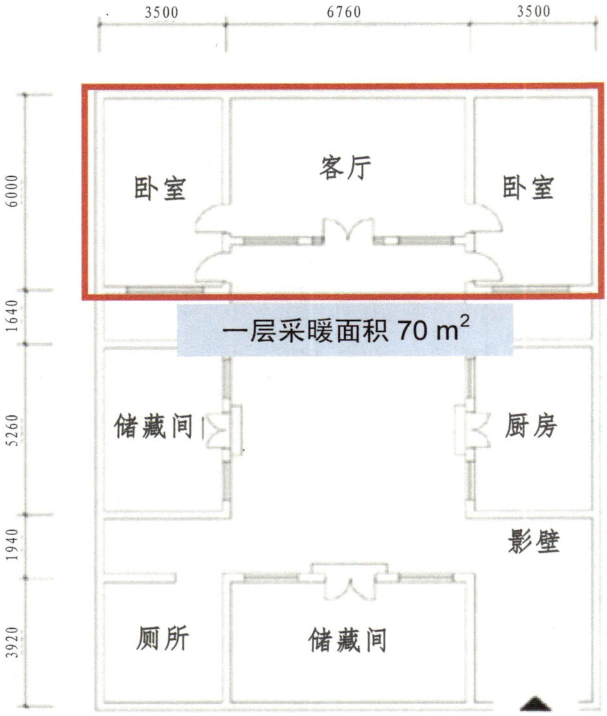

（a）典型农宅 1、典型农宅 2 平面图

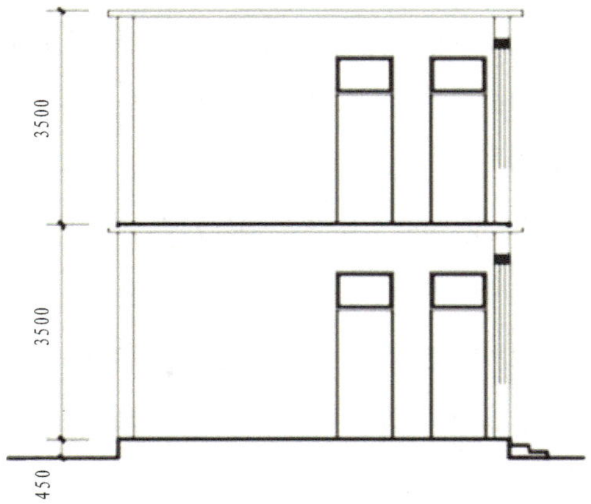

（b）典型农宅 1 剖面图

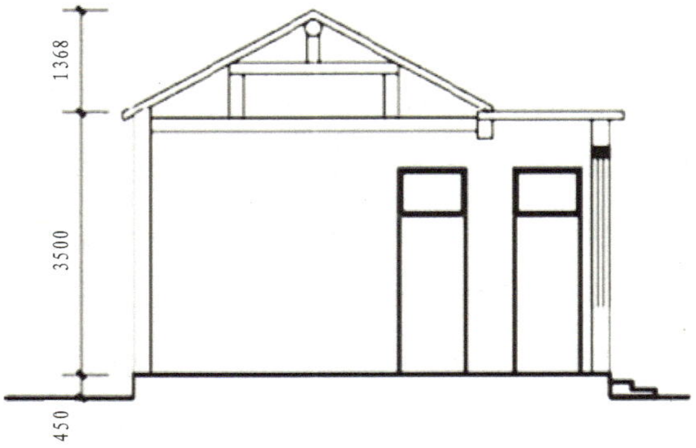

（c）典型农宅 2 剖面图

图 6-10　河南省典型农宅平面图及剖面图

根据典型农宅围护结构特点，设定典型农宅模型参数（表 6-17）。结合当地农宅冬季实际使用及采暖情况，设定双层农宅只有一层的卧室及起居室进行采暖，二层所有房间均不采暖；单层农宅卧室及起居室进行采暖，室内采暖控制温度为 14℃。

表 6-17　河南省典型农宅模型参数设定

部位	做法及传热系数	
	典型农宅 1	典型农宅 2
外墙	240 mm 砖+20 mm 水泥砂浆 K=2.02W/（m^2·K）	
屋顶	35 mm 木望板+100 mm 草泥 K=1.81W/（m^2·K）	100 mm 混凝土+50 mm 细石混凝土+5 mm 油毡 K=2.71W/（m^2·K）
外窗	单玻木窗 K=4.7W/（m^2·K）	单玻铝合金窗 K=6.1W/（m^2·K）
外门	单层木门 K=2.37W/（m^2·K）	
地面	53 mm 砖地面 R=0.16 m^2·K/W	
其他	室内采暖控制温度：14℃ 通风换气频率：改造前 1.3 次/h，改造后 1.0 次/h	

6.3.5.2　改造效果模拟

典型农宅 1——双层平屋顶

1）常规改造方案。单一部位改造效果最好的是四面墙保温，可节能 35%，单一部位改造节能效果排序为：四面墙＞三面墙＞封厦＞门窗＞北墙＞屋顶。两处改造部位的组合方案可节能 19%～52%，三处改造部位的组合方案可节能 36%～59%。

2）简易改造方案。单一部位改造效果最好的是四面墙保温，可节能 30%，单一部位改造节能效果排序为：四面墙＞三面墙＞封厦＞北墙＞门窗＞屋顶。两处改造部位的组合方案可节能 12%～43%，三处改造部位的组合方案可节能 24%～49%。改造效果模拟结果如图 6-11 所示。

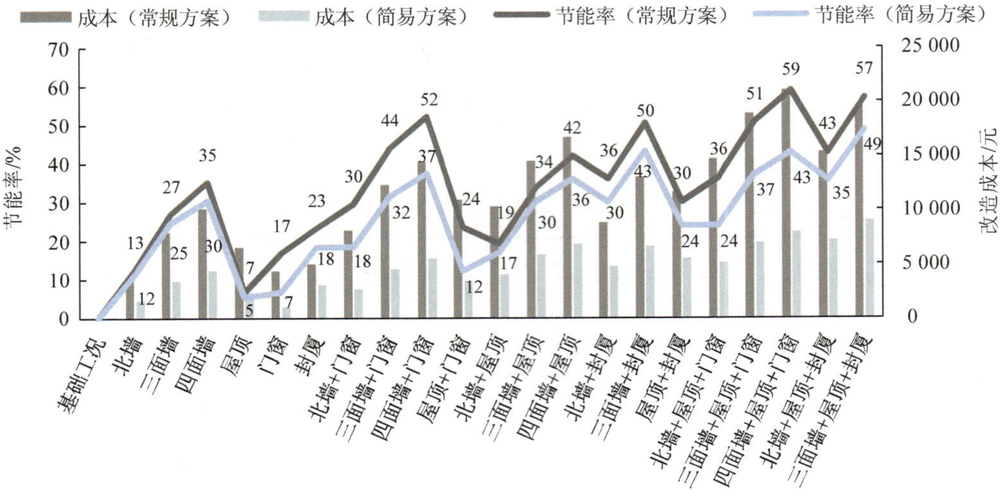

图 6-11　河南省典型农宅 1 不同改造方案节能率及改造成本

典型农宅 2——单层坡屋顶

1）常规改造方案。单一部位改造效果最好的是四面墙保温，可节能 33%，单一部位改造节能效果排序为：四面墙＞封厦＞三面墙＞门窗＞北墙＞屋顶。两处改造部位的组合方案可节能 22%～50%，三处改造部位的组合方案可节能 36%～60%。

2）简易改造方案。单一部位改造效果最好的是四面墙保温，可节能 29%，单一部位改造节能效果排序为：四面墙＞封厦＞三面墙＞北墙＞屋顶＞门窗。两处改造部位的组合方案可节能 15%～44%，三处改造部位的组合方案可节能 26%～52%。改造效果模拟结果如图 6-12 所示。

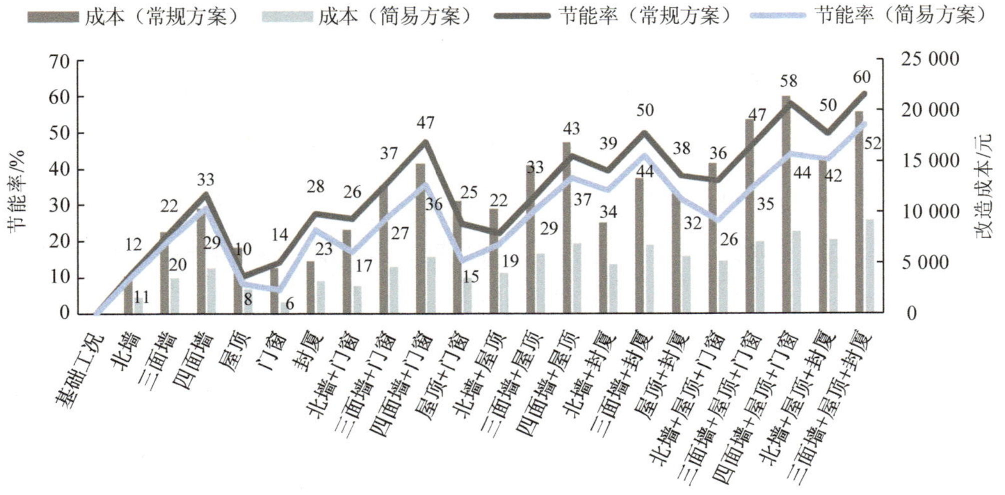

图 6-12　河南省典型农宅 2 不同改造方案节能率及改造成本

6.3.5.3　改造成本分析

典型农宅 1——双层平屋顶

1）常规改造方案。改造成本为 4 000 元，可做北墙保温，达到 12%以上的节能效果；改造成本为 5 000 元，可做南向封厦，达到 20%以上的节能效果；改造成本为 8 000 元，可采取北墙保温+更换门窗的组合方案，达到 30%左右的节能效果；改造成本为 10 000 元，可采取北墙保温+南向封厦的组合方案，达到 35%以上的节能效果；改造成本为 15 000 元，可采取三面墙保温+南向封厦的组合方案，达到 50%左右的节能效果；改造成本为 20 000 元，可采取三面墙保温+屋顶保温+南向封厦的组合方案，达到 55%以上的节能效果；改造成本为 25 000 元，可采取四面墙保温+屋顶保温+更换外窗的组合方案，达到 60%左右的节能效果。

2）简易改造方案。改造成本为 1 000 元，可做保温窗、门帘，达到 7%左右的节能效果；改造成本为 2 000 元，可做北墙保温，达到 12%左右的节能效果；改造成本为 4 000 元，可做三面墙保温，达到 25%左右的节能效果；改造成本为 5 000 元，可做四面墙保温，达到 30%左右的节能效果；改造成本为 7 500 元，可采取三面墙保温+封厦的组合方案，达到 40%以上的节能效果；改造成本为 10 000 元，可采取三面墙保温+保温吊顶+南向封厦的全面保温组合方案，达到 50%左右的节能效果。典型农宅 1 不同改造方案成本比较见表 6-18。

表 6-18　河南省典型农宅 1 不同改造方案成本比较

档次	成本/元	常规方案		简易方案	
		改造部位	节能率/%	改造部位	节能率/%
第一档	1 000～2 000	—	—	北墙保温	12
				保温窗、门帘	7
第二档	2 000～4 000	北墙保温	12	三面墙保温	25
				北墙+门窗	18
第三档	4 000～5 000	南向封厦	20	三面墙+门窗	32
		门窗	17	四面墙保温	30
第四档	5 000～8 000	北墙+门窗	30	三面墙+封厦	43
		三面墙	27	四面墙+门窗+屋顶	43
第五档	8 000～10 000	北墙+封厦	35	三面墙+屋顶+封厦	50
第六档	10 000～15 000	四面墙+门窗	52	—	—
		三面墙+封厦	50		
第七档	15 000～20 000	三面墙+屋顶+封厦	55	—	—
第八档	20 000～25 000	四面墙+屋顶+门窗	60	—	—

典型农宅 2——单层坡屋顶

1）常规改造方案。改造成本为 4 000 元，可做北墙保温，达到 12%左右的节能效果；改造成本为 5 000 元，可做南向封厦，达到 25%以上的节能效果；改造成本为 10 000 元，可采取北墙保温+南向封厦的组合方案，达到 35%以上的节能效果；改造成本为 15 000 元，可采取三面墙保温+南向封厦的组合方案，达到 50%左右的节能效果；改造成本为 20 000 元，可采取三面墙保温+屋顶保温+南向封厦的组合方案，达到 60%左右的节能效果。

2）简易改造方案。改造成本为 1 000 元，可做保温窗、门帘，达到 7%左右的节能效果；改造成本为 2 000 元，可做北墙保温，达到 11%左右的节能效果；改造成本为 4 000 元，可做三面墙保温，达到 20%左右的节能效果；改造成本为 5 000 元，可做四面墙保温，达到 30%左右的节能效果；改造成本为 7 500 元，可采取三面墙保温+封厦的组合方案，达到 40%以上的节能效果；改造成本为 10 000 元，可采取三面墙保温+保温吊顶+南向封厦的全面保温组合方案，达到 50%左右的节能效果。典型农宅 2 不同改造方案成本比较见表 6-19。

表 6-19 河南省典型农宅 2 不同改造方案成本比较

档次	成本/元	常规方案		简易方案	
		改造部位	节能率/%	改造部位	节能率/%
第一档	＜3 000	—	—	北墙保温	12
				保温窗、门帘	7
第二档	3 000～5 000	南向封厦	28	四面墙	29
		门窗	14	三面墙+门窗	27
第三档	5 000～8 000	北墙+门窗	26	三面墙+封厦	44
		三面墙	22	四面墙+门窗+屋顶	44
第四档	8 000～10 000	北墙+封厦	39	三面墙+屋顶+封厦	52
第五档	10 000～15 000	三面墙+封厦	50	—	—
		四面墙+门窗	47		
第六档	15 000～20 000	三面墙+屋顶+封厦	60	—	—

6.3.6 陕西省农宅改造效果模拟及成本分析

6.3.6.1 典型农宅模型

根据 2013 年西安建筑科技大学的调研结果，陕西省农宅基本无保温，整体热工性能较差。在结构方面，79%为砖混结构，20%为砖木结构，1%为土木结构。从建筑层数来看，单层农宅占农宅总数的 76%，二层农宅占 21%，三层以上楼房占 3%。2000 年以前的住宅基本为前宅后院或“一”字形布置，主体建筑前通常有宽敞的院坝作为活动或晾晒场所；2000 年以后新建的住宅院落更接近于北方传统合院式建筑，由正房和东西厢房组合而成。正房和东西厢房一般为三开间，均设有卧室，开间尺寸多为 3.6～4 m，进深多为 4～6 m，层高多为 3.3～3.6 m，各朝向窗墙比为 0.3～0.4。在围护结构方面，外墙基本为实心黏土砖，外墙厚度为 240 mm 的农宅占到 94%，基本无保温。屋顶分为坡屋顶和平屋顶两种形式，坡屋顶占 34%，平屋顶占 66%。坡屋顶多为木屋架瓦屋面，建成时间较长；平屋顶多为混凝土屋面，房屋建成时间较短。外窗以铝合金窗和木窗为主，分别占 45%和 42%，较少使用塑钢窗。

根据调研结果，典型农宅平面图如图 6-13 所示。典型农宅为砖混结构，240 mm 砖墙+钢混平屋顶+铝合金门窗构造，是近期建成农宅的典型代表，是最有节能改造价值的建筑。

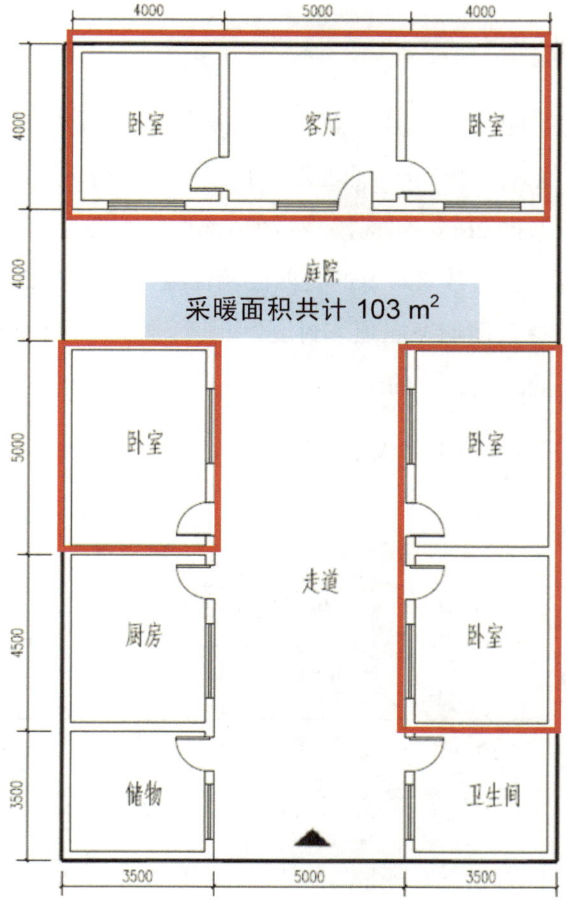

图 6-13 陕西省典型农宅平面图

根据典型农宅围护结构方式，设定典型农宅模型参数（表 6-20）。结合当地农宅冬季实际采暖情况，设定正房的卧室、起居室以及厢房的卧室均采暖，室内采暖控制温度为 14℃。

表 6-20　陕西省典型农宅模型参数设定

部位	做法及传热系数
外墙	240 mm 砖+20 mm 水泥砂浆 K=2.02W/（m^2·K）
屋顶	100 mm 混凝土+50 mm 细石混凝土+5 mm 油毡 K=2.71W/（m^2·K）
外窗	单玻铝合金窗 K=6.1W/（m^2·K）
外门	单玻铝合金门 K=6.1W/（m^2·K）
地面	53 mm 砖地面 R=0.16 m^2·K/W
其他	室内采暖控制温度：14℃ 通风换气频率：改造前 1.3 次/h，改造后 1.0 次/h

6.3.6.2　改造效果模拟

如图 6-14 所示，常规改造方案中，单一部位改造效果最好的是四面墙保温，可节能 27%，单一部位改造节能效果排序为：四面墙＞封厦＞三面墙＞屋顶＞门窗＞北墙。两处改造部位的组合方案可节能 26%～47%，三处改造部位的组合方案可节能 46%～67%。简易改造方案中，单一部位改造效果最好的是四面墙保温，可节能 24%，单一部位改造节能效果排序为：四面墙＞三面墙＞屋顶＞封厦＞北墙＞门窗。两处改造部位的组合方案可节能 13%～41%，三处改造部位的组合方案可节能 30%～56%。

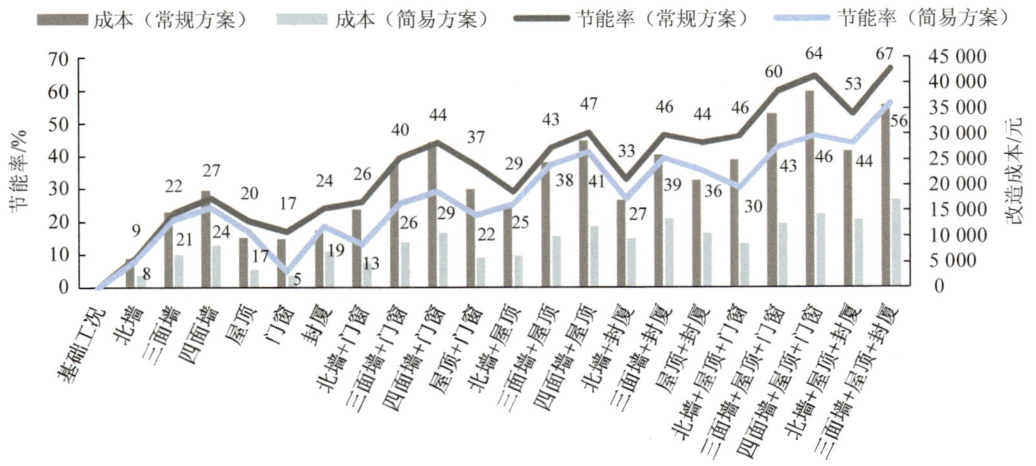

图 6-14　陕西省典型农宅不同改造方案节能率及改造成本

6.3.6.3　改造成本分析

常规改造方案。改造成本为 6 000 元，可做北墙保温，达到 9%左右的节能效果；改造成本为 10 000 元，可做屋顶保温，达到 20%左右的节能效果；改造成本为 15 000 元，可采取北墙保温+屋顶保温的组合方案，达到 30%左右的节能效果；改造成本为 20 000 元，可采取屋顶保温+封厦的组合方案，达到 40%以上的节能效果；改造成本为 25 000 元，可采取北墙保温+屋顶保温+更换门窗的组合方案，达到 45%以上的节能效果；改造成本为 30 000 元，最优组合方案为北墙保温+屋顶保温+封厦，达到 50%以上的节能效果；改造成本为 35 000 元，可进行三面墙保温+屋顶保温+封厦的全面改造，达到 65%以上的节能效果。封厦虽然节能效果好，但其成本造价高，适用于对节能要求高、成本预算充足的农户。

简易改造方案。改造成本为 3 000 元，可做北墙保温，达到 8%左右的节能效果；改造成本为 5 000 元，可做保温吊顶，达到 17%左右的节能效果；改造成本为 7 000 元，可采取北墙保温+保温吊顶的组合方案，达到 25%左右的节能效果；改造成本为 10 000 元，可采取三面墙保温+保温吊顶的组合方案，达到 35%以上的节能效果；改造成本为 15 000 元，可采取北墙保温+保温吊顶+封厦的组合方案，达到 45%左右的节能效果；改造成本为 20 000 元，最优组合方案为三面墙保温+保温吊顶+封厦，达到 55%以上的节能效果。典型农宅不同改造方案成本比较见表 6-21。

表 6-21　陕西省典型农宅不同改造方案成本比较

档次	成本/元	常规方案		简易方案	
		改造部位	节能率/%	改造部位	节能率/%
第一档	＜3 000	—	—	北墙保温	8
				保温窗、门帘	5
第二档	3 000～5 000	—	—	保温吊顶	17
				北墙+门窗	13
第三档	5 000～7 000	北墙保温	8	屋顶+北墙	25
				屋顶+门窗	22
				三面墙	21
第四档	7 000～10 000	屋顶保温	20	屋顶+三面墙	35
		更换门窗	17	屋顶+北墙+门窗	30
				四面墙+门窗	29
第五档	10 000～15 000	屋顶+北墙	30	屋顶+四面墙+门窗	46
		北墙+门窗	26	屋顶+北墙+封厦	44
第六档	15 000～20 000	屋顶+封厦	44	屋顶+三面墙+封厦	55
		屋顶+门窗	37		

档次	成本/元	常规方案		简易方案	
		改造部位	节能率/%	改造部位	节能率/%
第七档	20 000～25 000	屋顶+北墙+门窗	45	—	—
		屋顶+封厦	44		
		屋顶+三面墙	42		
第八档	25 000～30 000	屋顶+北墙+封厦	50	—	—
		屋顶+四面墙	47		
第九档	30 000～35 000	屋顶+三面墙+封厦	67	—	—
		屋顶+四面墙+门窗	65		

6.3.7 农宅能效提升技术方案体系

对于不同建筑类型的农宅，改造方案的侧重点也有所不同。农村地区以单层农宅和双层农宅为主，二者数量之和占农宅总量的 90%以上，其中，单层农宅基本可分为砖混结构平屋顶农宅与砖木结构坡屋顶农宅两种类型，双层农宅由于建成时间较短，均为砖混结构平屋顶农宅。

对于单层砖混结构的平屋顶农宅，应注重屋顶部位的保温。由于屋顶为钢筋混凝土材质，传热系数大，与砖木结构的农宅相比，屋顶部位的耗热量较多，使用常规方案进行屋面保温，节能效果在 20%以上，使用简易方案进行屋面保温，节能效果在 15%以上，因此在确定建筑能效提升方案时，应注重屋顶部位的保温。对于组合改造策略，含有屋面保温的方案一般具有良好的节能性和经济性，如屋顶+北墙改造，使用常规方案可节能 30%左右，使用简易方案可节能 25%左右；屋顶+北墙+门窗改造，使用常规方案可节能 45%左右，使用简易方案可节能 30%以上；屋顶+四面墙+门窗的全面改造，使用常规方案可节能 60%左右，使用简易方案可节能 45%左右。

对于单层砖木结构的坡屋顶农宅，应注意外墙、门窗、屋顶保温并重。由于屋顶为木屋架+草泥材质，整体传热系数小，与砖混结构的农宅相比，屋顶部位的耗热量较少，通过外墙、门窗部位的耗热量较多，使用常规方案对外墙、门窗、屋顶部位进行改造，节能效果分别为 25%、20%、15%，因此在确定建筑能效提升方案时，应注重使用外墙、门窗、屋顶的组合方案。对于组合改造策略，北墙+门窗改造，使用常规改造方案可节能 30%左右，使用简易改造方案可节能 20%左右；三面墙+门窗改造，使用常规改造方案可节能 45%左右，使用简易改造方案可节能 30%以上；屋顶+四面墙+门窗的全面改造，使用常规改造方案可节能 60%左右，使用简易改造方案可节能 45%左右。

对于双层砖混结构的平屋顶农宅，应根据取暖实际情况采取不同策略，对于两层都采暖的双层农宅，宜采取外墙、门窗、屋顶保温并重的方案，对于只有首层卧室及起居室采暖的双层农宅，更应注重门窗及外墙的保温。虽然双层农宅屋顶为钢筋混凝土材质，传热系数大，但由于体形系数的降低及外墙、门窗面积占外表面积比重增大，屋顶部位的耗热量比例不如单层砖混农宅高，对门窗、外墙、屋顶改造使用常规改造方案可分别节能 25%、25%、15%，因此在确定建筑能效提升方案时，应采取门窗、外墙、屋顶保温并重的方案。此外，很多双层农宅在供暖季仅对一层部分生活用房进行采暖，因此通过屋面的耗热量比例较低，对外墙、门窗、屋顶改造使用常规改造方案可分别节能 35%、17%、7%，屋顶保温节能效果不明显，应多注重门窗及外墙部位的保温。

农宅改造要充分考虑农村地区的经济条件，拒绝盲目追求高保温效果，避免产生政府和用户无法承受的经济负担。因此，农宅的节能改造要以用户经济承受能力为前提，兼顾施工可操作性强和节能率高的要求。由于农村地区各户农宅的建筑面积差异较大，改造成本差异大，因此在保障节能、舒适的前提下，应当最大限度地提高资金利用有效性。本节仅对各户 2～3 个常用生活用房 40～60 m^2 活动空间进行节能改造，并针对不同农村地区的经济水平，提出简易改造和常规改造两种方式。每种方式下设三档具体方案，实现 3 000 元、5 000 元、10 000 元的简易改造方案及 5 000 元、10 000 元、15 000 元的常规改造方案（表 6-22 和表 6-23）。

表 6-22　农宅能效提升简易改造技术方案

档次	成本/元	简易改造方案			节能效果/%
		单层砖混平屋顶	单层砖木坡屋顶	双层砖混平屋顶	
第一档	＜3 000	屋顶+北墙+门窗	北墙+门窗+屋顶	四面墙	30
第二档	3 000～5 000	屋顶+三面墙+门窗	四面墙+门窗+屋顶	四面墙+门窗	40
第三档	5 000～10 000	屋顶+三面墙+封厦	三面墙+封厦+屋顶	三面墙+封厦+屋顶	50

注：改造成本以 40～60 m^2 的改造建筑面积进行测算。

表 6-23　农宅能效提升常规改造技术方案

档次	成本/元	常规改造方案			节能效果/%
		单层砖混平屋顶	单层砖木坡屋顶	双层砖混平屋顶	
第一档	＜5 000	屋顶+北墙	北墙+门窗	三面墙	25
第二档	5 000～10 000	屋顶+北墙+门窗	四面墙+门窗	三面墙+门窗	45
第三档	10 000～15 000	屋顶+四面墙+门窗	三面墙+封厦+屋顶	四面墙+门窗+屋顶	60

注：改造成本以 40～60 m^2 的改造建筑面积进行测算。

以上针对典型农宅定制的改造方案可以满足不同档次的改造要求。首先根据可使用的改造费用情况，选择进行第几档改造，再根据农房结构形式在该档内选择改造方案，最后以当地节能改造经验和农民的个人意愿调整方案的改造措施。如果农民愿意承担部分改造费用，且农房满足条件，可相应提升改造的档次，以达到更高的节能效果。

6.4 农宅能效提升实践与经验

与城镇建筑节能改造相比，农村建筑节能改造难度大、推进难。部分试点城市在实施北方地区冬季清洁取暖改造过程中，大力推进农村住宅的建筑能效提升项目，通过大量实践，探索出了一些具有较好经济性的改造方案，积累了有益的推广经验。本节选择具有代表性的地方实践案例，同时总结部分城市推广经验，供后续其他城市开展农村建筑能效提升做参考与借鉴。

6.4.1 鹤壁市

6.4.1.1 气候特点

根据我国《建筑气候区划标准》（GB 50178—1993）的一级区划指标及《民用建筑热工设计规范》（GB 50176—2016），鹤壁市属于第Ⅱ建筑气候区、建筑热工设计分区中的寒冷地区。鹤壁市多年平均气温为 14.5℃，1 月最冷，平均气温为 –0.8℃。根据《民用建筑供暖通风与空气调节设计规范》（GB 50736—2012），冬季采暖室外计算温度为 –4.7℃，冬季采暖天数为 120 d，冬季采暖平均温度为 1.0℃。2017—2018 年采暖季鹤壁市冬季气温分布情况（日最低温度在 –10℃以下天数为 5 d，占取暖总天数的 4.1%；日最低温度在 –10～0℃的天数为 86 d，占取暖总天数的 71.1%；日最低温度在 0℃以上的天数达到 29 d，占取暖总天数的 24.8%。

6.4.1.2 改造方案及效果

在结构方面，鹤壁市农宅建筑 78.1%为砖混结构，16.4%为砖木结构，5.5%为土木结构。从建筑层数来看，单层农宅占农宅总数的 61.7%，二层农宅占 34.2%，三层以上楼房占 4.1%。外墙多为砖混结构，采用 240 mm 实心黏土砖，无保温措施。外窗多为铝合金普通单玻璃窗、塑钢普通单玻璃窗、木窗框单玻璃窗，玻璃厚度为 5 mm，大部分密封良好。屋面多为平屋面，采用 80 mm 钢筋混凝土现浇屋面，现场无保温及防水措施；坡屋面，以小青瓦居多，无保温及防水措施。

按照“改造后建筑能效水平相比改造前提升不低于 30%”的目标要求，立足鹤壁市区位、风向、地貌等实际情况，清华大学、河南建筑科学研究院等科研院校，对各类农宅进行现场踏勘和节能诊断，开展节能改造及经济性分析。建立了 7 种农宅基础模型；积极实践新工艺，设计出适合平原、丘陵、山区等地形，平房、瓦房、多层楼房、连排房等建设风格的 30 余种节能改造模型；结合单项改造技术能效提升效果，制定了 4 套改造方案。考虑农宅结构、墙材厚度、窗户密闭性等因素，在“用户侧”方面，科学核定单位热耗，农宅围护结构推荐改造北墙、西山墙、东外墙或屋面方案，两层及多层农宅只改一层常用生活区域，避免投资浪费，确保农宅设定取暖区域的能效提升率达标。农宅能效提升改造主要技术路线是以改造外墙（北墙、东西山墙）或屋面为主，两层及以上农宅仅改造一层常用生活区域。一层坡屋面优先进行室内保温吊顶改造，当保温吊顶实施有困难时进行外墙改造。二层平屋面优先进行首层外墙改造，外墙改造实施困难时进行首层室内保温吊顶改造。

在制定的农宅能效提升改造方案下，“用户侧”平均投资 6 000 元左右。按照建筑面积计算，农村居住建筑中央财政补贴 70 元/m^2，市级财政补贴 10 元/m^2，县区财政补贴 10 元/m^2，外墙保温工程居民缴费 10 元/m^2，农民实际承担围护结构改造费用基本不超过 1 500 元/户，门窗改造等其他能效提升建设资金由居民自筹。

6.4.1.3 经验总结

鹤壁市作为第一批清洁取暖试点城市，为开展好农宅建筑能效提升工作，出台了多项配套政策，从前期调研到因地制宜地提出建设模式，再到推出完善的支撑技术体系，最后形成“河南省鹤壁市模式”，并向外输出经验，多措并举加强工作管理。

首先，开展入村调研，摸清农村户数、取暖电价、常住人口、房屋构造、用热需求、取暖成本等基础信息，分析农宅结构、建造形式、墙体屋面厚度、窗户保温密闭性等节能影响因素，获取农民清洁取暖期望值，同时立足本地气候、资源禀赋、经济条件、基础设施等自身条件，摸清农村清洁取暖底数，掌握“用户侧”改造需求。

其次，因地制宜地设计居民可承受的建设模式。对各类农宅进行现场勘探和节能诊断，根据 7 种农宅基础模型，设计出适合平原、丘陵、山区等地形，平房、瓦房、楼房、联排农房等建设风格的 30 余种节能改造模型，对围护结构进行能效提升分析，以村为单元，将农宅分门别类，建立菜单式技术改造清单，合理确定各项改造技术能效提升贡献率。

再次，在实际工作中摸索、总结经验，形成农宅能效提升“河南省鹤壁市模式”，不断完善清洁取暖技术支撑体系。出台《鹤壁市既有农房能效提升技术导则（试行）》，明确既有农房能效提升技术导则，做到改造技术统一、项目施工规范、能效提升达标；印发《节能改造后农房围护结构使用须知》，采用图文并茂、通俗易懂的形式说明农宅改造后的使用注意事项；形成《鹤壁市田辛庄村清洁取暖典型农房能效提升工程测评报告》，对典型村能效提升工程进行测评，分析各类指标是否达到国家清洁取暖试点城市建设要求；发布《试点村建筑物能效提升改造工作存在的问题及整改意见》，针对工作中发现的问题及时进行总结，明确清洁取暖农村建筑能效提升改造需要注意或整改的内容。

最后，积极将建设经验分享到河南省。参编《河南省既有农房能效提升技术导则（试行）》（豫建〔2018〕72 号），为全省清洁取暖能效提升工作贡献鹤壁市智慧。参编《河南省既有农房能效提升施工工法（围护结构篇）》，为全省清洁取暖既有农房能效提升改造项目提供鹤壁市做法（表 6-24）。

表 6-24　河南省鹤壁市清洁取暖工作经验

	资料名称	内容摘要
前期调研	《鹤壁市清洁取暖农村调研情况报告》	摸清农村户数、取暖电价、常住人口、房屋构造、取暖成本等基础信息
建立可承受建设模式	《鹤壁市既有农房能效提升整村推进技术方案》	根据 7 类农房，提出 23 种改造方案，最终得出整村推进工作方案
	《鹤壁市既有建筑节能改造技术方案节能性及经济性分析指导手册》	农村居住建筑围护结构和用能系统的节能改造和经济性分析，得出能效提升 30%以上改造方案
完善技术支撑体系	《鹤壁市既有农房能效提升技术导则（试行）》	明确既有农房能效提升技术导则
	《节能改造后农房围护结构使用须知》	采用图文并茂、通俗易懂的形式说明农房改造后的使用注意事项
	《鹤壁市田辛庄村清洁取暖典型农房能效提升工程测评报告》	典型村能效提升工程测评报告，各类指标达到国家清洁取暖试点城市的建设要求
	《试点村建筑物能效提升改造工作存在的问题及整改意见》	明确清洁取暖农村建筑能效提升改造需要注意或整改的方面

6.4.2　菏泽市

6.4.2.1　气候特点

菏泽市位于山东省西南部，属于建筑热工设计分区中的寒冷地区。供暖天数为 120 d。

根据《民用建筑供暖通风与空气调节设计规范》（GB 50736—2012）的设计条件，菏泽市供暖季室外平均温度为 0.9℃，供暖室外计算温度为 –4.9℃。菏泽市年平均气温较高，一般极少出现 –20℃以下的严寒天气。根据 2017 年逐日室外气温均值情况，按每日最低温度进行统计分析，日最低温度在 –10℃以下严寒天气为 0，日最低温度在 –10～0℃天数为 62 d，占取暖总天数的 51.7%；其余为日最低温度在 0℃以上天气，天数达 58 d，占取暖总天数的 48.3%。

6.4.2.2 改造方案及效果

菏泽市农村经济水平整体较落后，农宅受当地生活习惯和传统民俗的影响，多以自建房为主，独立农宅均采用南北朝向，以东西走向形成联排。根据菏泽市住房和城乡建设局印发的《菏泽市既有农房围护结构节能改造技术指导方案》（菏建〔2018〕4 号），除新型农村社区外，菏泽市农村地区住房基本为单户独栋建筑，单层农宅占 70%～80%，二层及多层农宅占 20%～30%，分布较集中。20 世纪 90 年代后建造的房屋约占 80%以上，80 年代以前房屋多已年久失修，处于废旧状态，但也有部分结构稳定的老房屋仍在使用。农房建筑面积较大，普遍在 80～150 m^2。

农宅以框架、砖混结构为主。农宅墙体以 240 mm 砖墙为主，内外做 20 mm 厚水泥砂浆抹面，占比约为 75%，砖石复合墙比例约为 20%，土墙比例约为 5%，外墙饰面多为涂料，外墙基本无保温。农宅的外窗主要为木窗，新建农宅大多采用铝合金窗和塑钢窗，且多为单层平开窗。农宅的外门主要为木门，新建农宅多采用铝合金门和塑钢门，多为单层，开启方式既有单扇平开，也有双扇对开。农宅屋顶以坡屋顶为主，所占比例达 90%以上，屋顶无外保温层，但绝大部分农宅已进行吊顶处理，吊顶与屋顶脊之间形成空气夹层，具有一定的保温隔热功能。

中国建筑科学研究院通过实地调研，对围护结构外墙保温改造技术方案进行分析研究，确定最终技术方案为：农宅外墙保温节能改造选用 55 mm/90 mm/120 mm 不同厚度的聚苯板（EPS）薄抹灰外墙外保温系统构造工艺，当外墙不具备保温施工条件时，可局部配合采用 EPS 薄抹灰内保温构造工艺。每户改造成本为 8 700～15 000 元，详细情况见表 6-25。同时，综合考虑成本等因素，实际应用时部分农宅同时增加外门窗专用保温密封帘或更换节能型塑钢窗，以提高门窗保温性能和气密性能，减少空气渗透耗热量，进一步提高耗热量指标提升率。

表 6-25　菏泽市农宅建筑节能改造技术方案

农宅类型	基本档（55 mmEPS）		中级档（90 mmEPS）		高级档（120 mmEPS）	
	外墙面积/m^2	造价/万元	外墙面积/m^2	造价/万元	外墙面积/m^2	造价/万元
单层独院农宅	183.45	1.08	183.45	1.28	183.45	1.50
2 层独院农宅	159.25（首层）	0.94	159.25（首层）	1.12	159.25（首层）	1.31
3 层独院农宅	215.41（首层）	1.27	215.41（首层）	1.51	215.41（首层）	1.77
2 层联排农宅	95.05（户均）	0.56	95.05（户均）	0.67	95.05（户均）	0.78
单层独院农宅	134.08	0.79	134.08	0.94	134.08	1.10
单层独院农宅	164.44	0.97	164.44	1.15	164.44	1.35
2 层联排农宅	146.23（户均）	0.86	146.23（户均）	1.02	146.23（户均）	1.20
单层独院农宅	147.44	0.87	147.44	1.03	147.44	1.21

注：摘自《菏泽市既有农房围护结构节能改造技术指导方案》（菏建〔2018〕4 号）。

改造完成后，委托中国建筑科学研究院进行了能效测试评估，对单层独院农宅、2 层独院农宅、3 层独院农宅和 2 层联排农宅及新农村农宅进行外墙传热系数测试；同时对同村改造前典型农宅外墙和屋面传热系数进行测试。根据典型农宅改造方案、改造前后测试结果及模拟分析可知，未改造农宅建筑外墙传热系数测试值平均为 2.01W/（m^2·K），改造后农宅外墙传热系数平均值为 0.76W/（m^2·K），菏泽市农村居住建筑节能改造项目围护结构节能改造前后整体综合能效提升率达到 30%以上。

6.4.2.3　经验总结

（1）统筹部署。将建筑能效提升与清洁取暖改造紧密结合，制定了《清洁取暖试点城市建筑能效提升工作实施方案》（菏建〔2018〕3 号），明确了总体目标、基本原则、推进措施和保障措施。

（2）注重科学。一方面，为制定科学的改造技术路线，对所有清洁取暖改造的农宅进行全面排查，摸清房屋的户型、结构、建设年限、面积等；另一方面，参考《山东省既有农村居住建筑节能改造技术导则》，委托技术支撑单位编制《菏泽市既有农房围护结构节能改造技术指导方案》（菏建〔2018〕4 号），指导农村推进建筑节能改造工作。

（3）试点带动。各县（区）分别选出 1～2 个房屋基础好、示范作用显著的冬季清洁取暖改造村，整村进行节能改造试点，通过试点示范推动建筑能效提升工作有序开展。

（4）严格验收。节能改造工程完工后，各县（区）建设行政主管部门要组织专家进行工程验收，并对示范项目的节能改造面积、节能量等进行审核，确保工程质量。

6.4.3　商河县

6.4.3.1　气候特点

商河县位于济南市北部，冬季长达 136～157 d，一般在 11 月上旬至次年 3 月下旬。冬季最冷月平均气温在 0℃以下，供暖季室外平均温度为 0.8℃，供暖室外计算温度为 –5.3℃，供暖时长为 120 d。2017—2018 年采暖季，日最低温度在 –10℃以下的天数为 4 d，占比 3.3%；日最低温度在 –10℃～0℃的天数为 68 d，占取暖总天数的 56.7%；其余均为日最低温度在 0℃以上的天气，天数达到 48 d，占取暖总天数的 40.0%。

6.4.3.2　改造方案及效果

商河县农宅基本无保温、整体热工性能较差，其中 1990 年以前建造的农宅占 31.4%，1990—2010 年建造的占 54.7%，2010 年以后建造的占 13.9%。在结构方面，81.5%为砖混结构和砖木结构。从建筑层数来看，单层农宅占各区县农宅总数的 76.2%，2 层农宅占 16.3%，3 层以上楼房占 7.5%。农村建筑以单层农宅为主，建筑形式属于北方合院式，院落大多南北向布置，正房坐北朝南，一般为 3 间、4 间或 5 间。户均建筑面积为 99.7 m^2，开间约为 15 m，进深约为 6.6 m，层高 3.8 m，南向窗墙比值为 0.4，北向窗墙比值为 0.1。

在围护结构方面，外墙基本为实心黏土砖，外墙厚度为 240 mm 的占 80%，一般无外饰面，且 86.9%的外墙无保温处理。屋顶分为坡屋顶和平屋顶两种形式，占比分别为 45.3%和 54.7%。坡屋顶多为木屋架瓦屋面，建成时间较长；平屋顶多为混凝土屋面，建成时间较短。外窗使用情况，木窗占 44.9%，铝合金窗占 49.6%，塑钢窗占 5.3%，与建筑建成时间和居民经济水平有关。

商河县聘请了专业技术团队，科学合理地分析了农宅耗热的主要因素，着重解决了北墙散热量大、外窗冷风渗透严重、屋顶热量积聚等问题，依照有的放矢的原则，进行精准保温改造，对居民生活用房的北墙、屋面、门窗等分别进行节能改造。在改造过程中使用成本低、施工简单、效果好的材料，并采用"封厦阳光间+屋顶保温隔热包+北墙内保温壁贴""封厦阳光间+北墙保温树脂板+屋顶自保温吊顶""门窗内保温帘+北墙保温壁贴+屋顶自保温吊顶"等保温技术，具体方案见表 6-26。根据不同方案，平均每户投入 3 500～8 950 元。经测试，相比原有房屋，实现了 30%的节能目标。

表 6-26 商河县农宅建筑节能改造方案

改造方案	投资水平/（元/户）
封厦阳光间+屋顶保温隔热包+北墙内保温壁贴①	5 200+2 400+1 350=8 950
封厦阳光间+北墙保温树脂板+屋顶自保温吊顶②	4 200+1 225+1 050=6 475
门窗内保温帘+北墙保温壁贴+屋顶自保温吊顶③	1 200+1 350+1 000=3 550
封厦阳光间	≈5 000 元

注：① 屋顶保温隔热包是在农宅室内吊顶上方增加装有膨胀珍珠岩颗粒材料的保温隔热包（使用阻燃材料做包装），厚度 10 cm 左右；北墙内保温壁贴是在北墙内表面粘贴 1 cm 厚的自保温贴，主要材料为橡胶塑料层。

② 北墙保温树脂板是在北墙体内表面增加木龙骨，上面安装 2～3 cm 厚的高分子树脂复合保温板；屋顶自保温吊顶是针对无吊顶或吊顶不能承重的农宅，先用木龙骨进行支撑，然后采用 2～3 cm 厚的高分子树脂复合保温板做吊顶。

③ 门窗内保温帘是针对农宅窗户采用简易保温窗帘的方式进行保温，材料为半透明 EVA 材质；北墙保温壁贴是在北墙内表面粘贴 1 cm 厚的自保温贴，主要材料为橡胶塑料层。

6.4.3.3 经验总结

（1）注重科学。一方面，联合科研院所和有关企业，研究探索适用农村清洁取暖及节能改造的路径和技术措施，达到可复制、可推广；另一方面，对区域内的既有居住建筑的建成年代、建筑面积、供热状况及居民改造意愿等基本信息进行摸底调查统计。

（2）保障工程质量。对现场施工情况进行不定期抽查，对进场的保温材料进行进场复检，监督项目实施单位根据进度随机抽样，对外墙保温系统进行检测，现场须进行拉拔实验和钻芯取样，确保项目安全与质量。

第 7 章　国际供热能源转型实践及政策

受能源安全、应对气候变化、环境保护等因素的影响，一些发达国家较早就开始了供热能源转型。英国、德国、丹麦基于本国长期能源政策目标，规划出适宜的供热路线，制定了有效的转型政策与措施，推进了建筑能效的提升，取得了积极成效。本章分别介绍英国、德国、丹麦在供暖能源转型方面的背景、措施与政策、成效，总结共性经验，供我国制定政策参考借鉴。

7.1　英国可再生能源供热转型

英国主要通过可再生供热激励计划（renewable heat incentive，RHI）等政策促进用生物质、地热等可再生能源替代天然气等化石能源。

7.1.1　转型背景

天然气在英国供热中占主导地位。2008 年，天然气是居民供热领域的主导燃料，占总热能耗的 68.8%，供热的 14.3%来自电力，供热的 10%来自石油，只有供热的 1.5%来自可再生能源。2007 年 3 月，欧洲理事会就能源安全和应对气候变化的共同战略达成一致，设定了到 2020 年 20%能源来自可再生能源的目标。2009 年，欧洲理事会提出新的可再生能源指令（Directive 2009/28/EC，简称 RED），提出各国的分解目标。为了顺应欧盟可再生能源政策，英国于 2009 年通过了一项可再生能源战略，提出到 2020 年可再生能源在终端能源消耗中占比达到 15%，其中，可再生能源供热占总供热的 12%。

2008 年以前，英国对可再生能源供热支持有限。英国天然气价格较低，可再生能源供热技术在财务上无法与天然气等化石燃料竞争，并存在信息不对称、新技术应用风险等市场障碍。由于缺少政府政策支持，私营部门不会向可再生能源供热领域投资。和欧盟其他成员国一样，英国倾向于将政府财政补助作为可再生能源供热的主要支持机制，这些政策主要包括社区能源计划、生物质能资本资助计划等（表 7-1）。这些政策针对的主要目标群体是可再生能源供热系统制造商、开发商和安装使用可再生能源供热系统的业主。但这些财政补助资金政策并不稳定，且时间短、资金支持规模有限，无法保证所有群体都受益。在实践中，因为以下两方面原因现行政策不能确保实现可再生能源供热发展目标：一方面，补贴政策不稳定引起的市场需求波动，导致对生产和投资的有效预见、规划变得非常困难；另一方面，单靠财政补助是不够的，需要用贷款加以补充，以便提供更稳定的市场需求。在此背景下，英国研究制定了 RHI，首先，在 2008 年颁布的《能源法》中，明确了 RHI 的法律地位，其次，在 2009 年颁布的可再生能源战略和国家可再生能源行动计划中，将 RHI 作为促进可再生能源供热目标实现的关键措施。

表 7-1　英国 RHI 颁布之前的可再生能源供热有关补助政策

政策名称	规模/万英镑	补助对象	补助方式	补助时间
社区能源计划	7 500	生物质能	赠款	2001—2007 年
生物质能资本资助计划	2 500	生物质能	赠款	2002—2010 年
社区可再生能源计划	250	小规模可再生能源	有限资助	2002—2007 年
晴空计划	1 000	生物质能和太阳能	赠款	2003—2006 年
生物能源基础设施计划	350	木材和秸秆供应链	赠款	2005—2008 年
生物质热量加速器	500	生物质热	赠款	2006—2011 年
低碳建筑计划	4 800	小规模可再生能源，包括可再生能源供热	赠款	2006—2010 年

专栏 7-1　可再生供热激励计划的法律规定

为了促进和鼓励可再生热能的产生，英国 2008 年颁布的《能源法》，对建立可再生供热激励计划（RHI）做出了法律规定，但并未提供 RHI 运作的细节。

2009 年颁布的《可再生能源战略》是一份白皮书，概述了英国将如何实现其具有法律约束力的目标，以确保到 2020 年 15%的能源来自可再生能源。该战略包括 2020 年的 3 个主要目标：超过 30%的电力来自可再生能源，主要来自风能，同时生物质能、水能、波浪能和潮汐能也起到重要的作用；12%的供热能源来自可再生能源（生物质、沼气、太阳能、热泵）；10%的交通能源来自可再生能源。可再生能源战略也提出实现目标的关键措施，包括实施奖励计划以支持家庭、工业、企业和社区利用可再生能源供热和实施小规模清洁发电。

根据RED，欧盟成员国有义务起草并向欧盟委员会提交国家可再生能源行动计划。英国2010年向欧盟提交了国家可再生能源行动计划，概述了使其能够实现2020年可再生能源的目标和途径。与可再生能源战略提出的目标相同，12%的供热应来自可再生能源。同时，国家可再生能源行动计划提出三方面的可再生能源政策框架：对可再生能源的财政支持；消除行政、政策不确定等障碍；支持和开发新兴技术。英国实现其目标的措施主要包括：延续可再生能源义务；引入RHI；与欧洲投资银行和绿色投资银行合作，为可再生能源项目提供资金；支持可再生能源技术和能效领域的研发；继续提供财政支持计划，以支持不同领域的各种技术。

7.1.2 RHI

7.1.2.1 政策目标

根据RHI实施前的评估报告，在政策实施之前约80%的家庭供热能源为天然气，只有1%的家庭供热能源来自可再生能源。假若没有RHI，按照当时的发展速度，到2020年，可再生供热预计将保持在10 TW·h左右，约占英国总热量需求的1.5%，难以达到可再生能源供热目标。

RHI是世界上第一个可再生能源供热的长期支持计划。向商业、公共和工业等部门及家庭提供财政支持，激励以更快的速度安装可再生供热设备以替换天然气等化石燃料。RHI的最终目标是促进可再生供热在未来10年增加7倍，即将2020年的可再生供热量从10 TW·h提高到68 TW·h，可再生供热比例从1.5%提升至12%，促进政府实现可再生能源发展目标，大幅减少化石燃料燃烧及碳排放。

7.1.2.2 政策内容

RHI旨在提供财政激励措施，鼓励企业和住户使用可再生能源供热。RHI涉及多种支持技术，由于在某些领域需要进一步研究，因此计划被分为两个阶段。第1阶段的可再生能源供热补贴于2011年11月提出，用于工业、商业和公共行业等领域的非居民设施，可再生能源供热补贴规定了每千瓦热的补贴金额，补贴年限为20年，补贴范围包括自2009年7月15日起所有的商用和政府的供热系统。第2阶段，居民可再生能源供热激励计划（目前被可再生能源供热额外补偿计划所覆盖）于2014年4月推出，补贴年限为7年。

（1）第 1 阶段

第 1 阶段的 RHI 资金支付给安装可再生能源供热设备的业主或者生物天然气的生产者，支持所有非居民部门，包括工商业部门、公共部门、非营利组织和社区。

RHI 不是对所有的可再生能源供热技术都支持，支持的技术必须满足以下条件：属于欧盟可再生能源指令认定的可再生能源技术；正在投入商业化应用的技术。第 1 阶段 RHI 支持的技术包括生物质（包括固体和气体状态）能利用、太阳能热利用、地源热泵、水源热泵、沼气、深层地热能、垃圾资源化热利用、生物天然气等技术。不支持的技术包括空气源热泵和直接加热空气等技术，不支持的主要原因，一是需要做更多的工作深入了解技术成本；二是对于空气热泵和直接加热空气等技术，政府尚未找到一种直接测量空气热能的方法（因为政府是基于可再生热量的计量结果支付 RHI 支持金额）。

（2）第 2 阶段

在第 2 阶段支持的技术类型有 4 种，分别是生物质锅炉和生物质成型燃料炉具、空气源热泵、地源热泵、平板和真空管太阳能热板。每类技术都有明确的技术要求和热能用途限定。如表 7-2 所示，在技术要求方面，生物质锅炉必须通过液态介质换热供暖，生物质必须是固体燃料，同时必须满足空气质量标准（颗粒物排放不得超过 30 g/GJ 净热量，氮氧化物排放不得超过 150 g/GJ 净热量）。生物质成型燃料炉具内必须有一个液态介质的换热器，通过换热系统供暖，生物质燃料必须是木质颗粒（原木不可以），同时必须满足空气质量标准；空气源热泵要用电能驱动的压缩机，必须是热水型（热风型不支持），性能指数（SPF）不低于 2.5，同时还必须安装有性能计量的装置。在热能用途限定方面，生物质供热系统和热泵供热系统产生的热水可以单独用于居民供暖，或同时用于居民供暖和热水供应，不予支持仅用于炊事做饭的热能用途；太阳能供热系统只能用于生活热水的供应，供暖或游泳池热水供应不予支持。

表 7-2　RHI 对居民可再生供热的技术要求

可再生供热技术	技术要求	可以支持的热能用途	不予支持的热能用途
生物质锅炉	必须通过液态介质换热供暖； 生物质必须是固体燃料； 必须满足空气质量标准	单独用于供暖，或同时用于供暖和热水供应	主要用于做饭
生物质成型燃料炉具	炉具内必须有一个液态介质的换热器； 生物质燃料必须是木质颗粒（原木不可以）； 必须满足空气质量标准	单独用于供暖，或同时用于供暖和热水供应	主要用于做饭

可再生供热技术	技术要求	可以支持的热能用途	不予支持的热能用途
空气源热泵	必须通过液态介质换热供暖； 必须用电能驱动的压缩机； SPF 不低于 2.5； 有性能计量的装置	单独用于供暖，或同时用于供暖和热水供应	从建筑物或设备中排出的热能利用
地源热泵	必须通过液态介质换热供暖； 必须用电能驱动的压缩机； SPF 不能低于 2.5； 有性能计量装置	单独用于供暖，或同时用于供暖和热水供应	有一个地面回路阵列，与其他热泵系统共享热能
太阳能热板	必须通过液态介质换热供暖	只供应热水	供暖或游泳池热水供应

7.1.2.3　补助标准

（1）补贴标准计算原则

要提高可再生能源供热比例，必须将供暖热源从天然气转换为可再生能源，但是天然气使用价格相对低、可再生能源使用价格高，要实现这一转换必须克服巨大的成本障碍，必须尽量将可再生热源降到天然气成本以下。这意味着为可再生能源和其他与天然气有关的措施提供资金支持。英国能源与气候变化部（DECC）坚持“基于成本”的补贴原则，补贴水平根据不同规模的技术成本而变化。补贴计算考虑三个因素：补偿可再生供热技术对化石燃料加热的额外成本，这意味着不是对可再生热设备或可再生热设备使用的任何燃料的全部成本进行补偿，而是只补偿高于化石燃料替代品的额外成本；为克服非经济上的障碍提供激励；提供额外的投资回报。

考虑到不同技术转换成本和使用成本的差异，按照 12%（第 1 阶段政策）或 7.5%（第 2 阶段政策）典型回报率计算补贴标准。英国政府认为，投资回报率反映了资本的机会成本及所涉及的风险和努力水平，12%的回报率代表了市场参与者在投资中可能寻求的补偿水平。太阳能光热技术是个例外，相比其他可再生供热技术，在英国太阳能光热技术成本较高，如果按照 12%的回报率补贴，DECC 将冒着 RHI 大量的预算用于太阳能供热公司的风险，从而失去了对更廉价技术的支持，影响了政策的成本效应，因此给予太阳能 6%的回报率来限制太阳能热供暖，以降低政策总成本。

（2）商业补贴标准

不同技术的补贴标准具有差异性。对于同种技术，如生物质利用技术，按照规模不同设置差异性的补贴水平，但差异又不能太大，否则会出现“悬崖边缘”效应，抑制大型可再生能源供热系统（主要针对大型生物质供暖和大中型热泵）的应用。为了避免“悬崖边缘”效应，对中小型生物质供暖系统和地源热泵供暖系统设置了一级和二级补贴标准，一级补贴标准高于二级补贴标准，当享受补贴的热量超过一定数额时（热负荷的 15%）超出的部分则享受二级补贴，同时还可以避免产生过量的热能。例如，DECC 将最终生物质规模大小按照 200 kW_{th}和 1 MW_{th}进行分档，2014 年第三季度对低于 200 kW_{th}的小型规模生物质供暖系统享受的一级补贴标准为 8.4 p/（kW·h），二级补贴标准为 2.2 p/（kW·h）；对高于 200 kW_{th} 而低于 1 MW_{th} 的中型规模生物质供暖系统享受的一级补贴标准为 5.1 p/（kW·h），二级补贴标准为 2.2 p/（kW·h）；对高于 1 MW_{th}的大型规模生物质供暖系统享受的补贴标准为 2 p/（kW·h），大型规模生物质供暖系统只享受一个补贴标准，因为政府认为大型生物质供暖系统过度供热的风险较低。

每年政府会根据预算支出情况颁布补贴下降比例，如 2019 年 1 月 1 日起生物天然气和沼气供热的补贴标准下降 15%。以小型规模生物质供暖系统为例（规模小于 200 kW_{th}），非居民供热一级补贴标准逐年变化情况如图 7-1 所示。

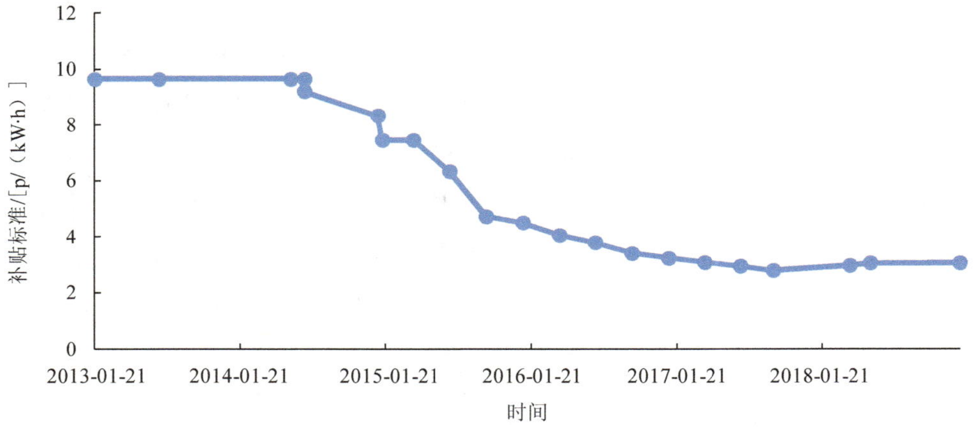

图 7-1 小型规模生物质供暖系统非居民供热一级补贴标准的历史变化情况

（3）居民补贴标准

不同可再生能源供热技术的补贴标准不同，均按“便士每千瓦时”的固定费率计算，地源热泵只对可再生能源供热部分给予补贴。为了将居民 RHI 控制在预算之内，政府每季度都审核预算支出情况，并根据支出情况降低补贴比例，只有当总支出高于既定标准或更高标准时，补贴才降低 10%或 20%，但这只影响在此后提出申请的人，对于之前已提出申请的人则不适用。此外，对于某一申请人，在获得补助的 7 年内，每年度获得的补贴标准会随着通货膨胀，即零售价格指数（RPI）或消费者价格指数（CPI）做调整（2016 年 4 月 1 日前提交申请的根据 RPI 进行调整，之后提交申请的根据 CPI 进行调整）。

图 7-2 为 2014 年至 2020 年不同可再生供热系统的补贴标准变化情况，可以看出，太阳能供热和地源热泵补贴标准远高于生物质锅炉和炉具和空气源热泵，生物质锅炉和炉具补贴标准变化较大。2017 年 9 月 20 日起，政策又对生物质供热、空气源热泵和地源热泵有了总量限制(对太阳能供热没有总量限制)，分别为 2.5 万 kW·h、2 万 kW·h 和 3 万 kW·h。

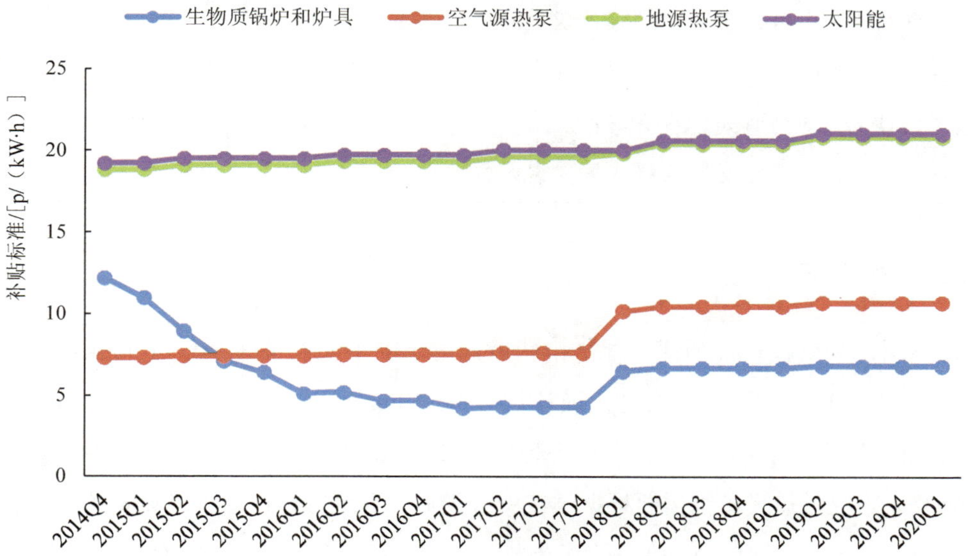

注：“Q”表示季度。

图 7-2 居民可再生能源供热系统补贴标准变化情况

7.1.3 协同政策

7.1.3.1 绿色协议

RHI 与建筑能效提升有关政策紧密结合。第 2 阶段的申请者提交补贴申请时，必须持有 24 个月内说明房屋保温性能良好的家庭能源效益证书。这就要求，申请者房屋若保温性能较差，必须实施节能改造。英国政府在 2014 年推出了签署绿色协议的政策，旨在解决住宅能源效率提升所需资金的问题，只有在可能为房主节省能源消费的情况下才能提供贷款，贷款可通过取暖费用的减少来偿还。小型的可再生能源供热和发电技术在绿色协议贷款范畴内。只有按照绿色协议要求安装可再生能源供热的人才有资格获得 RHI 补贴，签订提供可再生能源供热系统合同的第三方也可能有资格获得 RHI 补贴。

专栏 7-2 绿色协议

绿色协议于 2014 年实施，其提供了一个认可市场参与者的框架。通过该框架，人们可以使用贷款来支付改善房屋性能的费用，并用他们预期可节省的燃料费来偿还。

在签署绿色协议之前，评估人员会提出房屋改进的措施建议，并指出是否可以通过减少能源费用来支付改造费用。绿色协议供应商（提供贷款的公司）将与消费者讨论绿色协议是否适合他/她，并提供改进措施的报价。一旦消费者接受了报价，该供应商将编写一个绿色协议计划。该协议是消费者与供应商之间的合同，它规定了将要完成的房屋改造工作和还款数额。房屋改造必须由授权的安装人员进行。

7.1.3.2 微型认证

在英国，为确保产品质量，保护消费者，对于中小型设备（不超过 45 kW_{th}），使用者和设备均应通过一个微型发电认证计划（the Microgeneration Certification Scheme，MCS）或同等标准的认证。所有容量不超过 45 kW_{th} 的生物质能供热设备、地源热泵、水源热泵及太阳能供热设备都需要根据 MCS 或类似计划进行认证。大型设备的所有者更有可能并有能力获得具有专业知识的人员指导，能够确保高质量、物有所值，因此对于 45 kW_{th} 以上的设备，不需要认证。

鉴于可再生供热市场为新兴领域，英国政府认为，对小型可再生供热技术进行认证可以避免质量差、效率低的技术投入市场。申请 RHI 补助时，申请者必须确保 MCS 证书在 12 个月有效期内。这项要求有助于确保安装的可再生供热设备具有良好的质量，从而有效改善生态环境，为参与者带来更大的收益，也为社会带来更大的价值。

7.1.4 转型效果

截至 2019 年 12 月，非居民政策已累计补贴 23.31 亿英镑，累计补贴了 4 995 MW 的可再生能源供热系统（图 7-3）。这些供热系统中 84.8%是生物质锅炉，RHI 项目启动以来，生物质供热在可再生热领域的主导地位有所提高。RHI 的实施使英国在可再生供热领域处于领先地位。

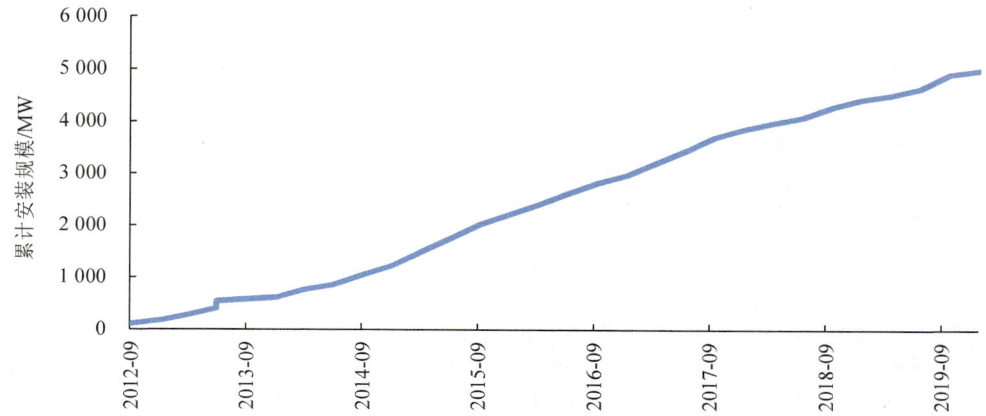

图 7-3　英国非居民可再生能源供热系统累计安装规模

截至 2019 年 9 月，居民 RHI 共计补贴了 4.37 亿英镑，其中生物质能供热设备、地源热泵、空气源热泵、太阳能供热设备分别补贴了 2.12 亿英镑、1.23 亿英镑、0.93 亿英镑、0.10 亿英镑，共计安装了 7.25 万个可再生能源供热系统，其中生物质供热系统、地源热泵、空气源热泵、太阳能供热系统的数量分别为 12 740 个、10 349 个、40 475 个和 9 001 个，累计产生和利用的可再生热能约 38.9 亿 kW·h（图 7-4）。

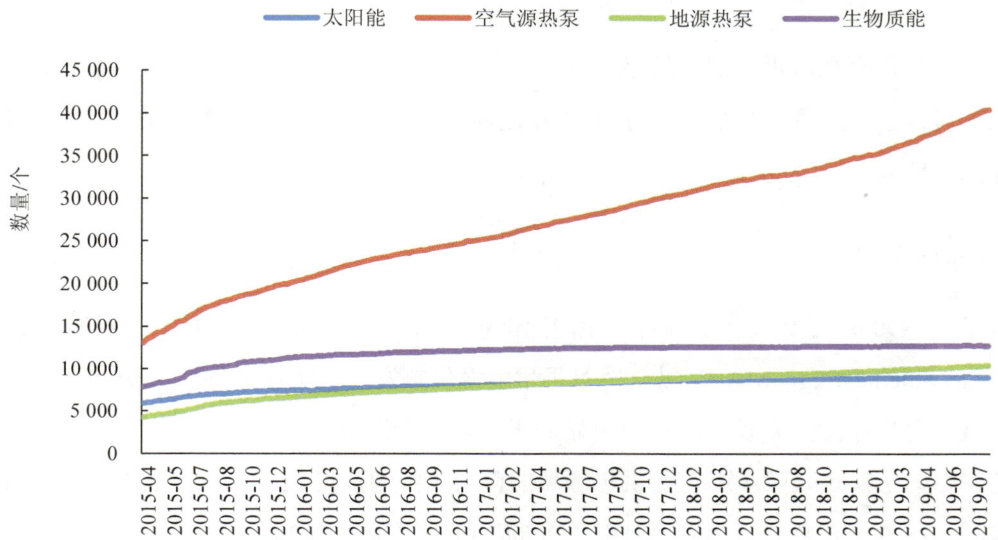

图 7-4　英国居民可再生供热系统累计安装数量

受 RHI 影响，可再生能源供热市场规模发展较快。2018 年，可再生能源供热量为 5.4 Mtoe，相比 2014 年的 2 916.6 ktoe 增长了 85.1%，可再生能源已占供热用能的 11%，其中，46%的贡献来自生物质能（图 7-5）。

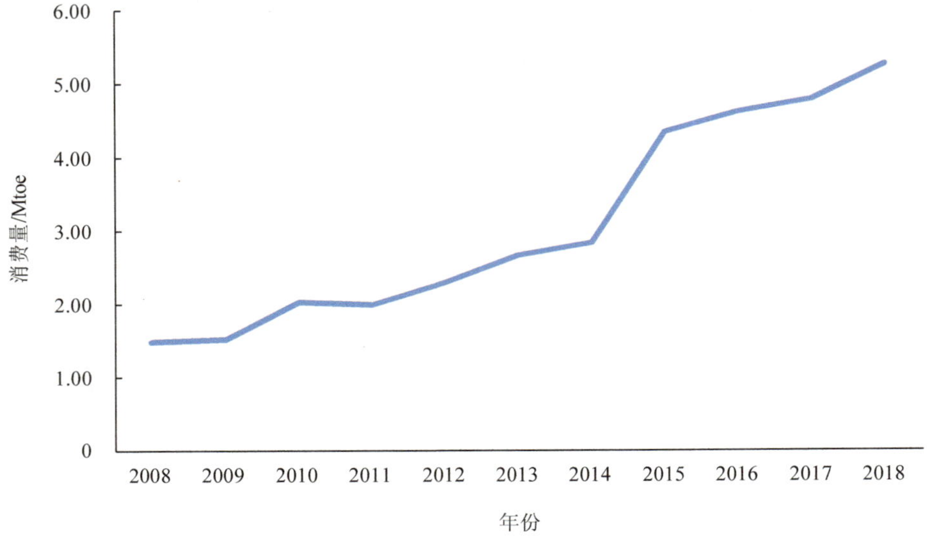

图 7-5　2008—2018 年英国供暖领域终端可再生能源消费量变化

7.2　德国可再生能源供热转型

德国非常重视可再生能源的推广应用，将可再生能源长期转型发展作为德国能源发展三大目标之一（另外两个分别为 2022 年之前淘汰核电站；显著降低家庭、工业和交通的能源消耗）。

7.2.1　转型背景

早在 1999 年，德国就推出了可再生能源供热市场激励方案（Market Incentive Programme for renewable heating，MAP）以支持可再生能源供热发展。不过，直到 2008 年，德国供热领域可再生能源的增长速度依旧明显低于可再生能源发电，可再生能源发电在终端能源消费中的份额增长了 10%，而供热领域的可再生能源只增长了 4.2%，供热仍依赖于化石能源。2009 年，欧盟可再生能源指令 2009/28/EC 要求德国 2020 年可再生能源在发电、供热和交通领域终端能耗的占比为 18%。为促进实现欧盟规定的目标，促进可再生供热市场的发展，2009 年德国制定了《可再生能源供热法案》（Renewable Energies Heat Act，EEWärmeG），旨在到 2020 年将可再生能源在供热方面的比例提高至 14%。

7.2.2 转型政策

德国可再生能源供热的发展主要依靠财政补贴。主要法律法规有：《可再生能源供热法案》《节能法》（Energy Conservation Act，EnEG）、《节能条例》（Energy Savings Ordinance，EnEV）等。其中，财政补贴政策主要包括可再生能源供热市场激励方案、能效激励措施（Energy Efficiency Incentive Programme，APEE）和可再生能源用于区域供热的补贴政策。

7.2.2.1 可再生能源供热市场激励方案

为鼓励更多地利用可再生能源生产热量，1999 年，德国联邦经济事务和能源部（the Federal Ministry for Economic Affairs and Energy）推出可再生能源供热市场激励方案，每年的预算超过 3 亿欧元，并且这一数字在过去几年中有所增长。多年来，MAP 一直是德国联邦政府促进可再生能源在供热和制冷领域使用的重要工具，并自 2009 年起 MAP 被纳入《可再生能源供热法案》。MAP 主要针对既有建筑。

MAP 由赠款部分和贷款部分构成：①小型可再生能源供热系统可以向德国联邦经济事务和出口办公室（the German Federal Office for Economic Affairs and Export Control，BAFA）申请，BAFA 向个人、个体经营者和希望改用可再生供暖系统的小型公司提供赠款；②大型可再生能源供热系统、蓄热系统和热力管网（主要用于公司和市政当局）通过德国复兴信贷银行获得低息贷款及 MAP 赠款。贷款可用于地热供热站、大型生物质能供热系统和大型太阳能热利用系统。

（1）MAP 赠款部分

德国可再生供热系统的补贴对象主要分为太阳能供热系统、生物质能供热系统以及热泵供热系统。在 MAP 执行过程中，补助标准被反复地调整。为了实现 2020 年目标，2015 年 3 月，又修订了 MAP 的补助方式，在之前的补助基础上，对太阳能集热器采用了基于产出的新的计费方式，生物质锅炉和热泵采用了新的最低补贴率，并扩大了对创新技术的奖励。调整后的补贴标准如下。

太阳能供热系统补贴包括基础补贴、奖励补贴和创新设计补贴。其中，基础补贴根据太阳能供热的用途及集热器面积大小设计不同的奖励标准，以每平方米集热器为单位或固定金额对用户给予补贴。对于家庭生活热水系统（集热器面积至少 3 m^2，200 L），若集热器总面积为 3～10 m^2，每个系统享受 500 欧元补贴，若集热器总面积为 11～40 m^2，补贴标准为 50 欧元/m^2；对于家庭热水供应和供暖组合系统（集热器面积至少 15 m^2），若集热器面积为 15～40 m^2，补贴标准为 140 欧元/m^2。当太阳能供热系统用于生产加热、家庭热水与供暖相结合时，补贴标准较高，若集热器只用于家庭热水系统或者对已有太阳能供热系统进行扩充，则补贴标准相对较低。奖励补贴必须与基础补贴一并使用，如对于采用太阳能采暖的居住住宅，若建筑符合一定的节能标准，可以在基础补贴上再享受额外 50%的奖励补贴。用户在未获得基础补贴的条件下，对于一些创新型设计，可获得创新设计补贴，如新建建筑太阳能供热系统若用于生活热水供应，集热器补助为 75 欧元/m^2，若同时用于热水供应、制热/制冷等，补助标准为 150 欧元/m^2。

生物质供热系统补贴包括基础补贴和额外补贴。基础补贴标准及条件见表 7-3。当生物质锅炉满足一定的供热功率及效率且污染物排放达标时，会根据不同生物质锅炉的成本提供不同程度的基础补贴。例如，燃烧木屑和原木的生物质锅炉的基础补贴为 3 500 欧元/台，颗粒锅炉的基础补贴为 80 欧元/kW，但最低补助为 3 000 欧元/台。当生物质供热系统与其他有利于清洁供热的方法相结合时，如将生物质系统和太阳能供热系统及热泵相结合，或为高效住宅提供热量等，还可获得一定的额外补贴（表 7-4）。

表 7-3 生物质供热系统基础补贴标准及条件

类别	基础补贴标准/欧元	补贴应满足条件		
		锅炉要求	污染物排放要求	锅炉效率
燃烧木屑和原木的组合锅炉	3 500	①带缓冲储罐的木屑锅炉：额定功率至少为 30 kW； ②带缓冲储罐的组合锅炉：额定功率至少为 55 kW	根据废气中 13%的氧气含量，额定热功率下一氧化碳最大排放浓度为 200 mg/m^3，粉尘最大排放浓度为 20 mg/m^3	至少 89%
颗粒锅炉	80 欧元/kW，最低补助 3 000 欧元/台	①额定热功率：至少 5 kW，最大 100 kW； ②带缓冲储罐的组合锅炉：额定热功率至少为 55 kW； ③必须只使用天然生物质为燃料	同上	至少 89%
带有新缓冲储罐的颗粒锅炉	80 欧元/kW，最低补助 3 000 欧元/台	①额定热功率至少 5 kW，最大 100 kW； ②带缓冲储罐的颗粒锅炉：额定热功率至少为 30 kW； ③带缓冲储罐的组合锅炉：手动装载系统部件的额定热功率至少为 55 kW； ④必须使用天然生物质为燃料	同上	至少 89%

类别	基础补贴标准/欧元	补贴应满足条件		
		锅炉要求	污染物排放要求	锅炉效率
带水袋的球团炉	80 欧元/kW，最低补助 2 000 欧元/台	额定热功率：至少 5 kW，最大 100 kW	同上	至少 90%
带缓冲储罐的原木气化炉	2 000 欧元	①缓冲储罐：额定热功率至少 55 kW； ②只使用天然生物质为燃料	在标准状态下，基于废气中氧气的体积含量为 13%，额定热功率下一氧化碳最大排放浓度为 200 mg/m^3，粉尘最大排放浓度为 15 mg/m^3	至少 89%

表 7-4 生物质供热系统额外补贴标准及条件

补贴类型	额外补贴标准	条件
生物质供热组合补贴	500 欧元/系统	同时建造符合条件的太阳能供热系统或热泵系统，或者将生物质设备连接到供热管网
建筑能效补贴	基础补助的 50%	设施作为高效住宅建筑的设备
优化奖金	该补助相当于合格投资成本的 10%（净额），但不超过生物质基本补贴的 50%	对于与生物质发电厂同时采取相关的优化措施，可以给予一次性投资补贴

热泵供热系统补贴包括基础补贴和额外补贴。根据空气源热泵、地源热泵、水源热泵及吸附式燃气发动机热泵等不同的热泵形式，给予不同的基础补贴标准（表 7-5）。与生物质供热系统的额外补贴类似，当热泵供热系统与其他供热系统相组合，或是连接到供热管网等情况下，会获得一定的额外补贴（表 7-6）。

表 7-5 热泵供热系统基础补贴标准

类型		基础补贴标准
电热泵	空气源热泵	基本补贴为 40 欧元/kW，同时满足： 每个单效热泵系统 1 500 欧元补贴； 其他空气源热泵每个系统 1 300 欧元补贴
	地源热泵与水源热泵	基本补贴是 100 欧元/kW，同时满足： 地源热泵每个系统 4 000 欧元的补贴； 水源热泵每个系统 4 500 欧元的补贴
吸附式燃气发动机热泵		基本补贴是 100 欧元/kW，每个系统至少补贴 4 500 欧元

表 7-6 热泵供热系统额外补贴标准及条件

补贴类型	额外补贴标准	条件
组合补贴	500 欧元/系统	同时建造符合条件的太阳能热电厂或生物质发电厂；同时建造符合下列要求的太阳能集热系统：总集热面积至少 7 m^2，作为热泵的热源；或将热泵连接到供热管网
负载管理补贴	500 欧元/系统	系统具有使热泵能够连接到供热管网的接口（负载管理功能）；至少配备有 30 kW 的储热罐；具有智能网络证书或制造商符合要求的声明
建筑效率补贴	50%基础补助金	设施是高效住宅建筑中的设备
优化加热设施的补贴	补贴相当于合格投资成本的 10%（净额），但不超过热泵基本补贴的 50%	构建热泵相关的优化措施

（2）MAP 贷款部分——德国复兴信贷银行可再生能源计划

德国复兴信贷银行为实现德国应对气候变化目标做出了重大贡献，是德国能源转型的重要资助者。2009 年，德国复兴信贷银行强化了对可再生能源投资的支持计划，将原来的生产太阳能、环境和节能计划、环境计划等合并为一个新的可再生能源计划（KfW Renewable Energies Programme），属于 MAP 贷款部分的内容。这项计划包括“标准”和“高级”两部分，通过低息贷款、还款补贴等方式推动可再生能源发电和热电联产项目的发展。“标准”部分包括太阳能光伏发电，生物质、沼气、风能、水力发电，地热能发电、可再生能源电力和供热等贷款支持。“高级”部分是为大型可再生能源供热工厂提供贷款和还款补助。2012 年 8 月，“高级”部分的支持指南被修改，提高了对大型太阳能集热器、大型热泵、特定用途的沼气输送管道、深层地热利用的支持。2012—2016 年，共计资助可再生能源供热和发电 230 亿欧元。

7.2.2.2 《可再生能源供热法案》等法规

除 MAP 之外，《可再生能源供热法案》是促进可再生能源供热发展的主要手段。为进一步推进可再生能源供热与制冷技术的发展，减少化石能源的使用，2009 年德国立法通过了《可再生能源供热法案》，旨在将供暖和制冷领域的可再生能源占比提高到 14%。

《可再生能源供热法案》强制规定，新建建筑必须使用一定比例的可再生能源供热和制冷，最低百分比取决于所使用的可再生能源技术。对于太阳能技术，最低百分比为 15%。对于气态生物质，最低比例为 30%。虽然该法案仅适用于新建筑物，但它为德国各州制定既有建筑政策留出了空间。在德国，每年新建建筑的数量不到既有建筑的 1%，因而既有建筑的改造显得更加重要，因此，MAP 支持既有建筑的可再生供热改造比《可再生能源供热法案》更有力度。

《可再生能源供热法案》为已经建立的 MAP 提供了法律框架，同时为 MAP 提供了额外资金，因为《可再生能源供热法案》承诺将 MAP 的财政预算提高到每年 5 亿欧元。《可再生能源供热法案》规定了新建建筑使用可再生能源的义务，限制了新建建筑获得 MAP 的资助机会，只有满足 MAP 严格规定的条件下，MAP 才对新建建筑利用可再生能源提供资金支持。

建筑领域的其他相关政策包括《节能法》《节能条例》等。《节能法》和《节能条例》概述了新建建筑物的能效要求。

7.2.2.3　APEE 补贴政策

2016 年 1 月 1 日，德国政府通过了一项新的能效激励措施，这项措施是通过为既有供暖系统（主要是天然气或石油等化石燃料供热系统、电加热系统）更换或改造提供资金补助，从而提高能源效率。APEE 向基于可再生能源的现代供暖系统过渡提供更大、更全面的支持。希望利用 MAP 政策取代特别低效供暖系统的人，如果他们同时优化了散热器和管道在内的整个供暖系统，就可以在 MAP 的基础上获得额外的补助资金，补助标准相当于 MAP 补助标准的 20%。同时，用户还将获得 600 欧元的一次性投资赠款，用于提高供暖系统的能效。2016 年以来，每年联邦政府都为 APEE 提供 1.65 亿欧元资金，为提高建筑物能效、可再生能源供热率，并帮助燃料电池供热技术进入市场的企业提供资金支持。

7.2.2.4　可再生能源用于区域供热的补贴政策

区域供热在德国住宅能源总需求中的占比不高，随着城市的发展，这一份额正在增加。目前，德国化石燃料仍主导着区域供热。2017 年 7 月 1 日，德国经济事务和能源部推出了一项新的资助计划——区域供热网络 4.0，激励规划和实施具有高比例的可再生能源和废热供应（＞50%）的现代高效供热网络（包括热力生产、分配和存储的基础设施），资助比例取决于热网中可再生能源和废热的比例。投资赠款由以下几部分组成：

- 第一部分是基本补贴金额。基本补贴金额占投资成本的 20%（中小型企业占 30%）；如果区域供热网的可再生能源或废热比例高于要求的 50%，将支付高达投资 10%的可持续性奖励，每超过限额 1 个百分点，就会额外获得 0.2%的资助。
- 除资助可行性研究和投资费用补贴外，计划还支持最多 20 万欧元的宣传活动，以增加区域供热网的使用客户。公用事业公司还可申请最高 100 万欧元的赠款，用于监测或优化系统以及与研发有关的活动。

- 第三部分对提供特别低的供热价格的项目给予补贴以提高项目成本效益。如果公用事业公司的预期价格低于 100 欧元/（MW·h），它可获得高达 10%的额外奖励投资。在奖励支付后的前 5 年，将对供暖价格进行监测。如果公共事业公司不能保持成本效益，就必须退回这笔钱。

7.2.3 转型效果

德国经济事务和能源部报告称，无论是太阳能、热泵还是生物质能供热系统，越来越多的德国人申请 MAP，申请人数从 2014 年的 62 000 人增加到 2017 年的 72 000 人，增长了 17%。2000 年以来，该计划已为 150 多万个系统提供了资金。2017 年，MAP 支持安装了约 7 万个可再生能源供热系统，其中大多数用于住宅建筑，赠款总额约为 2 亿欧元，相应的投资水平接近 9 亿欧元。德国累计安装的热泵数量从 2008 年的 35 万台增加到 2018 年的 100 万台，增加了近两倍。2017 年，热泵以 12%的市场份额取代燃油锅炉，成为仅次于燃气锅炉的排名第二的热销供暖系统。

根据欧盟能源数据库统计，2018 年，德国在供热制冷领域中可再生能源占比已达到 13.6%（2009 年占比为 10.8%），其中，以生物质为主（图 7-6）。在居民取暖方面，天然气从 2000 年起，所占比重一直保持在 40%左右；其次是石油使用比例较高，2016 年所占比例稍高于 20%。与之相反的是，可再生能源的使用逐年增加，从 10%增长至 20%。另外，受政策影响，德国建筑供暖能耗强度明显降低。如图 7-7 所示，自 2000 年的 17.4 koe/m^2 下降至 2015 年的 11 koe/m^2，下降幅度为 37%。

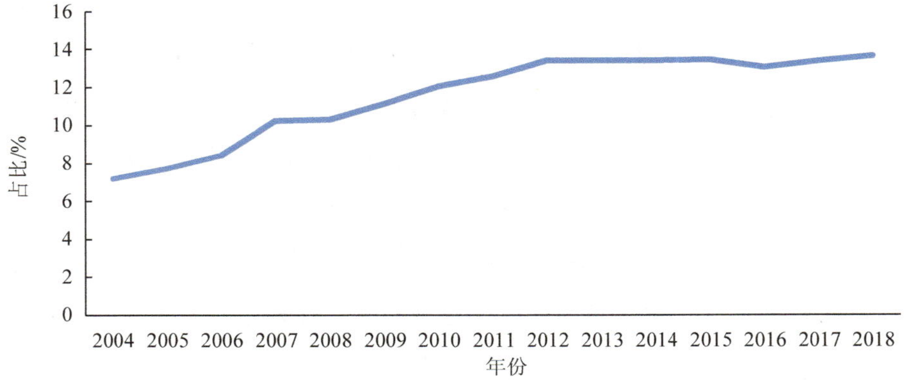

图 7-6 2004—2018 年德国供热制冷领域可再生能源占比变化

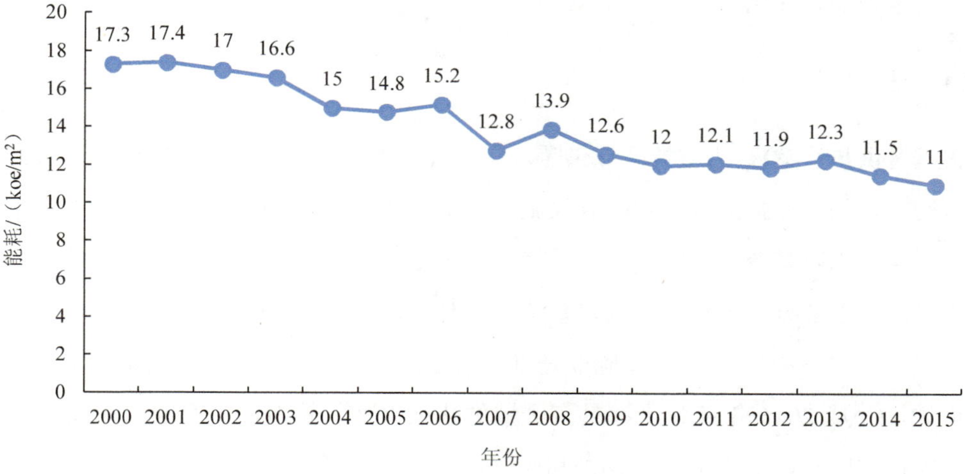

图 7-7 2000—2015 年德国每平方米建筑的供暖能耗变化

7.3 丹麦供热结构转型

区域集中供暖和可再生能源供暖是丹麦供暖的转型方向。

7.3.1 转型背景

20 世纪 70 年代的能源危机迫使丹麦重新审视能源利用问题。1976 年，政府发布《丹麦能源政策》（Danish Energy Policy 1976），是丹麦第一部能源领域的整体规划。该规划明确提出，利用发电废水供热、发展区域供暖系统等措施。1979 年以前，丹麦大多数消费者取暖都采用小型燃油锅炉或其他形式的单户采暖方式。1979 年丹麦发布了《供热法案》，该法案规定了丹麦供热规划的形式和内容，以及由各个地方城市政府负责编制市政区域的供暖规划。供暖规划的总体原则是：按照社会效益最大化原则推广供热方式；促进最环保的采暖方式，大力推广促进热电联产；最大限度地降低能源供应对石油和其他化石燃料的依赖。《丹麦能源协议（2008—2011 年）》（Danish Energy Agreement of 2008—2011）提出，到 2011 年，总能源消耗的 20%必须来自可再生能源。

7.3.2 转型措施与政策

为促进区域集中供暖和可再生能源供暖的发展，丹麦采取了多种经济激励措施，包括法律措施、直接补助、税收减免、贷款担保及其他间接激励措施，相比英国和德国，措施与政策更加多样化。

7.3.2.1 法律措施

根据《供热法案》，为支持区域供暖，在有公共供热管网的地区居民必须连接到公共供热管网，目的是保护区域供暖基础设施的投资。1988 年，丹麦颁布了对新建建筑禁止使用电采暖的国家禁令。1994 年，该禁令进一步扩大，在提供公共区域供暖或天然气供热的地区，对于安装了水暖集中供暖系统的既有建筑，不得使用电加热取暖装置。《丹麦能源协议（2012—2020）》规定，除非是唯一有效的选择，否则新建建筑禁止安装燃油和燃气锅炉，并从 2016 年起禁止在具有区域供热或天然气管网的既有建筑中安装燃油锅炉，并支持将既有建筑中的燃油锅炉和燃气锅炉更换为可再生能源（太阳能、热泵等），承诺在 2012—2015 年进一步拨款 4 200 万丹麦克朗，支持既有建筑开展可再生能源供热系统改造。强制性联网和禁令的共同实行，既保证了能源公司的收入，又保证了区域供暖的竞争力。

能源效率一直是丹麦能源政策的重要组成部分，更高效率的能源消耗将有助于在可再生能源过渡中尽可能地实现成本效益控制。2014 年，丹麦政府启动了一项建筑节能改造战略，提出了 21 项针对不同领域的既有建筑和不同利益相关者的具体举措，从专业运营商到私人住宅业主，预计这些举措将既有建筑的供暖能耗降低 35%。制定建筑规范等规章制度，促进能源效率的提高，如《建筑规范》（The Danish Building Code）规定了新建建筑的最低能效标准，提出既有建筑物改造的能效标准，在确保新建建筑和既有建筑的能效方面发挥着关键作用。该规范至少每 5 年进行一次评估和修改，以适应技术和价格方面的需要。

7.3.2.2 直接补助政策

20 世纪 90 年代，丹麦对既有建筑改造成区域供暖、提前完成规划管网建设、热电联产电厂等给予直接补贴。其中，热电联产电厂的补贴是通过固定上网电价的形式发放，根据不同的发电时段有三个不同等级，后来改为每年固定金额，发放到 2018 年年底。2018 年后，采用可再生能源的发电厂和热电联产电厂可享受一项电力市场价格附加费，如利用生物质燃料发电可获得 20 欧元/（MW·h）的市场价格附加。

1984—1998 年，通过 20%～40%的投资补贴，丹麦建设了 20 座联合沼气厂，每年能够处理 110 Mt 的动物粪便及 40 万 t 的有机工业废水，并且每年能够提供 5.7 Mm^3 的沼气，这些沼气再被送到附近的热电联产厂供热发电。

鼓励安装太阳能加热装置。1981 年，丹麦开始对太阳能供暖和热泵提供补贴，比例自 1980 年的 5%提高到 2001 年的 8%（该补贴政策于 2001 年废止），大大推动了可再生能源在建筑领域的应用。2005 年之前，太阳能热系统主要集中在家庭，用于区域供暖的太阳能供热厂很少。随着太阳能热利用技术的发展，加上对小型热电联产机组管理政策的调整，太阳能热利用在区域供暖的应用开始得到发展。在过去的几年里，丹麦 1 000 m^2 以上规模的太阳能供热厂的数量显著增加。如今，丹麦在大规模太阳能热集成区域供暖系统领域已达到国际领先水平，拥有世界上最大的太阳能供热厂，每年能提供 7 500 MW·h 热量，满足了马斯塔尔市 30%的区域供热需求。

7.3.2.3 税收减免政策

丹麦是欧洲能源税最高的国家之一。截至 2016 年，丹麦有能源税、二氧化碳税、氮氧化物税、二氧化硫税和公共服务费（PSO）等税种，在供暖领域不同技术的税率见表 7-7。以化石燃料为基础的供热生产被征收高额的能源税和碳税，因此煤和天然气为基础的区域供热成本较高。由于生物质等可再生能源可以免交能源税和碳税，基于生物质的热电联产比基于化石燃料的热电联产更具成本效益，因此所有丹麦厂商会倾向于选择使用生物质作为燃料。能源税税收优惠政策为丹麦可再生能源的发展提供了可持续的资金和机制支持。

表 7-7 2016 年丹麦供暖技术的税率

技术	单位	能源税率	CO_2 税率	NO_x 税率	SO_2 税率	PSO	合计
油	Kr./GJ	54.9	12.7	1.3（0.3）	0	0	68.9
天然气	Kr./GJ	54.9	9.7	1.0（0.2）	0	0	65.6
煤	Kr./GJ	54.9	16.2	2.6（0.5）	2.3	0	76.0
生物质	Kr./GJ	0	0	2.4（0.5）	1.8	0	4.2
供暖电力	Øre/（kW·h）	38.3	0	0	0	25.5	63.8
非供暖的电力	Øre/（kW·h）	88.5	0	0	0	25.5	114.0

注：Kr 为丹麦克朗；Øre 为欧尔，1 丹麦克朗=100 欧尔。

7.3.2.4 贷款担保

在丹麦，市政府为供暖公司提供了一种贷款担保以降低风险。在政府担保情况下，丹麦区域供暖系统的借贷成本非常低，大多数项目的利率低于 1%。如果没有政府担保，利率将高达 2.5%。

7.3.2.5 其他激励措施

丹麦政府在建筑领域引入了“节能账户”机制促进建筑的节能高效。“节能账户”就是建筑所有者每年向“节能账户”支付一笔节能费，金额根据建筑能效标准乘以取暖面积计算，分为几个等级，如达到最优等级则不必支付该项费用。经过能效改造的建筑可重新评级，作为减免这项节能费用的依据。

7.3.3 转型效果

40 多年来，丹麦区域供热在市场份额和能源结构方面均发生了显著变化。在市场份额方面，区域供热已在家庭供暖中占主导地位，占家庭供热市场份额的 80%，在 2010—2016 年连接到区域供热系统的家庭用户数量增长了将近 11.3 万户，而剩下的 20%则为分户式供暖，主要分布在农村地区和小城镇。在能源结构方面，1990 年丹麦供热很大程度上依赖于化石燃料，到 2016 年，可再生能源明显占主导地位。根据欧盟能源数据库统计，2018 年丹麦供热制冷领域中可再生能源占比已达到 46.7%（2004 年占比为 20.6%）（图 7-8），并以生物质能源为主。同时，建筑供暖能耗也在显著下降，2000—2015 年，每平方米供暖的能源消耗每年减少 1%，从 14.4 koe/m^2 降至 11.9 koe/m^2（图 7-9）。

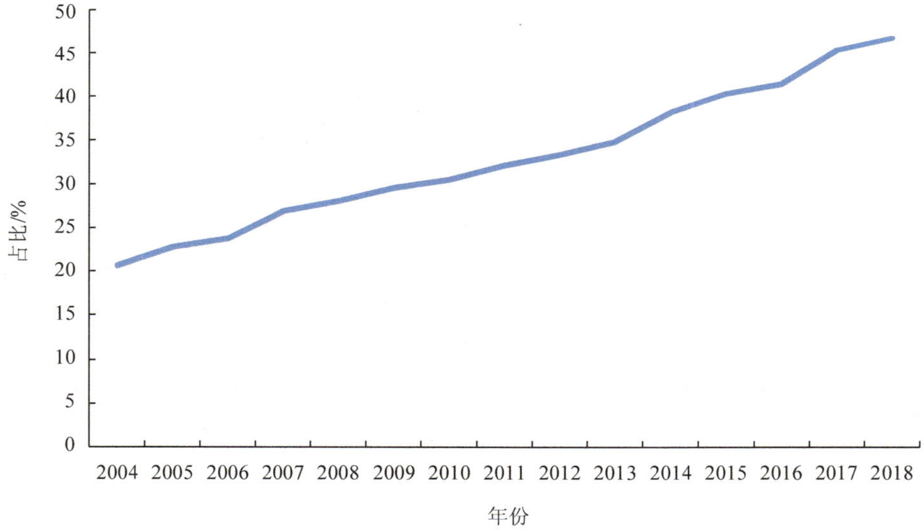

图 7-8 2004—2018 年丹麦在可再生能源供热制冷领域占比变化

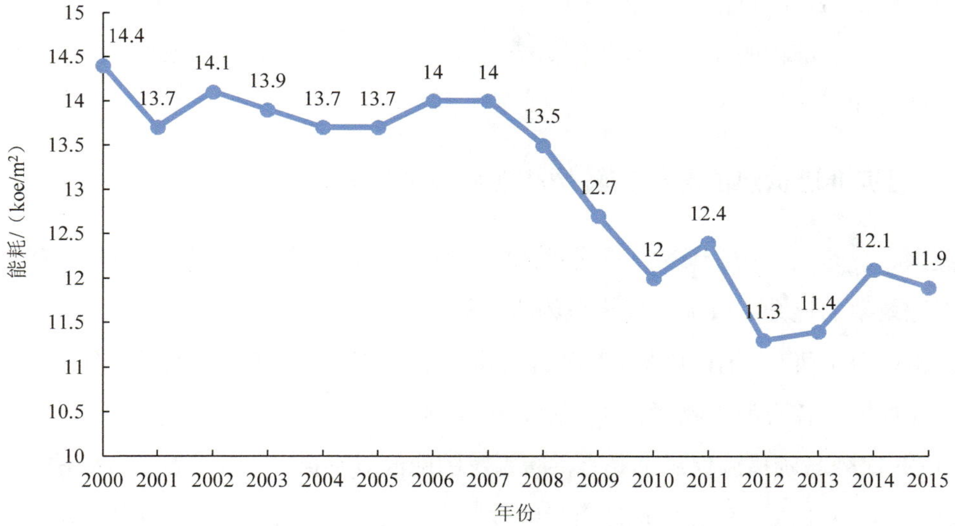

图 7-9　2000—2015 年丹麦每平方米建筑的供热能耗变化

7.4　实践总结

7.4.1　明确长期发展战略目标和转型技术路径

发展目标是各项转型政策制定的初衷和目的，为确保转型政策的长期性和稳定性，给市场一个清晰的信号，英国、德国、丹麦等国家通过立法、政府战略文件等方式提出了明确的发展战略目标。丹麦 1979 年通过的《供热法案》，规定了丹麦供热规划的形式和内容，为区域供热和可再生能源供热的发展奠定了法律基础。德国 2009 年立法通过的《可再生能源供热法案》，提出到 2020 年可再生能源供热比例提高至 14%，为可再生供热的长期稳定发展提供了制度保障。虽然英国没有制定与供热有关的具体法案，但是 2009 年颁布的《可再生能源战略》，作为一份政府白皮书概述了英国将如何实现其具有法律约束力的目标，以确保到 2020 年有 15%的能源来自可再生能源。

除明确发展战略目标之外，英国、丹麦等国家还有明确清晰的技术转型路径，这是制定各项补贴政策的基础。在英国，可再生能源供热激励计划的目标是提高可再生能源供热的应用比例，相比低价的天然气，可再生能源在技术经济上处于劣势地位，为此，英国通过直接补贴方式降低可再生能源供热使用支出，以提高技术经济性。在丹麦，1979 年通过的第一部《供热法案》确定了区域集中供暖和可再生能源供暖是供暖领域能源转型方向，后续出台的对沼气热电厂的直接投资补贴、对太阳能加热装置的经济资助、对生物质热电厂能源税的免除、对区域供暖系统的贷款担保等经济激励措施均是为了实现这一转型目标。

7.4.2 同步推进供热能源结构转型和能源效率提升

英国、德国、丹麦等国家在推进供热能源结构转型过程中，均重视能源效率的提升，因为能源效率的提升不仅能够促进节约清洁能源，而且能够确保能源转型的经济性。在英国，RHI 要求所有 RHI 申请人确保房屋具有足够的能源效率，体现了与节能政策的协同性。在德国，各类型生物质锅炉供暖系统在确保满足功率、效率的要求时才能获得补贴，APEE 能效激励措施促进了既有供暖系统的能源效率提升，并通过《节能法》和《节能条例》等法律形式对新建建筑提出了能效要求。在丹麦，政府通过在建筑领域引入“节能账户”机制、启动建筑节能改造战略、制定建筑规范等规章制度、规定建筑最大能源需求等方式，约束、激励既有建筑和新建建筑提升能效水平。

7.4.3 注重转型政策设计的科学性和精准性

合理的转型政策必须是基于科学的决策过程和方法。丹麦的能源和气候的政策及措施决策过程一贯依赖于社会经济分析和预测，区域供暖政策的制定不仅关注经济可行性分析，而且在操作层面也如此，所有供热方案的选择，均要依据社会经济成本，政府还开发了区域供暖项目的经济可行性评估工具（District Heating Assessment Tool）来规范社会经济成本分析。英国政策特别强调物有所值，在可再生能源供热转型时特别关注措施的成本效益以确保政策具有明确的收益，具体体现在以下几个方面：①在 RHI 第 1 阶段优先支持最具有成本效益的技术，由于在某些领域，在做是否提供支持的决定之前尚需要进一步研究工作，因此将可再生能源供热激励计划分为两个阶段。②详细测算各种可再生供热的技术成本，避免过度支持。同时，在长达 20 年的支持过程中，随着技术成本的降低，逐步降低补贴水平。③由于太阳能供热技术成本相对较高，设定差异化的投资回报率，限制太阳能供热过多利用。④只支持有用的供热，如对仅仅为获得补贴而人为创造的供热需求不予支持，也不支持将热能用于发电。

政策设计过程的科学性，使政策设计结果即政策方案往往更加精细化。供暖补贴政策的精准设计是促进政策发挥最大效应的关键，英国和德国均对生物质、太阳能、热泵等不同可再生能源供热技术制定了差异化的补贴标准。德国甚至针对不同规模的太阳能供热系统、不同类型的生物质锅炉出台差异化的补助标准，从而体现不同技术转型成本的差异性。德国针对大型、小型供热系统进行不同补助方式的设计，针对小型供热系统，政府主要采用直接补助方式给予支持，对大型的供热系统、蓄热系统和热力管网，则通过德国复兴信贷银行低息贷款及政府赠款联合的方式支持。事实证明，差异化的补贴方式、补贴标准使得补贴政策更加精准、科学、有效。

7.4.4　以市场化的经济激励政策为主

推动能源转型的最大挑战不在于技术，而在于鼓励投资者和用户采取这些技术的激励政策和制度设计。经验证明，促进清洁供暖系统的市场化方法要优于非市场方法。这些市场化方法包括：①财政补贴政策。为促进转型技术比替代技术具有经济性，激励市场主体信心，降低市场主体的投资风险，英国、德国、丹麦等国家在中央层面均给予直接财政支持，差异在于补贴环节有所区别。英国是补运行，将供暖转型增加的成本分摊到未来 7 年或 20 年中，以缓解政府每年的支付压力，但是由于后续每年都要面临众多的用户，政府部门管理费用自然偏高；德国、丹麦等国家给予一次性建设补贴，虽然政府支付压力较为集中，但是管理成本相比运行补贴政策的成本低。无论采用哪一种方式，均能增加转型项目的技术经济性，给予市场强有力的信号和信心，从而拉动市场投资机会。②税收减免政策。除直接财政补贴外，丹麦对生物质等可再生能源供热给予能源税减免政策，间接增加了可再生供热项目的经济性。相比直接补贴，这种做法可以减轻政府财政压力，但需要注意的是，税收减免政策需要站在国家环境经济政策制度角度从顶层、系统地考虑，不能仅仅为了促进供热的经济性做出决策。③金融激励手段。大型供热项目一般需要贷款投资建设，对于供热转型的投资，德国、丹麦、英国在直接财政补贴政策下配套了政府担保、低息贷款政策。在德国，对于获得 MAP 补贴的大型地热供热站、大型生物质供热系统和大型太阳能热利用系统（含蓄热系统和热力管网），可以获得德国复兴银行的低息贷款；在丹麦，市政府为供暖公司提供一种贷款担保以降低贷款利率。

7.4.5　重视非经济激励政策的应用

经济激励政策只是促进供热能源结构转型的手段之一，通常与其他非经济激励政策并存，如立法、监管等手段，在丹麦和德国转型政策中更加突出。在丹麦，为支持区域集中供暖的发展，政府除采用经济激励政策之外，还通过国家禁令对新建建筑禁止使用电采暖，通过有公共供热管网的地区居民必须连接到公共供热管网的强制入网手段确保入网规模，为市场提供可靠的经济收益预期，这些辅助的控制办法是对市场化手段的有效补充；同时，在“用户侧”引入“节能账户”机制促进房主提高建筑能效，通过能效提升促进转型技术的经济效益。在德国，除补贴政策外，《可再生能源供热法案》是提高可再生能源供热比例强有力的政策，因为法案强制规定，新建建筑必须使用一定比例的可再生能源进行供热和制冷。

7.4.6 建立系统的政策监测与评估体系

虽然政策制定是建立在科学的决策基础之上，但由于外部环境的复杂性、动态性，特别是市场化的经济激励措施，政策实施的结果总是与预期有所差异，必须通过定期监测与评估来分析、判断政策执行效果，了解政策执行过程中存在的问题，对于偏离政策预期的及时给予纠正，为动态调整政策奠定基础。在英国等国家实施补贴政策过程中均能见到监测与评估体系的存在。在英国，天然气和电力市场办公室负责收集数据，并监测补贴方案的有效性。根据被资助者提供的技术类型、安装费用、产生的热能量、替换的热能类型、地理位置、系统原料信息及可持续应用等数据，天然气和电力市场办公室编制季度和年度监测报告，定期向社会公布季度和年度可再生能源系统安装进展、补助申请及发放、政策重大修订、可再生供热系统热能统计等详细数据。同时，商业、能源和产业战略部利用这些数据监测 RHI 对可再生能源目标贡献的有效性，并根据每季度补贴预算支出情况调减补贴比例。监测获得的数据还用于预测政策的资金成本，跟踪能源的可持续发展趋势。

第 8 章　清洁取暖可持续发展政策建议

在中央财政支持下，京津冀及周边地区“2+26”城市和汾渭平原城市已实施大规模清洁取暖改造，平原地区散煤取暖用户基本消除，后续管理工作重点是避免散煤复烧，巩固清洁取暖试点成效。北方地区 15 省（区）中尚有内蒙古、辽宁、吉林、黑龙江、甘肃、宁夏、新疆、青海 8 个省（区）（非重点区域）尚未获得中央清洁取暖试点奖补资金，非重点区域清洁取暖发展较为缓慢。根据《北方地区冬季清洁取暖规划（2017—2021 年）》中期评估结果，8 个非重点省（区）2016 年的清洁取暖率平均为 28%，2018 年为 43%，仍有较大的提升空间。未来应基于试点城市经验，建立可持续的清洁取暖发展路径，实施区域差异化的策略。本章从差异化策略出发，针对重点区域提出运行补贴优化思路与方案，避免散煤复烧，针对非重点区域提出未来财政支持范围的筛选方法及支持技术领域的建议，并借鉴试点城市经验以及国外供暖能源转型经验，提出相关政策建议。

8.1　优化重点区域运行补贴标准

合理补贴是重点区域实现清洁取暖可持续性的关键。目前，清洁取暖的实施主要通过各级政府的行政命令得以落实，其执行程度主要依赖政府补贴。然而目前清洁取暖的运行补贴政策有效期仅 3 年，随着运行补贴的到期，一些试点城市面临退补问题。如果没有运行补贴，当前清洁取暖取得的成效将面临前功尽弃的威胁，可能引起民用散煤复烧，以致环境质量改善效果反弹。为保持并进一步巩固冬季清洁取暖试点工作成效，关键要解决清洁取暖使用成本、居民经济承受能力和地方财政支出之间的不平衡的问题，建立合理的运行补贴标准。

8.1.1 运行补贴标准优化思路

运行补贴优化应考虑财政支出、取暖补贴效用、居民可承受能力、技术经济 4 个维度。①财政支出，即实际财政补贴总额。当前一些试点城市面临大规模补贴需求，在经济下行压力加大的情况下，地方财政难以承受持续性的补贴支出，因此，在优化补贴标准时应考虑财政支出压力，确保实际财政补贴总额在政府可承受范围之内。②取暖补贴效用。取暖补贴效用是指享受清洁取暖补贴政策下，农户对取暖实际成本支出的满足状态。假设U_i是第 i 位农户的清洁取暖效用，$U_i = f\left(C_i\right)$，即对于特定一个农户，如图 8-1 所示，获得补贴越高，取暖实际支出成本越低，效用越高；在相同补贴标准下，高收入水平和低收入水平的效用是不同的，收入越高的农户支付能力越强，获得相同补贴后的取暖效用高收入水平农户低于低收入水平农户。因此，对于全市总效用 $U=\sum_{i}^{N} f\left(\mathrm{C}_i\right)$，$N$ 表示全市清洁取暖总户数，若增加对低收入农户的补贴、维持或降低高收入农户的补贴，会使得全市取暖总效用增加。③居民可承受能力。多数居民的经济收入应该能够承受其补贴后的取暖支出，享受运行补贴后的实际支出应等于或稍高于原散煤支出。因此，应重点关注中低收入群体的可承受能力。④技术经济。运行补贴标准应体现技术经济的差异性。由于不同采暖技术的成本不同，如“电采暖”包含空气源热泵热水机、空气源热泵热风机、直热式电暖器、蓄热式电暖器、电热膜等多种类型的设备，不同设备类型的取暖成本存在差异，不宜采用“一刀切”的补贴方式。又如生物质能、太阳能等可再生能源供暖的技术经济性与“煤改气”“煤改电”明显不同，应借鉴国外的做法，对可再生供暖技术提出具有针对性的补贴标准。

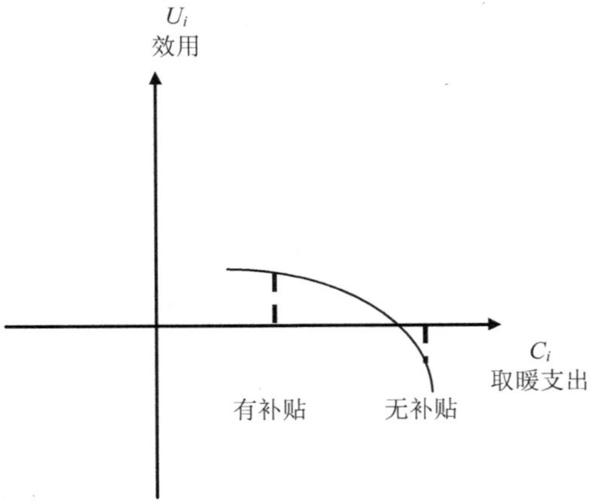

图 8-1 清洁取暖运行补贴效用曲线

8.1.2 运行补贴标准优化方案

以某试点城市“煤改气”为例研究运行补贴标准优化方案。当前“煤改气”运行补贴标准是单价补贴为 0.8 元/m^3，最高补贴量为 1 200 m^3，即一个农户一个采暖季最高获得 960 元补贴，当前燃气终端销售价格为 2.5 元/m^3。运行补贴标准的优化步骤：调查农户目前取暖用气量、补贴金额和取暖支出数据；对农户进行分类；确定补贴优化约束条件；通过不同备选方案下的综合比选，确定最优方案。

8.1.2.1 样本数据

分层抽样 1 300 个样本，其中，2 个样本数据缺少；132 个样本的取暖用气量少于 200 m^3，不属于正常取暖情形。经电话访问调查，发现这些农户有两种情况，一种是农户有多处房子，冬季不住在该房子里；另一种是农户冬季随子女在城市居住。将 134 个无效样本删除，获得有效样本 1 166 个。

表 8-1 和图 8-2 所示为年均取暖用气量数据的分布情况。在 1 166 个有效样本中，25 分位数的农户取暖量是 490 m^3，50 分位数的农户取暖量是 679 m^3，90 分位数的农户取暖量是 1 222 m^3，均值约为 750 m^3。从数据来看，现有补贴政策的最大补贴量 1 200 m^3，用气量超过 1 200 m^3 的户数为 126 家，占统计样本总数的 11.65%，也就是只有 11.65%的农户得到了全额补贴。

表 8-1 调查样本取暖用气量分布 单位：m^3

统计项目	用气量
均值	748.65
最小值	202.00
最大值	2 485.80
10 分位数	344.58
25 分位数	490
50 分位数	679
75 分位数	929
90 分位数	1 222.00

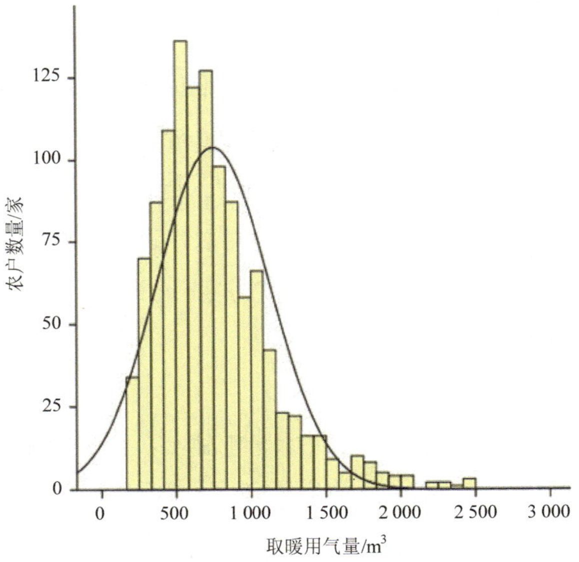

图 8-2 调查样本取暖用气量分布

表 8-2 和图 8-3 为调查样本财政补贴支出分布情况。在 1 166 个样本中，用气量从少到多，用气量前 25%农户的累计占比为 12.76%，50%分位数的补贴金额为 543.2 元；用气量从少到多，用气量前 50%农户的累计占比为 33.15%，而用气量最高的 10%农户，占了补贴金额的 16.9%。可见，现有补贴政策下，大量补贴金额支付给了中等收入和高收入农户，支付给低收入群体的最少。

表 8-2 调查样本财政补贴支出分布

均值/元	569.51
最小值/元	161.60
最大值/元	960.00
10 分位数/元（累积占比）	275.66（3.89%）
25 分位数/元（累积占比）	392.32（12.76%）
50 分位数/元（累积占比）	543.20（33.15%）
75 分位数/元（累积占比）	743.20（61.06%）
90 分位数/元（累积占比）	960.00（83.10%）
获得全额补贴的用户数/家	126
获得全额补贴的金额占比/%	18.20
补贴总额/元	664 623.78

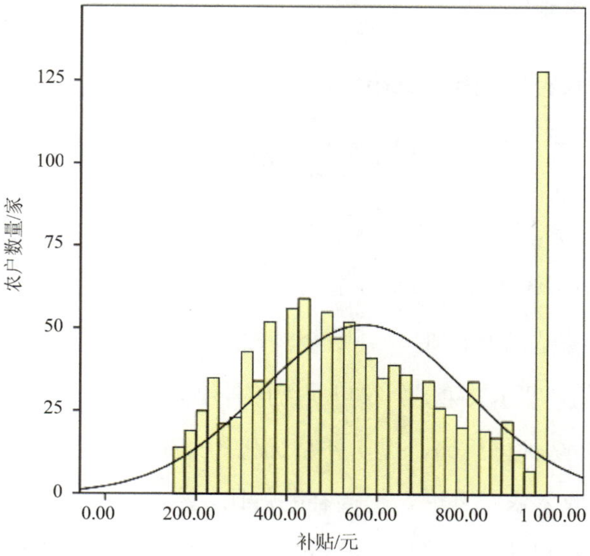

图 8-3 调查样本财政补贴支出分布

8.1.2.2 农户分类

使用统计产品与服务解决方案软件 SPSS（Statistical Product and Service Solutions）采用基于欧式距离的 k-means 聚类算法进行聚类分析，确定了取暖用气量和取暖支出两个特征量的值及 3 个类别对应的农户分类，农户分类结果及其描述见表 8-3。聚类发现存在 3 个不同的用气类型，由于收入水平是影响用气量的主要因素，因此我们认为 3 个分类分别对应收入不同的 3 类农户：低收入农户、中收入农户、高收入农户。以用气量较低的 31%作为低收入农户，则对应的取暖用气量分界线为 549 m^3；以用气量较高的 9%为高收入农户，则对应的取暖用气量分界线为 1 254 m^3；取暖用气量在 549～1 254 m^3 为中等收入农户，占比 60%。根据《中国散煤综合治理调研报告（2019)》，居民普遍不愿意支出超过 2 000 元，相当于超过 1 170 m^3 用气量的居民为高收入农户，支付意愿相对较高，和聚类结果较为接近。

表 8-3 农户分类结果

类别	取暖用气量/m^3	农户分类	户数/家	占比/%
1	低于 549	低收入农户	361	31
2	549～1 254	中等收入农户	700	60
3	大于 1 254	高收入农户	105	9

8.1.2.3 补贴优化约束条件

现行补贴标准下政府财政补贴支出的计算公式是：

$$S^0 = \sum_{j=1}^{m}\sum_{i=1}^{N_i}\min\left\{V^0,\ v_{ji}^0\right\}W_j^0 \tag{8-1}$$

式中，v_{ji}^0——现行补贴标准下第 j 类第 i 个农户的用气量（j=1，2，3；1 表示低收入农户，2 表示中等收入农户，3 表示高收入农户）。

当用气量不超过补贴标准 V^0 时，补贴金额按照实际用气量计算；当超过标准 V^0 时，最多补贴 $V^0W_j^0$。因此，第 j 类第 i 个农户获得的补贴是 $\min\left\{V^0,\ v_{ji}^0\right\}W_j^0$。

基于 8.1.1 节的补贴优化思路，提出补贴优化约束条件：

（1）增加中、低收入农户补贴，提高补贴占比。

（2）降低高收入农户补贴，降低补贴占比。

（3）现行运行补贴标准基本能够满足居民平均可承受能力，新方案应降低或适当增加政府财政支出（若现行运行标准很低，如每年 200 元，多数居民清洁取暖实际支出远超出原散煤支出，应考虑增加政府财政支出）。

（4）降低取暖支出占比超过家庭可支配收入 5%的农户占比。

目前，运行补贴主要采用统一补贴方式，即给定一个固定补贴价格及补贴上限的用气量，对于低于补贴上限的用气量给予固定补贴价格，对于高于补贴上限的用气量不予补贴。新补贴标准仍沿用统一补贴方式，政府财政补贴支出计算如下：

$$S^* = \sum_{j=1}^{m}\sum_{i=1}^{N_i}\min\left\{V^*,\ v_{ji}^*\right\}W_j^* \tag{8-2}$$

式中：v_{ji}^*——新补贴标准下第 j 类第 i 个农户的用气量（j=1，2，3；1 表示低收入农户，2 表示中等收入农户，3 表示高收入农户）；

V^*——新补贴标准下的最高补贴量；

$\min\left\{V^*,\ v_{ji}^*\right\}W_j^*$——新补贴标准下第 j 类第 i 个农户获得的补贴。

8.1.2.4 备选补贴优化方案

目前，低收入农户的用气量低于现有补贴方案的最大补贴用气量，若要提高对他们的补贴，必须提高补贴单价，即补贴单价必须大于 0.8 元/m^3，且补贴用气量上限要高于低收入农户的用气量，即 549 m^3；目前，高收入农户已享受到补贴金额上限，若要降低对他们的补贴，必须降低补贴用气量，即优化后的补贴用气量上限应低于 1 200 m^3，且满足新补贴方案补贴金额上限低于现有方案的标准，即低于 1 200×0.8=960 元。考虑补贴标准的取整，W_j^* 的可选范围为 1 元/m³、1.2 元/m³、1.4 元/m³， V^* 的可选范围为 600～1 100 m³，因此得到备选补贴优化方案见表 8-4。

表 8-4 备选补贴方案

	方案 0	方案 1	方案 2	方案 3	方案 4	方案 5	方案 6	方案 7
V^*	1 200	600	700	800	900	600	700	600
W_j^*	0.8	1	1	1	1	1.2	1.2	1.4
$V^*W_j^*$	960	600	700	800	900	720	840	840

注：方案 0 是现行补贴政策。

基于式（8-1）、式（8-2）计算的现行补贴方案、备选补贴优化方案等情形下的 3 类农户的补贴、总补贴增长幅度及高收入农户补贴占比等（图 8-4 至图 8-6）。同时，计算不同情形下 1 166 个农户的取暖实际支出、取暖实际支出占家庭可支配收入高于 5%的农户比例（图 8-7）。综合比较 7 种备选优化方案：方案 4、方案 6、方案 7 相比现行方案补贴金额增长幅度分别为 15.9%、23.7%、31.1%，增长较多，不予考虑；方案 1，虽然财政补贴总金额减少，但是取暖支出占家庭可支配收入高于 5%的农户占比增加至 26.7%，高于现行方案下的 23.2%，因此方案 1 也不予考虑；在余下的方案 2、方案 3 和方案 5 中，高收入农户补贴占全部补贴的比例分别为 10.7%、11.5%和 10.1%，取暖支出占家庭可支配收入高于 5%的农户占比分别为 22.8%、20.2%和 22.3%。综合比较，选择取暖支出占家庭可支配收入高于 5%的农户占比最低的方案 3，即补贴单价为 1 元/m³、最高补贴用气量为 800 m³ 作为最优方案。

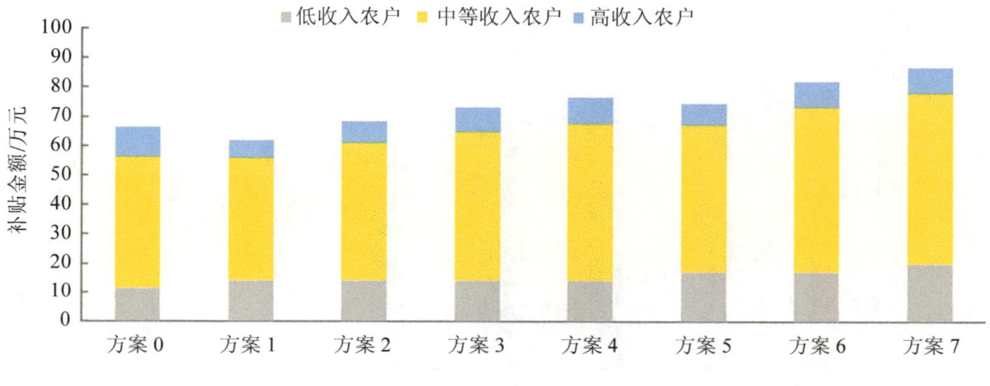

图 8-4 补贴金额及分布

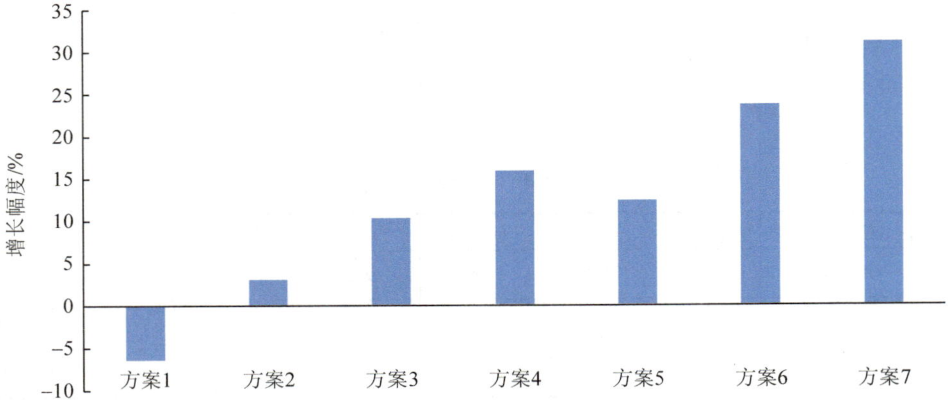

图 8-5 备选方案总补贴金额增长幅度

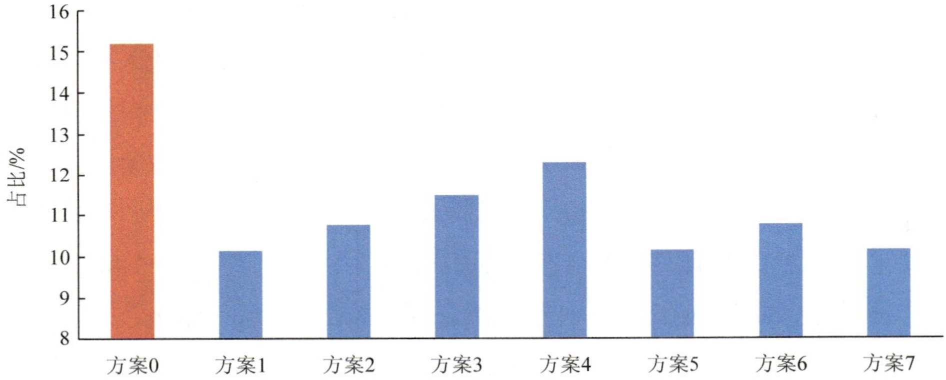

图 8-6 高收入农户补贴占比

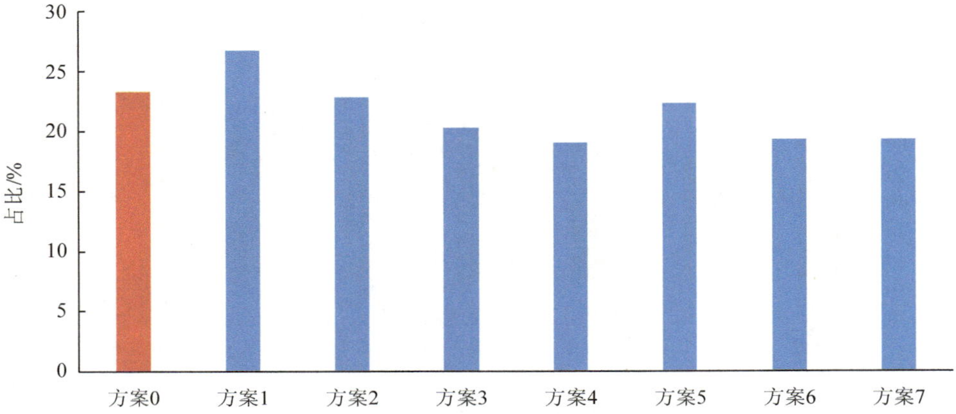

图 8-7 取暖支出占家庭可支配收入高于 5%的农户占比

在优化某项取暖技术的运行补贴时，还应横向比较其他技术的运行补贴标准，做到标准的差异化以体现技术成本的差异性，如直热式“煤改电”的补贴标准应高于热泵式“煤改电”。同时，明确补贴对象是取暖季的采暖用电和采暖用气，避免补贴“搭便车”现象发生。

8.2　扩大清洁取暖中央财政支持范围

目前，非重点区域清洁取暖率偏低，部分区域空气质量较差，“十四五”期间应考虑非重点区域散煤替代，进一步扩大清洁取暖财政政策支持范围。

8.2.1　非重点区域特点

8.2.1.1　气候特点

非重点区域大多数城市采暖季温度低于“2+26”城市和汾渭平原城市温度。根据国家气象中心多年监测数据，“2+26”城市和汾渭平原城市采暖季平均温度为 6.07℃，采暖季极低温度为 –4.45℃，而非重点区域采暖季平均温度为 0.1℃，采暖季极低温度为 –12.06℃。采暖季温度低意味着建筑耗热量指标相对较高、采暖季相对较长，实施清洁取暖之后，消耗的清洁能源更多、运行成本更高。如天津 2010 年之后的建筑耗热量指标一般为 0.20 GJ/（m^2·a），呼和浩特、哈尔滨同时期的建筑耗热量指标一般为 0.27 GJ/（m^2·a）和 0.34 GJ/（m^2·a），分别高出 35%和 70%。

8.2.1.2　经济特点

非重点区域总体经济相对落后，财力有限。只有省会城市、大连、鄂尔多斯等少部分城市可以与京津冀区域相比，多数城市经济实力相对较差。“2+26”城市和汾渭平原城市 2019 年人均 GDP 为 58 659 元，一般公共预算支出平均为 734 亿元；而非重点区域 2019 年人均 GDP 为 53 678 元，一般公共预算支出平均为 334 亿元。

8.2.1.3　能源资源禀赋特点

非重点区域能源资源禀赋特点明显，部分地区拥有丰富的风能、太阳能和生物质等可再生能源，部分地区地热、天然气资源较为丰富。

（1）风电资源。《能源发展战略行动计划（2014—2020 年）》提出规划建设的 9 大现代风电基地中，酒泉、内蒙古西部、内蒙古东部、吉林、黑龙江、哈密 6 个风电基地均位于这些区域。内蒙古、新疆、甘肃具有丰富的风能资源，风能资源储量分别为 15 亿 kW、4 亿 kW、2.4 亿 kW，分别居全国首位、第 2 位和第 3 位。内蒙古年平均风速及年平均风功率密度均居全国首位，年平均风速达 64 m/s，是全国唯一多年年平均风功率密度超过 $30W/m^2$ 的省份。2007—2011 年，内蒙古新增装机容量占全国新增装机容量（不包括台湾地区）的比例为 27%～35%，即 5 年间全国新增风电装机容量近 1/3 分布在内蒙古。2019 年 5 月底，新疆地区电网联网运行发电装机容量高达 $8.861\,5\times10^7$ kW，风电装机容量约 $1.925\,1\times10^7$ kW，约占总数的 21.7%。

（2）太阳能资源。新疆东南边缘、青海中西部、甘肃河西走廊西部、内蒙古阿拉善高原等地区太阳能资源丰富，是全国太阳能资源一类区域，年太阳能辐射总量高于 6 300 MJ/m^2，新疆大部分地区、青海东部、甘肃中东部、宁夏全部、内蒙古中东部为全国太阳能资源二类区域，年太阳能辐射总量为 5 040～6 300 MJ/m^2。

（3）生物质资源。黑龙江、辽宁、吉林、内蒙古等地区生物质资源丰富，与河北、河南、山东等地区较为接近，具有较大的开发潜力。黑龙江、吉林、内蒙古等地区的农业生物质资源总量分别居全国第 5 位、第 6 位和第 10 位（前 3 位分别为山东、河南、河北），黑龙江、内蒙古、吉林等地区的林业生物质资源总量分别居全国第 1 位、第 2 位和第 5 位。

（4）地热能资源。新疆和黑龙江部分城市，青海等地热资源相对丰富，分布着松辽盆地、鄂尔多斯盆地、二连盆地、准噶尔盆地、塔里木盆地、柴达木盆地等水热型地热资源。

（5）天然气资源。在天然气供应潜力方面，除南疆地区外，其他区域比较均衡。南疆地区由于地处产气区域，天然气资源较为丰富，且价格较低。

8.2.1.4 空气质量现状

相比“2+26”城市和汾渭平原城市，非重点区域城市空气质量总体相对较好。2018 年，非重点区域城市 SO_2 质量浓度年均值为 16 $\mu g/m^3$，$PM_{2.5}$ 质量浓度年均值为 37 $\mu g/m^3$，平均优良天数比例、平均重污染天数比例分别为 82.9%和 1.3%（表 8-5），远好于“2+26”城市和汾渭平原城市的 SO_2、$PM_{2.5}$ 质量浓度年均值。2018—2019 年秋冬季，“2+26”城市和汾渭平原等重点区域城市 $PM_{2.5}$ 年均值为 76.6 $\mu g/m^3$，而非重点区域城市年均值为 45.5 $\mu g/m^3$。

表 8-5　2018 年度重点区域与非重点区域空气质量对比

区域	SO_2 质量浓度年均值/（μg/m³）	$PM_{2.5}$ 质量浓度年均值/（μg/m³）	平均优良天数比例/%	平均重污染天数比例/%
“2+26”城市	20	60	50.5	5.2
汾渭平原城市	24	58	54.3	4.2
非重点区域	16	37	82.9	1.3

非重点区域城市空气质量差异较大，部分地区污染较重。根据生态环境部 2018 年度空气质量数据，116 个非重点区域城市中，呼伦贝尔、锡林郭勒、黑河、大兴安岭、玉树州、塔城地区、阿勒泰地区等 61 个城市 $PM_{2.5}$ 指标已满足国家二类环境空气功能区目标要求（低于或等于 35 μg/m³），即使在秋冬季，内蒙古东北部、青海省和新疆的北部地区 $PM_{2.5}$ 指标也能达标。而乌鲁木齐、喀什地区、和田地区、石河子、五家渠等地区大气污染较重，$PM_{2.5}$ 质量浓度年均值远高于 35 μg/m³。

8.2.2　财政支持区域的筛选

实施清洁取暖的主要目标是改善区域空气质量。鉴于非重点区域城市空气质量的显著差异性，“十四五”期间实施清洁取暖应坚持区域差异化原则，对空气质量较差的地区实施清洁取暖改造，并纳入中央财政支持范围。

中央财政支持区域的筛选应以空气质量改善为目标，重点考虑如下因素：①空气质量现状。空气质量相对较差、尚未达到国家空气质量二级标准的区域。②散煤取暖的污染贡献。散煤取暖对当地空气污染贡献较大，实施清洁取暖改造能够显著降低主要污染物浓度。③地方财政实力。

建议区域筛选条件设定为：① 2017—2019 年的 $PM_{2.5}$ 年均质量浓度超过《环境空气质量标准》（GB 3095—2012）二级标准 35 μg/m³ 的城市；② 2017—2019 年的采暖季 $PM_{2.5}$ 质量浓度相对较高，如大于 45 μg/m³，2017—2019 年的采暖季 SO_2 浓度相比非采暖季高出较多，如升高 80%以上；③地方财政实力较弱的地区。

8.2.3　财政支持的技术领域

清洁取暖的技术经济性仍然是关注的重点，财政支持政策应对重点技术给予倾斜，发挥政策引导作用，促进好的技术得到推广应用。因此，“十四五”期间清洁取暖财政支持应坚持技术差异化的原则，根据当前试点城市清洁取暖改造投资和运行费用等数据，基于不同技术建立差异化的补助。对于可商业化的领域，如城镇地热和工业余热集中供热项目，市场化成熟、商业模式清晰，能够实现项目盈利，可以利用市场化手段吸引社会资本投资，财政资金对此类项目不应给予补贴；对于基本上可商业化的领域，如生物质集中供热，这类项目虽然尚不完全具备商业化条件，但只要出台一些政策，如政策性贷款、信贷资金与股权资金组合、财政贴息、财政担保等，项目就能够实现可持续性、盈利性，应优化支持方式，与金融支持政策建立协同性，促进项目的商业化运作；对于现阶段难以商业化的领域，如农村分散式清洁取暖改造，财政资金应重点支持此类技术。

在分散式清洁取暖改造技术中，技术经济性相对较好且被广泛推广应用的清洁取暖技术主要包括蓄热式电热水炉、蓄热式电暖器、空气源热泵热水机、空气源热泵热风机、燃气壁挂炉、太阳能+电加热、生物质颗粒取暖炉等。在不考虑财政补贴和价格优惠等政策的情况下，生物质颗粒取暖炉的运行成本最低；电驱动技术（空气源热泵热风机、空气源热泵热水机和地源热泵）与燃气壁挂炉的运行成本基本相当，比其他技术运行费用要低一些，其次是蓄热式电暖器、蓄热式电热水炉等运行成本也较低；直热式电暖器、直热式电锅炉等直热式技术效率低、经济性较差。财政资金应重点支持蓄热式电热水炉、蓄热式电暖器、空气源热泵热水机、空气源热泵热风机、燃气壁挂炉、太阳能+电加热、生物质颗粒取暖炉等技术。

8.3 建立完善的补贴政策体系

除补贴标准外，补贴的分摊机制、动态调整机制、发放方式等都会对清洁取暖实施效果产生较大影响，应建立完善的补贴政策体系。

8.3.1 补贴资金分摊机制

清洁取暖补贴包括建设补贴和运行补贴。建设补贴主要是对居民取暖设备购置、居民建筑节能改造等建设成本的补贴，运行补贴主要是对清洁取暖改造后相比原取暖支出额外增加支出的补贴。

8.3.1.1 补贴分摊主体

清洁取暖补贴应在中央政府、地方政府、供气/供电企业之间进行合理分摊：①实施清洁取暖改造在空气质量改善方面具有明显的外部性和区域性，体现了中央和地方共同事权的特点，因此清洁取暖补贴应由中央财政分摊一部分。②取暖是人民的基本生活需求，地方财政应将供暖作为基本公共服务。目前，城市居民基本享受供暖服务，且相对便宜。如北京市热力大网供热范围内的供热收费标准为 24 元/（m^2·采暖季），若一个家庭采暖面积为 80 m^2，则每个冬季供暖支出为 1 920 元，比农村清洁取暖支出低；根据北京市 2006 年发布的《北京市居民住宅清洁能源分户自采暖补贴暂行办法》（京政管字〔2006〕22 号），市政府对天然气分户采暖居民采暖用气予以补贴，补贴标准为 0.38 元/m^3，采暖用气量以 820 m^3 为补贴上限。按照公平原则，农村居民应该享受和城市居民相同的供暖服务，农村居民实施清洁取暖也应该享受政府补贴。③清洁取暖改造项目往往具有自然垄断性，特别是享受到特许经营权的燃气公司及地方电力公司，市场风险小，在国家及地方政府大力实施清洁取暖改造中，企业享受到市场需求增加的经济利益，因此企业应受让一部分经济利益给居民消费者。

8.3.1.2　建设补贴分摊机制

见表 8-6，清洁取暖建设成本中的燃气管网建设和电网建设涉及基础设施建设，受益方较多，政府可以给予补贴。但应注意的是，目前供暖领域市场模式已经比较成熟，特许经营已是常态，特别是在 PPP 政策推动下，近几年涌现出大量清洁取暖 PPP 项目，即使是在部分农村地区，也有清洁取暖 PPP 项目。政府应尽可能地建立成熟市场，促进供热企业进入清洁取暖改造市场，让供热企业发挥主导作用，承担更高比例的建设投资。

表 8-6　清洁取暖建设补贴分摊机制

成本内容	中央政府	地方政府	企业	居民消费者
燃气管网建设	可给予补贴	责任主体	主要通过 PPP 模式或特许经营模式由企业承担建设工作	
电网建设	可给予补贴	给予补贴	责任主体	
清洁热源、气源建设		可给予补贴	责任主体	
居民取暖设备购置	给予补贴	给予补贴		责任主体
居民建筑节能改造	给予补贴	给予补贴		责任主体

中央和地方财政应重点在居民取暖设备和实施建筑节能改造的成本支出方面给予补贴，分摊机制根据财政事权和支出责任科学划分。2016 年国务院印发的《国务院关于推进中央与地方财政事权和支出责任划分改革的指导意见》提出“体现基本公共服务受益范围、兼顾政府职能和行政效率、实现权责利相统一、激励地方政府主动作为、做到支出责任与财政事权相适应”，供热主要属于地方财政事权范围，因此，实施清洁取暖地方财政应承担更多的支出责任。

8.3.1.3 运行补贴分摊机制

鉴于现有试点城市居民和地方财政面临的可承受能力问题，应建立运行补贴共同分摊机制。按照受益和用户承受能力原则，现行 43 个试点城市运行补贴资金应由各级财政、居民和供气/供电企业共同分摊。其中，供气/供电企业通过供暖燃气和电力价格优惠方式予以分摊。目前，天津、河北和山西等省（市）已制定了采暖用气和用电的价格优惠政策。各级财政主要通过直接补贴予以分摊，分摊比例考虑以下 3 个方面。

（1）中央财政可支付能力。目前，清洁取暖试点奖补资金主要来自中央大气污染防治资金。2016 年以来，清洁取暖试点奖补资金支出占该专项资金总规模的比例逐年提高，从 2017 年的 37.5%提高至 2019 年的 60.8%（表 8-7）。

表 8-7 2016—2019 年中央大气污染防治资金规模

年份	2016	2017	2018	2019	2020
资金规模/亿元	114	160	250	250	250
清洁取暖试点奖补资金/亿元	—	60	139.2	152	141.8
占比		37.5%	55.7%	60.8%	56.7%

（2）试点城市财政可承受能力。受中央政策驱动，重点区域在“十三五”期间实施了大规模清洁取暖工程，在大幅度提高区域清洁取暖比例、显著改善区域空气质量的同时，也带来了财政支出压力。除了建设阶段，在运行阶段试点城市持续补贴压力较大，应考虑试点城市的财政可承受能力，在中央财政给予一定补贴的情况下，省级财政应建立补贴配套机制，对不同试点城市差异对待，主要补贴任务重、财政压力大的试点城市。

（3）区（县）经济发展水平的差异。部分试点城市所辖区（县）经济水平、居民收入水平也存在差异，试点城市应加大对相对贫困区（县）的补贴力度，降低其分摊比例。

8.3.2 补贴动态调整机制

应定期实施补贴效果监测与评估，根据评估结果调整补贴政策。补贴动态调整机制包括补贴监测、补贴效果评估、补贴动态调整三个环节。

（1）补贴监测。优先利用地方建立的清洁取暖监测平台获取有关数据，数据包括农户取暖季用气量、缴费金额、补贴获取情况等；若无监测平台，以城市为单位进行分层抽样调查获取以上数据，抽样覆盖实施清洁取暖改造的所有区（县），并在各区（县）范围的城乡接合部、村庄地区抽取典型村庄代表经济水平的差异，每个村庄随机抽取若干农户，保证足够的数据样本。从财政部门获取城市财政补贴总支出、地方一般公共预算支出等数据。

（2）补贴效果评估。计算抽样调查户数的补贴总金额、补贴分布、取暖支出（不考虑补贴）及占家庭可支配收入情况、取暖实际支出及占家庭可支配收入情况。评估补贴政策实施效果，关注补贴分布、居民对取暖实际支出的可承受能力、城市财政支出的可承受能力。

（3）补贴动态调整。以上监测和评估建议每两年开展 1 次，以确保补贴资金结构分布合理、享受补贴后居民具有较好的可承受能力。评估结果合理的，仍继续沿用现行补贴政策，评估结果不合理的，对补贴政策做相应调整。

8.3.3 补贴发放方式

补贴发放方式主要针对运行补贴，运行补贴发放方式一般有三种：①事前补贴，即先将预计补贴额发放到居民手中，待取暖季结束后清算。②事后补贴，即在居民用气（电）后，根据居民实际用气（电）量将补贴发放给居民。运行补贴发放方式不同，产生的政策效果也不同。③混合补贴，是事前补贴和事后补贴相结合的一种补贴发放方式。事前补贴是居民的福利最大化，居民相当于拥有了额外收入可以自由支配，但容易造成非意向性补贴。直接价格补贴需要政府和清洁能源供应商协商，不论是政府先给予企业补贴还是企业先垫付补贴，其前提都在于双方形成有效契约。事后补贴是目前试点城市普遍采用的补贴发放方式，如果计量问题得到解决，该方式将比较可靠，问题是对于农村居民而言，往往将清洁取暖价格与之前的煤价相比较，由此会产生节省用电（天然气）的情形。

为确保清洁取暖实施成效，建议优化运行补贴发放方式：在采暖季期间居民按照补贴后的气/电价购买气/电，采暖季结束后据实核定采暖气量/电量，下一次购买气/电时，将已享受的补贴和据实核算该享受的补贴差额进行冲抵；对于燃气/电力公司，建议在采暖季前，按照上年度农村居民采暖气量/电量 60%～80%的额度将补贴资金下达燃气/电力公司，采暖季结束后，财政部门按照核定的农村居民采暖季气/电量与燃气/电力公司结算，多退少补。如此，一方面可以有效地解决补贴不及时、不到位的问题，打消农民心理顾虑；另一方面，可避免燃气/电力公司大量垫支问题。

8.4 因地制宜推动清洁取暖发展

8.4.1 强化中长期供热规划编制

2017 年 12 月，国家发展改革委等 10 部门印发《北方地区冬季清洁取暖规划（2017—2021 年）》，明确提出了清洁取暖的技术范畴、不同技术类型的发展目标及保障措施，同时要求编制地方清洁取暖规划。然而，规划期限较短，对地方清洁取暖技术路线选择的指导意义有限。在国家层面，有关部门应统筹考虑能源安全、经济和环保等因素，将供热能源作为国家能源重要组成部分统筹考虑，建立中长期供热能源发展战略与布局。

建议省级层面编制清洁取暖中长期发展规划，在科学评估资源分布及开发潜力、大气污染防治任务、气候和经济水平基础上，结合国家能源发展规划、城市经济发展水平等，明确区域中长期清洁取暖发展目标、技术路线等。如内蒙古、甘肃等应在风光电资源丰富、需消纳风光电的区域大力发展“煤改电”取暖方式。

目前，试点城市编制的清洁取暖规划期较短，对供暖中长期发展指导不足，应按照“因地制宜、居民可承受”原则，充分立足本地资源禀赋、经济实力、基础设施等条件，以及大气污染防治要求，科学合理地编制城市层面中长期供暖发展规划，统筹考虑供暖与区域能源体系、大气污染防治、城镇建设及改造、产业园区建设、乡村振兴等规划的衔接，制定中长期发展目标与技术路径。

8.4.2 编制清洁取暖技术指南

在地市和县区层面一般缺乏专业性的清洁取暖技术队伍，缺乏科学的咨询服务支撑。建议国家或省级层面制定清洁取暖技术选择通用和专项指南，基于各项清洁取暖技术的广泛调研分析，建立技术选择路线、方法等，指导不同地区选择适宜的清洁取暖技术。

8.4.3 加大可再生能源供热技术示范

相比“煤改气”“煤改电”，可再生能源供热技术有待进一步产业化，建议加大可再生能源供热技术示范力度。在国家层面，将可再生能源供热技术示范列入专项资金重点支持范围；在地方层面，各城市可结合当地可再生能源资源现状，对技术示范项目给予重点支持。在城区和县城集中供暖未覆盖地区，结合当地可再生能源资源现状，大力推动太阳能、地热能、生物质能等可再生能源供暖应用技术与模式，建设分布式区域能源供热站，解决供暖需求；在人口密集的中小城镇、城乡接合部等相对独立的地区，通过可再生能源与化石能源耦合、可再生能源系统集成等模式，建立一批区域能源站示范工程，提供优质区域能源服务；在农村地区，优先支持可再生能源电采暖、生物质成型燃料供暖等分户式供暖技术模式，并结合农村环境整治、乡村振兴等，推广应用以生活垃圾、畜禽粪污、农作物秸秆为原料的沼气生产供热技术。

8.5　促进农宅建筑能效提升

建筑能效提升是清洁取暖实现可持续发展的重要基础。在“热源侧”因地制宜实施清洁取暖的同时，建议从资金补助、技术标准等方面同步推进“用户侧”农宅建筑能效提升。

8.5.1　制定建筑节能改造补助计划

为促进建筑节能改造，特别是推进北方农村地区建筑节能改造，建议国家和地方制定建筑节能改造补助计划，支持民用建筑实施节能改造。借鉴国外经验，建立节能改造与清洁取暖补助的衔接机制，农户实施建筑节能改造可优先获得清洁取暖补助资金。

8.5.2　完善农宅节能标准体系

在新建建筑方面，一方面，结合当前试点城市农宅节能改造经验，修订《严寒和寒冷地区农村住房节能技术导则》（建村〔2009〕115 号）等农村节能建筑有关技术规范；另一方面，推动标准与规范的实施，对于新建农宅纳入新建管理体系，按照《农村居住建筑节能设计标准》（GB/T 50824—2013）来建设。

在既有建筑方面，考虑到我国农村地区农宅形式种类多、保温水平差异大，建议设计细化的、菜单式的技术路径。鼓励地方基于农宅的广泛调研，编制形成本地区的既有农宅能效提升技术导则，分门别类地建立菜单式技术改造推荐清单，解决农宅能效提升在改造优先级、改造形式、材料选择、材料厚度确定、节能目标等方面的关键问题。推荐的技术应满足以下条件：适合在农村地区推广应用，在经济上普通农村居民能够承受；符合农村发展现状和农村建筑节能的需求；工艺技术简单，普通农民可以自己组建施工队伍，无须专业培训；材料容易获得，所需施工器具简便；效果较好，应具备良好的社会效益、经济效益和环境效益。

8.6 创新项目实施模式与市场机制

清洁取暖的可持续发展应形成“企业为主，政府推动、居民可承受”的长效机制。

8.6.1 提高清洁取暖项目经济性

按照“肥瘦搭配”或“区域整体开发”原则，将农村清洁取暖项目与城镇地区以及工业园区的供暖项目打包开发，提高项目整体的经济性，增加项目的社会吸引力。建立建设运维一体化模式，打破“建设只管建设、运维只管运维”的模式，创新项目组织实施机制，结合不同项目特点通过 DBO（设计—建设—运行）、EPC+O（设计—采供—施工—运行一体化管理）或 PPP 等模式将项目的建设和运维一起招标，中标企业不仅要承担设备供应，而且应按合同期限要求提供运维服务，同时加强对中标企业供货设备质量及运维服务质量监管，提高项目质量，降低运营成本。

目前，国家积极推进电力市场化交易，参与电力市场交易的发电企业上网电价由用户或售电主体与发电企业通过协商、市场竞价等方式自主确定。相比政府指导价，交易电价相对较低。建议充分利用国家政策大力发展电力市场化交易，并优先支持弃风、弃光、弃水区域可再生能源电力上网，降低配电网购电成本，优先将此低价电力销售给“煤改电”配电网公司，提高农村“煤改电”项目运营经济性。

8.6.2 促进形成清洁取暖 PPP 机制

清洁取暖项目运行有稳定的现金流，较为适合应用 PPP 模式。《关于开展中央财政支持北方地区冬季清洁取暖试点工作的通知》（财建〔2017〕238 号）提出，应积极探索采取 PPP 等市场化模式建设运营清洁取暖项目，完善价格和收费政策，调动企业和社会资本参与清洁取暖改造积极性。《关于印发北方地区清洁供暖价格政策意见的通知》（发改价格〔2017〕1684 号）提出，鼓励社会资本通过 PPP 模式参与清洁取暖项目投资建设运营，多渠道解决项目融资问题，降低融资成本。考虑到清洁取暖项目投资规模大、回收期长的特点，应降低各项政策的不确定性，增强其在时间上的延续性和机制上的稳定性。应进一步释放市场活力，在保证稳定供气、供电的前提下，降低社会资本进入该领域的经济门槛，同时在财政补贴、贷款支持等方面对 PPP 项目予以倾斜。

8.6.3　探索清洁取暖项目环境交易机制

引入碳交易、排污权交易等环境交易机制，以促进清洁取暖市场机制的加快形成。探索推进清洁取暖项目、国内碳交易项目开发。一是通过碳排放配额分配释放积极信号，因地制宜地引导推进清洁取暖项目的谋划与建设；二是对可再生能源取暖和高效能、低排放的取暖项目予以碳配额分配倾斜，对示范意义显著的清洁取暖项目，加倍给予碳排放权追加补助；三是对清洁取暖项目打捆开展交易试点工作，以碳交易长期稳定的收益，持续推进清洁取暖项目稳定运行。

8.7　促进绿色金融支持

绿色金融支持清洁取暖发展的重点应是促进金融支持与财政补贴联动互补，丰富产品和服务，建立多元化的金融支持方式。

8.7.1　促进金融支持与财政补贴联动互补

应促进建立金融支持与财政补贴的联动互补机制。对于具有成熟商业模式、盈利可持续的项目，财政应减少补贴，主要由金融机构发挥作用，促进清洁取暖项目的市场化发展；对于盈利性较差的公益性项目，财政承担投资责任，金融机构起到协助作用。在清洁取暖项目初始建设阶段，设备投资费用较大，需要政府补贴购置。初始建设阶段完成后，对于技术可持续性较强的企业，项目投资的可盈利性较好，可由金融机构提供进一步支持。

8.7.2　丰富金融产品和服务

通过再贷款、专业化担保、财政贴息等措施加大对清洁供暖项目的支持力度，降低清洁供暖企业融资成本。支持清洁供暖企业发行绿色债券，创新抵押融资模式，丰富抵押品种类和范围。支持符合条件的清洁供暖企业上市融资和再融资，动员风险投资基金等市场化资金参与清洁供暖投资。大力发展清洁能源产业投资基金，吸引社会资金在国家绿色发展基金下设清洁能源子基金，用于清洁取暖项目的低息贷款、融资担保、股权投资等。合理运用融资租赁、证券化等金融工具，为清洁供暖企业多渠道融资创造条件。

参考文献

[1] 国务院. 政府工作报告（2017 年 3 月 5 日第十二届全国人民代表大会第五次会议）[EB/OL]. 2017-03-16. http://www.gov.cn/premier/2017-03/16/content_5177940.htm.

[2] 中共中央，国务院．关于全面加强生态环境保护坚决打好污染防治攻坚战的意见[EB/OL]. 2018-06-24. http://www.gov.cn/zhengce/2018-06/24/content_5300953.htm.

[3] 国务院．关于印发打赢蓝天保卫战三年行动计划的通知[EB/OL]. 2018-07-03. http://www.gov.cn/zhengce/content/2018-07/03/content_5303158.htm.

[4] 财政部，住房和城乡建设部，环境保护部，等．关于开展中央财政支持北方地区冬季清洁取暖试点工作的通知[EB/OL]. 2017-05-16. http://www.gov.cn/xinwen/2017-05/20/content_5195490.htm.

[5] 国家能源局综合司．关于开展北方地区可再生能源清洁取暖实施方案编制有关工作的通知[EB/OL]. 2017-06-06. http://zfxxgk.nea.gov.cn/auto87/201706/t20170613_2812.htm.

[6] 国家能源局综合司．关于开展生物质热电联产县域清洁供热示范项目建设的通知[EB/OL]. 2017-08-04. https://www.sohu.com/a/163871203_505851.

[7] 住房和城乡建设部，国家发展改革委，财政部，等．关于推进北方采暖地区城镇清洁供暖的指导意见[EB/OL]. 2017-09-06. http://www.mohurd.gov.cn/wjfb/201709/t20170913_233287.html.

[8] 国家发展改革委．关于印发北方地区清洁供暖价格政策意见的通知[EB/OL]. 2017-09-19. https://www.ndrc.gov.cn/xxgk/zcfb/tz/201709/t20170925_962561.html.

[9] 国家能源局．关于做好 2017—2018 年采暖季清洁供暖工作的通知[EB/OL]. 2017-12-04. http://zfxxgk.nea.gov.cn/auto84/201712/t20171214_3077.htm.

[10] 国家发展改革委，国家能源局，财政部，等．关于印发北方地区冬季清洁取暖规划（2017—2021年）的通知[EB/OL]. 2017-12-05. http://www.nea.gov.cn/2017-12/27/c_136854721.htm.

[11] 国家发展改革委，国家能源局．关于促进生物质能供热发展的指导意见[EB/OL]. 2017-12-06. http://zfxxgk.nea.gov.cn/auto87/201712/t20171228_3085.htm.

[12] 国家发展改革委，国土资源部，环境保护部，等．关于加快浅层地热能开发利用促进北方采暖地区煤炭减量替代的通知[EB/OL]. 2017-12-29. https://www.ndrc.gov.cn/fggz/hjyzy/jnhnx/201801/t20180108_1134157.html.

[13] 国家能源局．关于开展“百个城镇”生物质热电联产县域清洁供热示范项目建设的通知[EB/OL].

2018-01-19. http://zfxxgk.nea.gov.cn/auto87/201802/t20180211_3116.htm.

[14] 财政部，住房和城乡建设部，生态环境部，等．关于印发北方地区冬季清洁取暖试点城市绩效评价办法的通知[EB/OL]. 2018-06-25. https://www.sohu.com/a/239831252_99931482.

[15] 财政部，生态环境部，住房和城乡建设部，等．关于扩大中央财政支持北方地区冬季清洁取暖城市试点的通知[EB/OL]. 2018-07-24. https://www.sohu.com/a/243586845_777609.

[16] 国家能源局．关于做好 2018—2019 年采暖季清洁供暖工作的通知[EB/OL]. 2018-11-23. http://www.gov.cn/xinwen/2018-12/15/content_5349109.htm.

[17] 生态环境部办公厅．关于印发 2019 年全国大气污染防治工作要点的通知[EB/OL]. 2019-02-27. http://www.mee.gov.cn/xxgk2018/xxgk/xxgk05/201903/t20190306_694550.html.

[18] 国家能源局．关于完善风电供暖相关电力交易机制扩大风电供暖应用的通知[EB/OL]. 2019-04-04. http://zfxxgk.nea.gov.cn/auto87/201904/t20190419_3654.htm.

[19] 生态环境部，国家发展改革委，工业和信息化部，等．京津冀及周边地区 2019—2020 年秋冬季大气污染综合治理攻坚行动方案[EB/OL]. 2019-10-11. http://www.mee.gov.cn/xxgk2018/xxgk/xxgk03/201910/t20191016_737803.html.

[20] 财政部．关于提前下达 2020 年度大气污染防治资金预算的通知[EB/OL]. 2019-11-01. https://www.sohu.com/a/356976222_754323.

[21] 国家发展改革委，财政部，生态环境部，等．关于进一步做好清洁取暖工作的通知[Z]. 2019-11-11.

[22] 生态环境部环境规划院．关于北方地区冬季清洁取暖 12 个试点城市 2017 年度绩效复核情况的报告[R]．北京：生态环境部环境规划院，2018.

[23] 生态环境部环境规划院．关于北方地区冬季清洁取暖试点城市 2018 年度绩效复核情况的报告[R]. 北京：生态环境部环境规划院，2019.

[24] 财政部天津监管局．关于北方地区冬季清洁取暖试点资金重点绩效评价报告[R]．天津：财政部天津监管局，2020.

[25] 财政部河北监管局．关于河北省 11 个试点城市北方地区冬季清洁取暖试点资金绩效评价情况的报告[R]．石家庄：财政部河北监管局，2020.

[26] 财政部河南监管局．关于开展北方地区冬季清洁取暖试点资金绩效评价工作的报告[R]．郑州：财政部河南监管局，2020.

[27] 财政部山东监管局．淄博市 2018—2019 年度北方地区冬季清洁取暖试点资金绩效评价报告[R]．济南：财政部山东监管局，2020.

[28] 财政部山东监管局．聊城市北方地区冬季清洁取暖试点资金中期绩效评价报告[R]．济南：财政部山东监管局，2020.

[29] 财政部山东监管局．济宁市 2018—2019 年度北方地区冬季清洁取暖试点资金绩效评价报告[R]．济南：财政部山东监管局，2020.

[30] 财政部山东监管局．济南市北方地区冬季清洁取暖试点资金整体绩效评价报告[R]．济南：财政部山东监管局，2020.

[31] 财政部山东监管局．菏泽市 2018—2019 年度北方地区冬季清洁取暖试点资金绩效评价报告[R]．济

南：财政部山东监管局，2020.
[32] 财政部山东监管局. 德州市北方地区冬季清洁取暖试点资金中期绩效评价报告[R]. 2020.
[33] 财政部山东监管局. 滨州市2018—2019年度北方地区冬季清洁取暖试点资金绩效评价报告[R]. 济南：财政部山东监管局，2020.
[34] 财政部山西监管局. 关于山西省8个试点城市北方地区冬季清洁取暖试点工作绩效评价的报告[R]. 太原：财政部山西监管局，2020.
[35] 财政部陕西监管局. 关于陕西省北方地区冬季清洁取暖试点资金重点绩效评价报告[R]. 西安：财政部陕西监管局，2020.
[36] 国家能源局. 北方地区冬季清洁取暖规划（2017—2021）（发改能源〔2017〕2100号）[Z]. 2017.
[37] 电力规划设计总院. 北方地区冬季清洁取暖规划（2017—2021年）中期评估报告[R]. 北京：电力规划设计总院，2019.
[38] 生态环境部. 2019中国生态环境状况公报[EB/OL]. 2020-06-02. https://www.mee.gov.cn/hjzl/sthjzk/zghjzkgb/202006/P020200602509464172096.pdf.
[39] 生态环境部. 生态环境部通报《京津冀及周边地区2017—2018年秋冬季大气污染综合治理攻坚行动方案》空气质量目标完成情况[EB/OL]. 2018-05-03. http://www.mee.gov.cn/gkml/sthjbgw/qt/201805/t20180503_435860.htm.
[40] 生态环境部. 关于重点区域2018—2019年秋冬季环境空气质量目标完成情况的函[EB/OL]. 2019-04-27. http://www.mee.gov.cn/xxgk2018/xxgk/xxgk06/201905/t20190506_701910.html.
[41] 生态环境部. 生态环境部通报重点区域2019—2020年秋冬季环境空气质量目标完成情况[EB/OL]. 2020-04-22. http://www.mee.gov.cn/xxgk2018/xxgk/xxgk15/202004/t20200422_775917.html.
[42] 雷宇. 推进清洁取暖　改善大气环境质量[N]. 中国环境报，2018-03-26（3）.
[43] 中国土木工程学会. 燃气采暖热水炉产品2018年度市场统计公告[EB/OL]. 2019-03-12. https://baijiahao.baidu.com/s?id=1627797683948707742&wfr=spider&for=pc.
[44] 中国土木工程学会. 燃气采暖热水炉产品2019年度市场统计公告[EB/OL]. 2020-03-17. http://cgac.chinagas.com.cn/News/detail/item/2354.html.
[45] 樊金璐. 基于用户可承受能力的清洁取暖技术经济性评价[J]. 煤炭经济研究，2019，39（1）：39-44.
[46] 何军，宋玲玲，武娟妮. 北方地区冬季清洁取暖试点实施研究报告[R]. 北京：生态环境部环境规划院. 2019.
[47] 冯相昭，赵梦雪，王鹏，等. 冬季取暖“煤改气”实施现状与案例地区经验做法探讨[J]. 环境与可持续发展，2020，45：28-32.
[48] Shupler M，Godwin W，Frostad J，et al. Global estimation of exposure to fine particulate matter（$PM_{2.5}$）from household air pollution[J]. Environ Int，2018，120：354-363.
[49] Building Energy Research Center（Tsinghua University）. 2016. China Building Energy Use 2016. Available from：https://berc.bestchina.org/?ky/Article250/86.html；Accessed：2020-08-05.
[50] Chen Y，Shen H，Smith K R，et al. Estimating household air pollution exposures and health impacts from space heating in rural China[J]. Environment International. 2018，119：117-124.

[51] Staff Mestl Heidi Elizabeth，Aunan Kristin，Seip Hans Martin. Potential health benefit of reducing household solid fuel use in Shanxi province，China [J]. The Science of the Total Environment，2006，372（1）：120-132.

[52] 张兵兵，刁乃仁. 北方寒冷地区农村住宅建筑热负荷影响因素分析[J]. 区域供热，2018（3）：120-126，130.

[53] 李爱松，李忠，聂晶晶，等. 北京农村空气源热泵供暖项目运行实测[J]. 暖通空调，2017，47（12）：138-142，107.

[54] 张威. 寒冷地区农村住宅采暖能耗研究[D]. 天津：天津大学，2012.

[55] 刘晶，张思思. 平谷农村住房节能测试对比分析[J]. 建设科技，2011（3）：60-62.

[56] 李祥. 封闭玻璃走廊对典型农村建筑耗热量的影响[J]. 区域供热，2018（1）：130-133.

[57] 张海宁. 被动式技术在山西省农村建筑中应用的定量分析[J]. 山西建筑，2017，43（11）：189-191.

[58] 叶建东，章永洁，蒋建云，等. 农村型煤替代散煤采暖对比分析[J]. 建筑节能，2016（11）：102-103.

[59] 徐钢，王春兰，许诚. 京津冀地区散烧煤与电采暖大气污染物排放评估[J]. 环境科学研究，2016，29（12）：1735-1741.

[60] 财政部政府和社会资本合作中心. PPP 模式融资问题研究[M]. 北京：经济科学出版社，2017.

[61] 财政部政府和社会资本合作中心. 全国 PPP 综合信息平台管理库项目 2020 年 5 月报[EB/OL]. https://www.cpppc.org/jb/999256.jhtml.

[62] PPP 服务平台. 山西临汾充分运用 PPP 助推清洁取暖工程[EB/OL]. https://www.chinappp.cn/newscenter/newsdetail_13528.html.

[63] 石家庄市人民政府. 石家庄市冬季清洁取暖试点城市实施方案[R]. 2017.

[64] 新乡市人民政府. 河南省新乡市冬季清洁取暖试点城市实施方案[R]. 2017.

[65] 廊坊市人民政府. 廊坊市市冬季清洁取暖试点城市实施方案[R]. 2017.

[66] 张睿峰. 北方严寒地区既有建筑围护结构的节能改造技术[J]. 建筑技术，2017（5）.

[67] 宋忠奎，赵恒谊，王水，等. 北京农村“冬季清洁取暖”空气源热泵类产品应用[J]. 建设科技，2017（10）.

[68] 曹珊. 政府与社会资本合作模式政策法规与示范文本集成[M]. 北京：法律出版社，2015：270-276.

[69] 曹扬，严志权，陈子尧，等. 建筑能耗现状及节能潜力[J]. 现代物业，2017（05）：66-73.

[70] 邓东华，吴顺富，王军，等. 合同能源管理模式在节约型高校创建中的应用[J]. 中国电力教育，2012.

[71] 郭汉丁，崔可荣，向永忠. 城市集中供热城市发展问题分析与内在规律探讨[J]. 科技和产业，2015，15（9）：21-25.

[72] 国际能源署. 中国区域清洁供暖发展研究报告[M]. 北京：清华大学出版社，2018.

[73] 国家发展改革委. 关于开展政府和社会资本合作的指导意见[Z]. 2014-12-02.

[74] 国家应对气候变化战略研究和国际合作中心，清洁发展机制项目管理中心. 2016 中国碳市场报告[M]. 北京：中国环境出版社，2016.

[75] 韩青苗，梁俊强，张洋，等. 我国建筑节能服务市场需求分析[J]. 建筑经济，2009（2）：87-1.

[76] 惠超微．中新天津生态城被动房技术应用浅析[J]．住宅产业，2017（05）．
[77] 佚名．鹤壁："六个一"打造清洁取暖示范城[J]．环境经济，2018（17）．
[78] 李金珂，曹静．集中供暖对中国空气污染影响的实证研究[J]．经济学报，2017（4）．
[79] 王金南，王慧丽，雷宇．京津冀及周边地区秋冬季大气污染防治重点及建议[J]．环境保护，2017，45（21）．
[80] 雷晓康．公共物品提供模式的理论分析[D]．西安：西北工业大学，2003．
[81] 刘贺明．中国城市供热发展与改革情况[J]．区域供热，2003（3）：4-8.
[82] 刘晓君，胡伟．合同能源管理模式下既有住宅节能改造收益分配研究——基于华北地区的分析[J]．建筑经济，2015.
[83] 龙惟定，白玮．能源管理与节能——建筑合同能源管理导论[M]．北京：中国建筑工业出版社，2011.
[84] 潘庆．论我国合同能源管理制度——以公共机构建筑节能为视角[J]．法制与经济，2017（1）：10-14.
[85] 佚名．清洁取暖，不妨看看这些地方的做法[J]．环境经济，2018（17）．
[86] 郑婷婷，周月桂，金圻烨．燃煤电厂多种烟气污染物协同脱除超低排放分析[J]．热力发电，2017（4）．
[87] 任宏，卢媛媛，蔡伟光，等．我国建筑领域碳排放权交易框架研究[J]．城市发展研究，2013，21（8）：70-76.
[88] 孙红．合同能源管理实务[M]．北京：中国经济出版社，2012：2-3．
[89] 吴春玲，许娜，苏晶．清洁取暖的政策机制、实现途径及发展建议[J]．建筑热能通风空调，2018，37（10）：48-52.
[90] 许艳，李岩．合同能源管理模式的中美比较研究[J]．环境科学与管理，2009，34（8）：1-4，8.
[91] 杨建勋．供热合同能源管理实操与案例[J]．建设科技，2014（9）：85-87.
[92] 于德森．我国供热行业特性与政府规制研究[D]．武汉：武汉理工大学，2012.
[93] 余捷．合同能源管理：为高能耗企业瘦身[J]．制造技术与机床，2012（10）．
[94] 张蓓佳．合同能源管理创新融资模式下的项目收益分配研究——融入碳交易模式的分析[J]．石家庄经济学院学报，2015，38（6）：52-57.
[95] 赵长春．供热合同能源管理在物业管理中的应用[J]．中国物业管理，2010（10）：30-31.
[96] Fang W S，Miller S M，Yeh C C. The effect of ECSOs on energy use [M]. Working Papers，2012.
[97] Painuly J P，Park H，Lee M-K，et al. Promoting energy efficiency financing and ESCOs in developing countries：Mechanisms and barriers [J]. Journal of Cleaner Production，2003（11）：659-665.
[98] Tang Ling，Wu Jiaqian，Yu Lean，et al. Carbon emission trading scheme exploration in China：A multi-agent-based model[J]. Energy Policy，2015，81：152-169.
[99] Miles，Alice. The middle class in meltdown [J]. New Statesman，2010（5016）.
[100] Deng Qianli，Zhang Limao，Cui Qingbin，et al. A simulation-based decision model for designing contract period in building energy performance contracting[J]. Building and Environment，2014，71：71-80.
[101] Zhang Xiaoling，Wu Zezhou，Feng Yong，et al. Turning green into gold：a framework for energy performance contracting in China's real estate industry [J]. Journal of Cleaner Production，2014：1-8.

[102] 徐忠．中国绿色金融发展报告[M]．北京：中国金融出版社，2018.

[103] 中国人民银行．2019 年金融机构贷款投向统计报告[EB/OL]．http://www.cnstock.com/image/202001/23/20200123153753900.pdf.

[104] 中国金融新闻网．金融支持农村清洁供暖模式研究——以山西省长治市为例[EB/OL]．http://www.financialnews.com.cn/zgjrj/201906/t20190614_161864.html.

[105] 高军，徐顺青，陈鹏，等．我国北方地区清洁取暖金融支持对策与建议[J]．环境保护，2019，47（7）：42-44.

[106] 卢悦．我国绿色资产证券化发展现状及路径优化建议[J]．产权导刊，2019（10）：35-39.

[107] 杨瑞．绿色金融支持节能环保产业影响因素研究[D]．郑州：河南财经政法大学，2020.

[108] 新浪财经．信托产品列表[EB/OL]．2020-07-31．http://stock.finance.sina.com.cn/xintuo/view/vProdList.php?prodtype=2.

[109] 每日甘肃网．绿色信贷助推华煤成功转型——华亭县金融支持绿色循环经济发展案例[EB/OL]．http://gansu.gansudaily.com.cn/system/2017/09/19/016817009.shtml.

[110] 新华财经．2017 年陕西省西咸新区沣西新城开发建设（集团）有限公司绿色债券发行文件[EB/OL]．http://greenfinance.xinhua08.com/a/20170824/1722614.shtml.

[111] 天风证券．国内首单“煤改气”ABS 成功设立　绿色金融再添新军[EB/OL]．http://www.tfzq.com/about/view.html?id=11159.

[112] 中国清洁供热产业网．清洁供热案例——招银租赁的呼和浩特市“煤改气”售后回租项目[EB/OL]．http://www.chic.org.cn/home/Index/detail1?id=617.

[113] 中国投融资担保股份有限公司．能源基金会支持课题——散煤污染治理的资金机制研究[R]. 2019.

[114] 廖海勇，台鸣阳．金融支持清洁供暖的商业可持续发展政策研究[J]．西部金融，2019（2）：54-59.

[115] 杨娉．关于绿色金融支持清洁供暖的调查分析[J]．金融纵横，2017（3）：11-14.

[116] 中国建筑科学研究院．北方清洁取暖优秀实践案例集（2018 版）[R]. 2018.

[117] 单明，刘彦青，孙涛，等．北方农村清洁取暖区域性典型案例实施方案及经验总结[J]．环境与可持续发展，2020. 45（3）：50-56.

[118] 侯隆澍，刘幼农，梁传志，等．北方地区冬季清洁取暖的思考与建议[J]．建设科技，2017（10）：12-15.

[119] 赵普生，朱坦，冯银厂，等．中国北方城市 SO_2 污染防治策略与总量控制方法[J]．城市环境与城市生态，2006（6）：29-31，39.

[120] 肖龙沧．绿色金融支持内蒙古清洁供暖企业和项目路径分析[J]．北方金融，2018（10）：3-7.

[121] 侯隆澍，刘幼农．北京市冬季清洁取暖的演变与发展研究[J]．建设科技，2019（2）：11-16.

[122] 杨铭．北方供暖“零煤耗”农宅实现模式与关键技术研究[D]．北京：清华大学，2011.

[123] 覃露才，孙纪康，陈江娜．北方供热地区清洁供暖规划技术路线与案例[J]．煤气与热力，2018，38（4）：4-10.

[124] 董小明．保定市冬季清洁取暖工程财政支持政策研究[D]．保定：河北大学，2018.

[125] 中国人民银行，财政部，国家发展改革委，等．关于构建绿色金融体系的指导意见[EB/OL].

2016-08-31. http://www.mee.gov.cn/gkml/hbb/gwy/201611/t20161124_368163.htm.
[126] 李晓西，夏光，蔡宁．绿色金融与可持续发展[J]．金融论坛，2015，20（10）：30-40.
[127] 李若愚．我国绿色金融发展现状及政策建议[J]．宏观经济管理，2016（1）：58-60.
[128] 王海生．乌兰察布市清洁能源产业发展与绿色金融支持情况的研究[J]．北方金融，2018（11）：71-75.
[129] 杨良奇．商业伦理与现代商业可持续发展的关系探讨[J]．商业时代，2010（27）：142-143.
[130] 朱明洋，林子华．可持续商业模式的概念化及其研究展望[J]．上海对外经贸大学学报，2015（2）.
[131] 张杰文．我国煤炭业态未来发展趋势分析[J]．绿色环保建材，2019（1）：256.
[132] 史文峥，杨萌萌，张绪辉，等．燃煤电厂超低排放技术路线与协同脱除[J]．中国电机工程学报，2016，36（16）：4308-4318，4513.
[133] 郑雯，夏建军，左河涛，等．北方地区清洁热源与热负荷调研[J]．区域供热，2019（1）：26-35，53.
[134] 陈卓．工业领域低品位余热利用技术的应用现状及关键技术[J]．冶金管理，2019（11）：87-88.
[135] 金玲，陈潇君，雷宇．京津冀及周边地区清洁取暖改造的问题与实践经验[J]．环境保护，2018，46（19）：25-27.
[136] 李纪斌，李福华，蒋长天．清洁能源供暖在农村地区的应用研究与探讨[J]．区域供热，2019（4）：58-63.
[137] 于佳，魏恺，王京雷，等．河南省清洁取暖现状分析与建议[J]．河南科技，2017（17）：149-150.
[138] 梁传志．北方地区推进清洁取暖的重点领域与政策建议[J]．建设科技，2017（18）：9-12，14.
[139] 徐伟，袁闪闪，孙峙峰，等．清洁取暖技术应用适宜性研究[J]．建筑科学，2018，34（12）：4-8，42.
[140] 张亚丽．蓄热式电加热设备为电采暖披上节能外套[J]．呼伦贝尔学院学报，2006（1）：66-68.
[141] 苗杉．我国地热供暖促进政策研究[D]．北京：华北电力大学，2016.
[142] 刘冬生，孙友宏．浅层地能利用新技术——地源热泵技术[J]．岩土工程技术，2003（1）：57-59.
[143] 孙友宏，仲崇梅，王庆华．中国地源热泵技术应用及进展[J]．探矿工程（岩土钻掘工程），2010，37（10）：30-34.
[144] 从宏斌，赵立欣，孟海波，等．生物质热解多联产在北方农村清洁供暖中的适用性评价[J]．农业工程学报，2018，34（1）：8-14.
[145] 诸葛绪光，苏棣棠，马俊哲，等．浅析适合我国北方农村的清洁能源取暖方式[J]．北京农业职业学院学报，2017，31（6）：46-52.
[146] 宫自强，季福坤．我国太阳能应用的可行性分析[J]．华北航天工业学院学报，2000（1）：31-34.
[147] 李婷，康侍民，陈静．主动式太阳能供暖系统的研究现状综述[J]．制冷与空调（四川），2013，27（6）：611-615.
[148] 徐伟，袁闪闪，孙峙峰，等．清洁取暖技术应用适宜性研究[J]．建筑科学，2018，34（12）：1-5.
[149] 刘幼农，侯隆澍．北京市山区农村清洁取暖适宜技术路径研究[J]．建筑科学，2019（6）：128-134.
[150] GB/T 25127.2—2010，低环境温度空气源热泵（冷水）机组　第 2 部分：户用及类似用途的热泵（冷水）机组[S].
[151] JB/T 13573—2018，低环境温度空气源热泵热风机[S].

[152] GB 20665—2006，家用燃气快速热水器和燃气采暖热水炉能效限定值及能效等级 [S].

[153] 河南省住房和城乡建设厅. 河南省既有农房能效提升技术导则（试行）[M]. 郑州：黄河水利出版社，2018.

[154] 单明. 农宅用户侧能效提升经济型技术方案介绍. 首届农村清洁供热大会（山东商河），2019.

[155] 孙赋敏，刘学来，李永安. 山东地区农村清洁取暖方案环境效益分析[J]. 洁净与空调技术，2019（4）：34-37.

[156] 吕晨，伍鹏程，曹丽斌，等. 清洁取暖政策对北方农村地区能源结构的影响：以鹤壁市为例[J]. 环境工程，2019（7）：215-220.

[157] 谢伦裕，常亦欣，蓝艳. 北京清洁取暖政策实施效果及成本收益量化分析[J]. 中国环境管理，2019（3）：87-93.

[158] 刘幼农，梁传志，程杰，等. 北方地区冬季清洁取暖试点城市工作成效与经验做法[J]. 建设科技，2019（10）：10-13.

[159] 王渊，原瑞增，程昌林，等. 鹤壁市冬季清洁取暖试点城市"鹤壁模式"实践[J]. 建设科技，2019（10）：50-52.

[160] 宋玲玲，何军，武娟妮，等. 我国北方地区冬季清洁取暖试点实施评估研究[J]. 环境保护，2019，47（9）：64-68.

[161] 殷帅，纪博雅，袁闪闪，等. 北方地区清洁取暖试点城市政策实施研究[J]. 建筑科学，2018（12）：6-12.

[162] 金玲，陈潇君，雷宇. 京津冀及周边地区清洁取暖改造的问题与实践经验[J]. 环境保护，2018，46（19）：25-27.

[163] 住房和城乡建设部科技与产业化发展中心. 鹤壁市冬季清洁取暖试点城市"鹤壁模式"实践[EB/OL]. http://www.passivehouse.org.cn/zixun/ljbdf/1261.html.

[164] 李骥. 北方地区农宅围护结构节能研究[D]. 北京：中国建筑科学研究院，2009.

[165] 国家统计局. 建筑业持续快速发展　城乡面貌显著改善——新中国成立 70 周年经济社会发展成就系列报告之十[OL]. 北京：2019-07-31. http://www.stats.gov.cn/.

[166] 刘晶，邹瑜，宋波. 严寒和寒冷地区农村居住建筑现状调研与节能途径[J]. 建筑科学，2012，28（12）：1-5.

[167] 高贺轩，邓琴琴，宋波. 山东省某市既有农村住宅节能改造方案研究[J]. 区域供热，2018，196（5）：107-114.

[168] 杨镇. 基于能耗模拟的豫北农村住宅节能改造设计研究[D]. 吉林：吉林建筑大学，2017.

[169] 何洁. 西安地区农村居住建筑节能设计优化研究[D]. 西安：西安建筑科技大学，2014.

[170] 邹瑜，郎四维，徐伟，等. 中国建筑节能标准发展历程及展望[J]. 建筑科学，2016，32（12）：1-5，12.

[171] 张林峰，李志国. 我国建筑节能的发展[J]. 建筑技术，2005（10）：4-6，20.

[172] 清华大学建筑节能研究中心. 中国建筑节能年度发展研究报告[M]. 北京：中国建筑工业出版社，2015：47-48.

[173] 武涌．绿色建筑发展的现状与展望[M]．北京：中国建筑工业出版社，2013：10-12.
[174] 梁传志，侯隆澍，刘幼农，等．北方采暖地区既有居住建筑供热计量及节能改造工作进展与思考[J]．建设科技，2015（9）.
[175] 两部委部署“十二五”北方既有居住建筑节能改造工作[J]．建筑节能，2011，39（7）：5.
[176] 邹瑜，宋波，刘晶．对国家标准《农村居住建筑节能设计标准》的解读[J]．暖通空调，2013，43（5）：77-81.
[177] 宋波，邓琴琴．农村建筑用能技术研究现状及展望[J]．区域供热，2018，196（5）：115-119，149.
[178] 殷帅，纪博雅，袁闪闪，等．北方地区清洁取暖试点城市政策实施研究[J]．建筑科学，2018，34（12）：9-15.
[179] 清华大学建筑节能研究中心．中国建筑节能年度发展研究报告[M]．北京：中国建筑工业出版社，2018：2-3.
[180] 我国因地制宜大力推进农村房屋建筑节能[J]．散装水泥，2011（1）：47-48.
[181] 闫瑞妙．基于节能改造后清洁能源在北方农宅供热系统的应用与研究[D]．太原：太原理工大学，2018.
[182] 刘晶，邹瑜，宋波．严寒和寒冷地区农村居住建筑现状调研与节能途径[J]．建筑科学，2012，28（12）：1-5.
[183] 陈祺雅．陕西关中地区农村住宅围护结构保温经济优化研究[D]．西安：西安建筑科技大学，2017.
[184] 高贺轩，邓琴琴，宋波．山东省某市既有农村住宅节能改造方案研究[J]．区域供热，2018，196（5）：107-114.
[185] 何洁．西安地区农村居住建筑节能设计优化研究[D]．西安：西安建筑科技大学，2014.
[186] 杨镇．基于能耗模拟的豫北农村住宅节能改造设计研究[D]．吉林：吉林建筑大学，2017.
[187] 刘启泓．冬冷夏热地区农村住宅建筑节能改造优化设计的探讨——以陕西关中地区为例[J]．绿色科技，2017（12）：216-218.
[188] 宋玲玲，武娟妮，王兆苏，等．促进供暖能源转型的经济激励政策国际经验研究[J]．中国能源，2020，42（1）：39-44.
[189] 周宏春，李长征，周春．中国清洁供热产业发展报告（2019）[M]．北京：中国经济出版社，2019.
[190] 胡润青，窦克军．我国北方地区可再生能源供暖的思考与建议[J]．中国能源，2017，39（11）：25-27，32.
[191] 胡润青．可再生能源供热市场和政策研究[M]．北京：中国环境出版社，2016.
[192] Department of Energy and Climate Change. Renewable Heat Incentive[R]. 2011-03.
[193] Peter M. Connor，Lei Xie，Richard Lowes，et al. The development of renewable heating policy in the United Kingdom[J]. Renewable Energy，2015，75.
[194] Siti Hawa Abu-Bakar，Firdaus Muhammad-Sukki，Roberto Ramirez-Iniguez，et al. Financial analysis on the proposed renewable heat incentive for residential houses in the United Kingdom：A case study on the solar thermal system，Energy Policy，Volume 65，2014：552-561.
[195] International Energy Agency.Renewable Energy Strategy 2009[EB/OL]. 2014-12-12. https://www.iea.org/

policies/4891-renewable-energy-strategy-2009?country=United%20Kingdom&sector=Heating%20and%20Cooling.

[196] Department of Energy and Climate Change. Renewable Heat Incentive impact assessment[R]. 2011.09.

[197] DECC. Renewable heat incentive，consultation on the proposed RHI financial support scheme. London：Department of Energy and Climate Change. 2010.

[198] Ofgem. Eligible heating systems. the Gas and Electricity Market Authority [EB/OL]. https://www.ofgem.gov.uk/environmental-programmes/domestic-rhi/applicants/eligible-heating-systems.

[199] Ofgem. Domestic Renewable Heat Incentive Essential Guide for Applicants [EB/OL]. https://www.ofgem.gov.uk/publications-and-updates/domestic-renewable-heat-incentive-essential-guide-applicants.

[200] Ofem. Tariffs and payments：Non-Domestic RHI payments [EB/OL]. https://www.ofgem.gov.uk/environmental-programmes/non-domestic-rhi/contacts-guidance-and-resources/tariffs-and-payments-non-domestic-rhi.

[201] Ofem. Tariffs and payments：Domestic RHI[EB/OL]. https://www.ofgem.gov.uk/environmental-programmes/domestic-rhi/contacts-guidance-and-resources/tariffs-and-payments-domestic-rhi/histrocial-tariffs.

[202] International Energy Agency.IEA/IRENA Renewables Policies Database[EB/OL].（2019-11-07）. https://www.iea.org/policies/67-green-deal?country=United%20Kingdom&sector=Heating%20and%20Cooling.

[203] Ofgem.Non-Domestic Renewable Heat Incentive quarterly report October-December 2019[R/OL].（2020-01-31）[2020-2-26]. https://www.ofgem.gov.uk/publications-and-updates/non-domestic-renewable-heat-incentive-rhi-quarterly-report-october-december-2019.

[204] Ofgem. Domestic Renewable Heat Incentive Quarterly Report-Issue 21[R/OL].（2019-09-05）[2020-02-26]. https://www.ofgem.gov.uk/publications-and-updates/domestic-renewable-heat-incentive-quarterly-report-issue-21.

[205] Department for Business，Energy & Industrial Strategy. Digest of UK Energy Statistics（DUKES）：renewable sources of energy [R/OL]（2019-7）[2020-02-26]. https://www.gov.uk/government/collections/renewables-statistics#digest-of-uk-energy-statistics-(dukes):-annual-data.

[206] 桑东莉．德国可再生能源立法新取向及其对中国的启示[J]．河南省政法管理干部学院学报，2010，25（2）：131-138.

[207] International Energy Agency.Renewable Energies Heat Act [EB/OL]. https://www.iea.org/policiesandmeasures/pams/germany/name-24388-en.php.

[208] Federal ministry for economic affairs and energy. Energy Transition in the Building Sector [EB/OL]. http://www.bmwi.de/EN/Topics/Energy/Buildings/market-incentiveprogramme，did=707926.html.

[209] International Energy Agency.Market Incentive Programme Marktanreizprogramm [EB/OL]. https://www.iea.org/policiesandmeasures/pams/germany/name-22214-en.php.

[210] International Energy Agency. Market Incentive Programme [EB/OL]. https://www.iea.org/policies/4115-market-incentive-programme-marktanreizprogramm?country=Germany&sector=Heating%20and%

20Cooling.

[211] Baerbel Epp. Germany：MAP—national subsidy scheme for Renewable heating technologies[EB/OL]. https://www.solarthermalworld.org/content/germany-map-national-subsidy-scheme-renewable-heating-technologies.

[212] Germany：National Subsidy Scheme Gets Significant Amendment [EB/OL]. https://www.solarthermalworld.org/content/germany-national-subsidy-scheme-gets-significant-amendment.

[213] BAFA-Warum sich eine Investition in Biomasse lohnt[EB/OL]. https://www.bafa.de/DE/Energie/Heizen_mit_Erneuerbaren_Energien/Biomasse/Gebaeudebestand/Basis_Zusatzfoerderung/basis_zusatzfoerderung_node.html.

[214] Bundesamt für Wirtschaft und Ausfuhrkontrolle.Warum sich eine Investition in eine Wärmepumpe lohnt [EB/OL].https://www.bafa.de/DE/Energie/Heizen_mit_Erneuerbaren_Energien/Waermepumpen/waermepumpen_node.html.

[215] Bundesamt für Wirtschaft und Ausfuhrkontrolle.Wärmepumpen Warum sich eine Investition in eine Wärmepumpe lohnt[EB/OL]. https://www.bafa.de/DE/Energie/Heizen_mit_Erneuerbaren_Energien/Waermepumpen/Gebaeudebestand/Basis_Zusatzfoerderung/basis_zusatzfoerderung_node.html.

[216] International Energy Agency.KfW Renewable Energies Programme[EB/OL]. https://www.iea.org/policies/4898-kfw-renewable-energies-programme-kfw-programm-erneuerbare-energien?country=Germany&sector=Heating%20and%20Cooling.

[217] Dominik bach. KfW Financing of Renewable Sources of Energy [R/OL]. http://www.eufores.org/fileadmin/eufores/Events/AHLEC/AHLEC2017/2017_10_18_KfW_RES_financing_short_engl_final.pdf.

[218] Bundesministerium der justiz und fur Verbraucherschutz. Gesetz zur Forderung Erneuerbare Energien im Warmebereich [EB/OL]. http://www.gesetze-im-internet.de/eew_rmeg/index.html.

[219] Nast M. Renewable energies heat act and government grants in Germany[J]. Renewable Energy，2010，35（8）：1852-1856.

[220] Bundesamt für Wirtschaft und Ausfuhrkontrolle.Anreizprogramm Energieeffizienz [EB/OL]. https://www.bafa.de/DE/Energie/Heizen_mit_Erneuerbaren_Energien/Anreizprogramm_Energieeffizienz/anreizprogramm_energieeffizienz_node.html.

[221] EU.Energy Efficiency Incentive Programme for household boilers-Germany [EB/OL]. 2016-1-14. https://www.buildup.eu/en/explore/links/energy-efficiency-incentive-programme-household-boilers-german.

[222] Bärbel Epp. Germany：Renewable district heating grants，solarthermalworld [EB/OL]. 2017-10-2. https://www.solarthermalworld.org/content/germany-renewable-district-heating-grants.

[223] International Energy Agency. Germany 2020Energy Policy Review[R]. 2020.

[224] Robert Compton. Latest news：Germany's HVAC industry High demand for renewable heating incentives [EB/OL]. 2018-04-17.https://www.gtai.de/GTAI/Navigation/EN/Invest/Industries/Building-industry/newsletter-heating,t=april-17-high-demand-for-renewable-heating-incentives-,did=1672776.html.

[225] The odyssee-mure project. germany profile [EB/OL]. https://www.odyssee-mure.eu/publications/

efficiency-trends-policies-profiles/germany.html.

[226] 车巍．丹麦绿色发展经验对我国生态文明建设的借鉴意义[J]．世界环境，2015（5）：28-31.

[227] International Energy Agency. Danish Energy Agreement for 2012-2020 [EB/OL]. 2017-11-5. https://www.iea.org/policies/606-danish-energy-agreement-for-2012-2020?country=Denmark&q=denmark&sector=Buildings.

[228] International Energy Agency. Danish Building Regulations 2015 [EB/OL]. 2019-7-23. https://www.iea.org/policies/7637-danish-building-regulations-2015-br15?country=Denmark&q=denmark&sector=Buildings.

[229] 丹麦能源署．区域供暖解决方案——丹麦经验[R]. https://max.book118.com/html/2017/0323/96484228.shtm，2014.

[230] 苏俐雅．丹麦低碳社区的可持续发展实践[J]．世界环境，2015（5）：32-33.

[231] 丹麦能源署．丹麦区域供暖的政策与规划[R]. chrome-extension://ibllepbpahcoppkjjllbabhnigcbffpi/https://ens.dk/sites/ens.dk/files/Globalcooperation/cn_regulation_and_planning.pdf，2015.

[232] IEA（2017）. Energy Policies of IEA Countries：Denmark 2017 Review，IEA，Paris https://www.iea.org/reports/energy-policies-of-iea-countries-denmark-2017-review.

[233] The odyssee-mure project. denmark profile [EB/OL]. https://www.odyssee-mure.eu/publications/efficiency-trends-policies-profiles/denmark.html.

[234] 中国煤控研究项目散煤治理课题组．2019 中国散煤综合治理调研报告[R]. 2019.08.

[235] 赵燕妮，多金荣．内蒙古风力发电产业发展分析[J]．中国市场，2019（32）：25-26.

[236] 孙智宇．新疆风电现状及发展建议[J]．能源与节能，2020（1）：59-60.

[237] 水电水利规划设计总院．2018 中国可再生能源发展报告[M]．中国水利水电出版社，2019.